HipHop-Navigator

WO SPORT SPASS MACHT

Stefan Sauter

HipHop-Navigator

Das „MUST-HAVE" für Lehrer und Tänzer

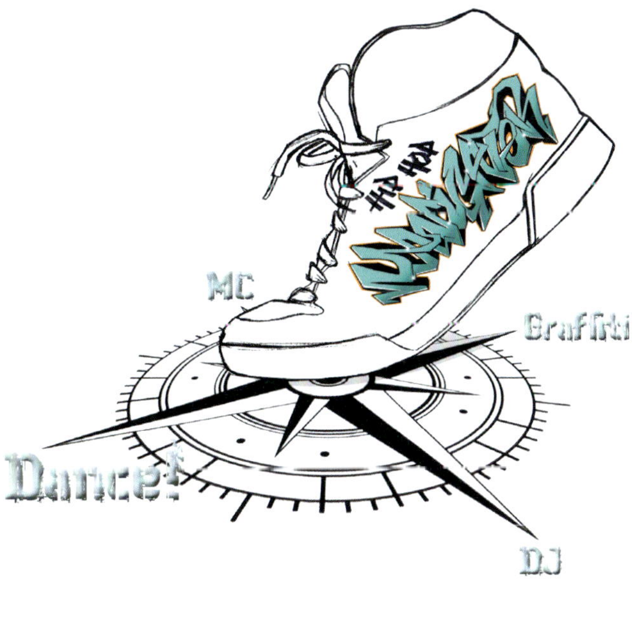

Meyer & Meyer Verlag

HipHop-Navigator

Bibliografische Information der Deutschen Nationalbibliothek
Die Deutsche Nationalbibliothek verzeichnet diese Publikation in der Deutschen Nationalbibliografie; detaillierte bibliografische Details sind im Internet über <http://dnb.d-nb.de> abrufbar.

Auckland, Beirut, Dubai, Hägendorf, Hongkong, Indianapolis, Kairo, Kapstadt, Manila, Maidenhead, Neu-Delhi, Singapur, Sydney, Teheran, Wien

Member of the World Sport Publishers' Association (WSPA)

Gesamtherstellung: Print Consult GmbH, München

FSC
www.fsc.org
MIX
Paper from responsible sources
FSC® C084279

ISBN 978-3-8403-7617-7
E-Mail: verlag@m-m-sports.com
www.dersportverlag.de

Inhaltsverzeichnis

Einleitung

Wieso dieses Buch?

Die HipHop-Kultur hat sich seit den 90er-Jahren sehr stark verändert und erheblich weiterentwickelt. Was sich damals als einzelne Stilart verstanden hat und mit einer einigermaßen klaren Struktur kultiviert hat, ist heute ein Puzzleteil eines Großen und Ganzen geworden. In derzeitig choreografierten Tänzen, zur aktuellen Musik, reihen sich höchst komplexe Bewegungsmuster in stark beschleunigter Geschwindigkeit aneinander. Diese sind für den interessierten Einsteiger und sogar engagierten Fortgeschrittenen nur schwer nachvollziehbar und kaum mehr mitvollziehbar.

Wenn man also eine Gruppe von Menschen in die HipHop-Tänze einführen möchte, reicht es bei weitem nicht aus, sich mit selbst erfundenen oder irgendwo abgekupferten Bewegungen und Choreografien einen Tanz auszudenken und dann mit dem aktuellen Outfit und einer „fancy" Musik in den Tanzraum zu marschieren. Das führt erfahrungsgemäß nur zur Frustration aller Beteiligten und hat mit dem Spaß am Tanzen wenig zu tun. Um bei begeisterten Menschen die Neugierde, die Freude und den Enthusiasmus zu erhalten, ist es dringend erforderlich, von Anfang an ein praktisch erprobtes und sorgfältig erarbeitetes Lehrkonzept zu haben. Das gilt für alle Lerngegenstände, also auch für den „HipHop". Ein solches Konzept soll in erster Linie den Schülern den Zugang zur Idee des Tanzes und seiner Kultur erleichtern. Die heutigen Erkenntnisse der Pädagogik mit bewährter Methodik und Didaktik müssen auch hier an Bedeutung gewinnen.

Deswegen möchte ich all denen, die gerne ihre Freude und Begeisterung für die HipHop-Kultur und deren Tänze an andere vermitteln wollen, eine in der Praxis bewährte, sinnvolle und hilfreiche Stütze an die Hand geben, die es leichter macht, die positive, kommunikative und weltoffene Kraft des „HipHop" zu verstehen und zu unterrichten.

Wenn man wie ich in vielen Teilen der Welt den Unterricht im HipHop-Bereich kennengelernt hat, wird man feststellen, dass zum Stundenbeginn warm-up ähnliche Bewegungsmuster verwendet werden. Diese Übungen, Schritte, Bewegungen und Bewegungskombinationen werden von den Unterrichtenden als „Basics" bezeichnet und als angemessener Einstieg in eine Unterrichtsstunde angesehen. Nach meinen Beobachtungen ist die Verwendung dieser Basics jedoch oftmals sehr unkoordiniert und findet in undurchsichtiger und manchmal auch völlig unsinniger Reihenfolge statt, was schon zum Stundenbeginn zur Überforderung führen und somit Frustration auslösen kann. Der Schüler muss diese verwirrende Struktur ähnlich wie eine rätselhafte, geheimnisvolle und undurchdringliche „Wildnis" empfinden.

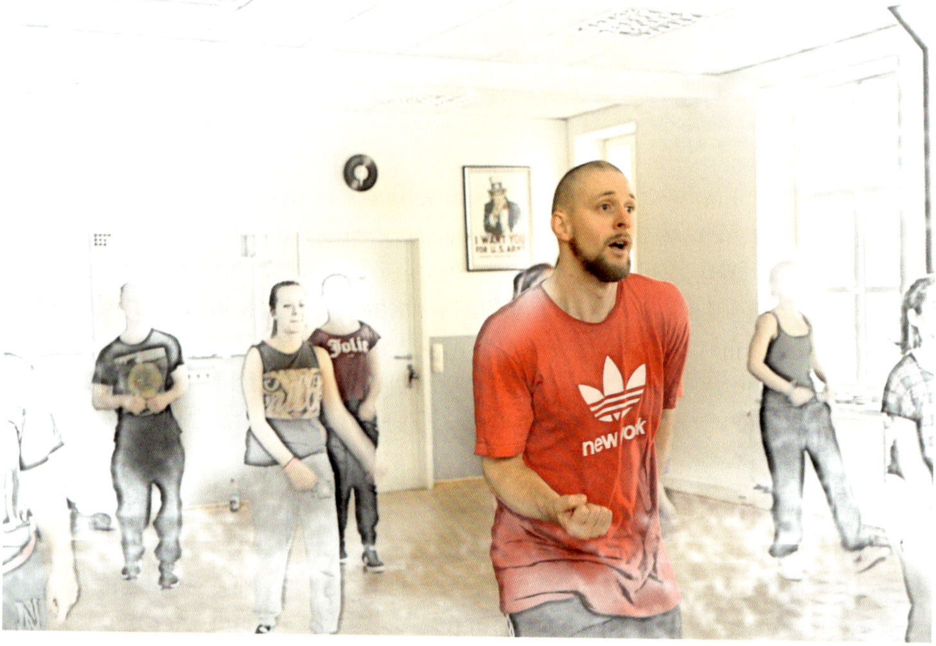

Ich habe zwei Jahrzehnte lang daran gearbeitet, Übungen, Schritte, Bewegungen sowie Bewegungskombinationen, die sich als sinnvolles Einstiegsmaterial zum rhythmischen Bewegen erwiesen haben, in eine geordnete und didaktisch begründete Reihenfolge zu bringen, die die anatomische Beschaffenheit des Körpers, die physiologische Lernfähigkeit des menschlichen Gehirns und nicht zuletzt die physikalischen Gesetzmäßigkeiten berücksichtigt. Somit ist dieses Buch eine systematische Zusammenfassung des grundlegenden Lehr- und Bewegungsmaterials, die dem Schüler einen positiven und leichten Einstieg in die Tanztechniken der HipHop-Kultur ermöglichen soll, ohne ihn dabei zu überfordern oder gar zu frustrieren.

Das in diesem Buch dargestellte und erprobte Basic-Training wird von mir in stark ausdifferenzierter Form als Vorbereitung, Warm-up, aber auch als Training von Kraft, Koordination, Ausdauer und Flexibilität für sehr fortgeschrittene Schüler verwendet, ähnlich wie im Ballett das Stangentraining als technisches Nonplusultra eingesetzt wird. Ich habe dieses Basic-Training über 15 Jahre hinweg ausgearbeitet, getestet, reflektiert, ausdifferenziert und so lange nachbearbeitet, bis es sich für mich und meinen Anspruch im Unterricht als „technisches Nonplusultra" für das HipHop-Tanzen bewiesen hat.

So kann ich dir guten Gewissens versichern, dass dir dieses Buch dabei helfen wird, deinen Weg durch die rätselhafte, geheimnisvolle, undurchdringliche und weit verzweigte „Wildnis" des HipHop-Tanzes zu finden.

Bevor es losgeht:

Feminin und maskulin

Wenn du hier Personenbezeichnungen wie Lehrer und Lehrerin, Schüler und Schülerin oder B-Boy und B-Girl liest, wirst du bemerken, dass ich mich entschieden habe, jeweils die maskuline Form zu wählen, ohne dass dies bitte als diskriminierend zu betrachten ist. Ich benutze zum Beispiel der Einfachheit halber den Sammelbegriff „Schüler" als Bezeichnung für Menschen, die sich im Unterricht befinden und die sowohl weiblich als auch männlich sein können. Genauso halte ich es bei „Lehrern" und „Tänzern". Das Wort B-Boying aber bezeichnet den Tanz allgemein und schließt die weiblichen „B-Boying" tanzenden B-Girls nicht aus. Es wird deshalb auch „B-Girling" genannt.

Richtig und falsch

Wenn wir vom Tanz als einer Kunstform sprechen, die er nun einmal ist, obwohl er auch als Wettbewerbssport gehandhabt wird, dann gibt es kein „Richtig" oder „Falsch"! Natürlich ist es wichtig, einen Gruppen-Tanz oder eine Choreografie synchron zu tanzen. Sollte das die Zielsetzung sein, dann gäbe es ein „Falsch", wenn jemand aus der Reihe tanzt. Da Tanz in erster Linie aber der körperliche Ausdruck einer Emotion ist und der Tänzer seinen Körper ausdrücken lässt, wie er die Musik empfindet und interpretiert, ist es so, wie es ist, ohne „Richtig" oder „Falsch"! Der Erwerb der dazu notwendigen Techniken im Basisunterricht dient dabei als Grundlage und Hilfestellung für den Unterricht genauso wie für die Stilartenunterscheidung, die ästhetische Arbeit und die Kommunikation darüber. Ein „falscher" Schritt ist aber immer eine Bewegung, die von selbst geschieht, die ganz rein und unschuldig von innen heraus entspringt und somit etwas über die momentane emotionale Situation des Tänzers aussagt. Selbst wenn es der Übung, dem Tanz oder der Synchronität scheinbar nicht dienlich ist, es ist trotzdem „richtiger" Tanz.

Im B-Boying gibt es da eine Art Regel:

» **Wenn du einen Fehler machst oder ‚crashst' – Mach was draus! Wir nennen so etwas dann ‚Style'!** «

Wie ich zum HipHop kam – meine Story zum Buch

1993, bei den Vorbereitungen zur Abschlussfeier für die Absolventen meiner Realschule, wurde ich „infiziert". Ein Absolvent türkischer Abstammung tanzte damals in der Tanzgruppe, die dort auftrat. Er drehte sich in einem Solo mit weit gestreckten Beinen und dem Oberkörper am Boden so schnell um die eigene Achse, dass man seine weißen Turnschuhe – wie man das damals noch nannte – nur noch als verschwommene Streifen durch die Luft jagen sah. Ich war so sehr beeindruckt und meine Begeisterung war so groß, dass mir von diesem Zeitpunkt an vollkommen klar war: Ich würde keine Anstrengung scheuen, um diese Bewegungen eines Tages eben genauso umsetzen zu können, wie ich es dort gesehen hatte.

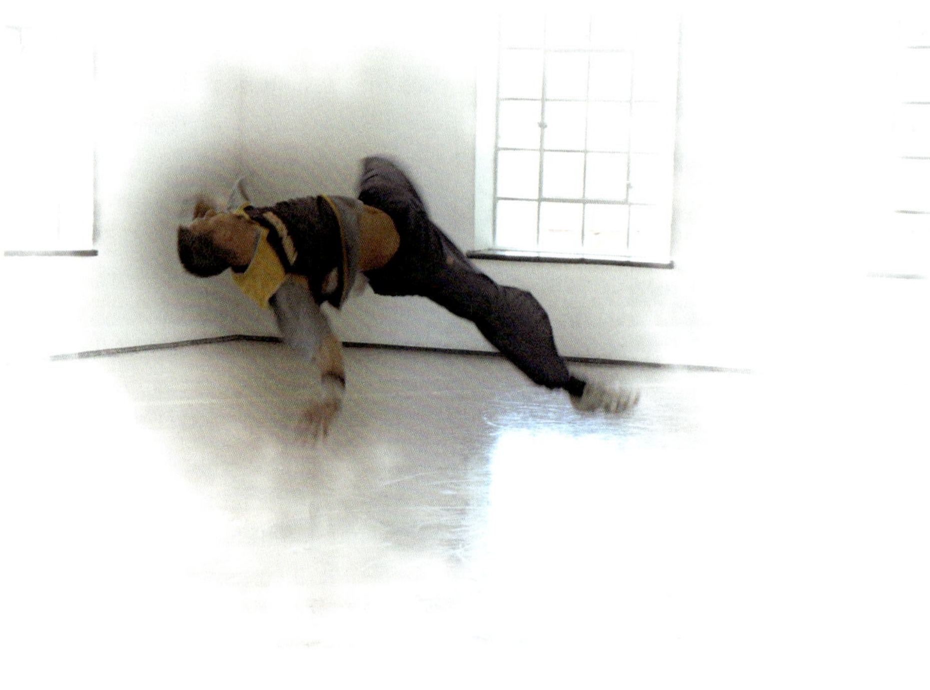

Wenn man mich damals gefragt hätte, ob man HipHop lernen könne, hätte ich es vermutlich verneint und geantwortet: „HipHop findet dich, infiziert dich und wenn du nicht immun dagegen bist, wirst du einfach unheilbar krank." Ja, man wird schon ein wenig krank, da Krankheit von den Betroffenen als eine Befindlichkeitsstörung wahrgenommen wird und das Befinden der Menschen, die mit HipHop „infiziert" sind, auch immer so lange gestört ist, bis die regelmäßige Dosis HipHop in favorisierter Darreichungsform eingenommen wird.

Heute würde ich jedoch anders antworten, da wir von der HipHop-Kultur hautnah umgeben sind und es schwer geworden ist, sie zu übersehen. Also muss Hip-

Hop einen nicht erst noch finden. Man ist von seinen Stilen, Auswüchsen, Unterarten und Abarten durch die unterschiedlichen Medien förmlich überschwemmt. Und manchmal wundere ich mich schon, wie alltäglich HipHop geworden ist. Es ist zwar immer noch so, dass der eher konservative Anteil unserer Gesellschaft die Nase rümpft, wenn beim nachmittäglichen Kaffee im Gespräch das Wort „HipHop" fällt. Dabei läuft aber parallel dazu im Fernseher ein Werbefilm, in dem ein HipHop-Stil getanzt wird und gleichzeitig der aktuelle Modekatalog auf dem Tisch einen graffitiartigen Schriftzug trägt. Daher würde ich sagen: Wenn du wirklich so richtig HipHop lernen willst, musst du dich aufmachen, ihn zu suchen, deine Begeisterung zu fokussieren und dich auf eine Reise mit unbekanntem Ziel zu begeben.

Nun, ich habe mich damals auf die Reise gemacht, allerdings mit dem klar definierten Ziel, diese Bewegungen zu lernen und zu beherrschen. So bin ich dann zu einer der Tänzerinnen bei diesem besagten Auftritt in der Schule gegangen, um mit ihr über den Tanz zu sprechen, und damit hatte ich die erste Hürde schon genommen. Ich bin nicht passiv geblieben wie ein gut unterhaltener Zuschauer, sondern habe angefangen, meine sichere Komfortzone zu verlassen. Ich habe mit neugierigem und offenem Geist Kontakt aufgenommen. Und da ist es dann bei diesem nachmittäglichen Gespräch am Bühnenrand dazu gekommen, dass mir diese Balletttänzerin mit Plateauschuhen, die damals der Hit waren, den „Six-Step" beigebracht hat.

Heute sind so viele verschiedene Variationen des „Six-Step" bekannt, dass man darüber diskutiert, welche wohl die „Original"-Bewegung ist. Darüber hinaus gibt es eine Fülle an mehr oder weniger klar definierten Bewegungen in der HipHop-Szene, sodass sich selbst unerfahrene Anfänger trauen, sogenannte **Tutorial-Videos** ins Netz zu stellen. Wodurch du dich letzten Endes inspiriert fühlst, in diese Welt einzutauchen, spielt überhaupt keine Rolle. Hauptsache, du schwingst deinen Hintern vom Sofa, gehst hinaus und beginnst Kontakt aufzunehmen. Mit wem und wie genau bleibt dabei dir, deinem Mut und deinen persönlichen „Infizierungs"-Möglichkeiten überlassen.

Mich brachte das Erlebnis dazu, die schuleigene HipHop-Gruppe zu besuchen, um dort dann den B-Boy zu treffen, der mir meine ersten Schritte beigebracht hat. Und genau wie meine Geschichte ganz individuell ist und bis zum heutigen Tage ihre ganz eigenen Wendungen genommen hat, so sind die Beweggründe und die Wege, die jeder Einzelne für sich geht, sehr verschieden.

Eines ist allerdings für alle Menschen gleich: Wir alle unterliegen den gleichen physikalischen und anatomischen Gesetzmäßigkeiten. Die Schwerkraft gibt unseren Körpern vor, wie Bewegungen effektiv und effizient ausgeführt werden müssen, um das jeweilige Gefühl in der Tanzbewegung ausdrücken zu können. Diese Tatsache und die daraus resultierende Fragestellung hat mich in all meiner Zeit als Tänzer immer am meisten gefesselt. Wenn ich an eine gelungene Performance denke oder sie in der Praxis sehe, frage ich mich immer: „Was muss ich tun, damit das so aussieht?"

Ich meine damit nicht, eine vorgegebene Mechanik körperlich ausführen zu können wie im Turnen. Ich meine, die ästhetische Dynamik von Bewegungen so zu gestalten, dass die Musik und mein Gefühl von dieser Musik sich in meiner Bewegung widerspiegeln. Jeder, der schon mal Tanzunterricht genommen hat, kennt das: Man weiß ganz genau, wie es geht, man kann es auch genauso schnell, und man macht genau die Bewegung, die man gezeigt bekam, aber es ist einfach nicht dasselbe! Was also ist das gewisse Etwas, das da noch fehlt?

Die Antwort auf genau diese Frage ist im Tanz allgemein so entscheidend, dass man ohne sie keinen Style erfahren und entwickeln kann. Neben eher seltenen Talenten, die Rhythmus und Ästhetik im Blut zu haben scheinen, möchten aber letztendlich alle Tänzer „gut aussehen". Nun, dafür gibt es keine Patentlösung, aber es hat sich inzwischen klar herausgestellt, dass eine fundierte Grundlagenarbeit unausweichlich und notwendig ist. Denn auch wenn man zunächst auf anderem Wege HipHop erlernt hat, muss man früher oder später, mit oder ohne Talent, die Basics trotzdem nachlernen.

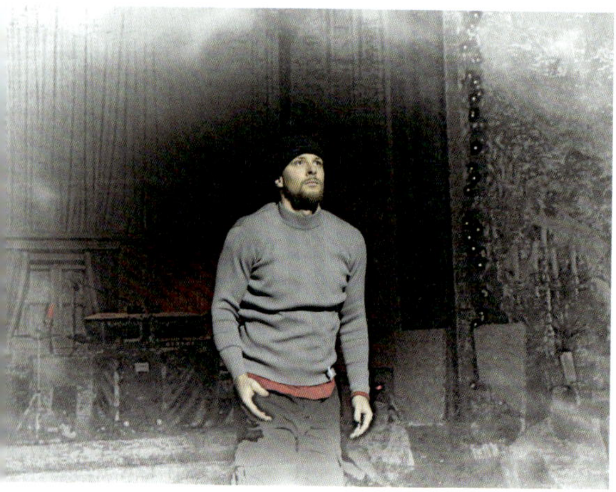

Dennoch bleibt das in diesem Buch verarbeitete Wissen ein Vorschlag. Möglichkeiten, Sichtweisen und verbal weitergegebene Kenntnisse sind immer frei interpretierbar, und somit stelle ich auch jedem, der sich diesem Thema widmet, anheim, auf der Basis des gegebenen Materials seinen eigenen Weg zu beschreiten. Nur so kann er theoretisches Wissen mithilfe der eigenen Erfahrung zu einem größeren Verständnis entfalten und zu praktischem Wissen entwickeln.

Entfaltung ist generell ein sehr schöner Begriff. Er bedeutet, dass man etwas im Inneren schon Vorhandenes **auf**deckt, um es für sich zu **ent**decken. Somit suchen wir nicht den „heiligen Gral", sondern verbinden Dinge, die wir schon wissen und spüren, auf eine neue Weise. Grundlagen sind keine mystischen Geheimnisse, sondern stellen eher das notwendige Werkzeug dar, das man benötigt, um schwierigere Projekte meistern zu können.

Als ich damals gefragt wurde, ob ich den Jungs eines ortsansässigen Jugendhauses Breakdance beibringen wolle, war ich so blank wie ein leeres Blatt Papier. Mein Wissen vom Unterrichten kam lediglich von einem Übungsleiterschein des regionalen Sportbundes. Methodik und Didaktik waren eher theoretische Begriffe, und pädagogische Fähigkeiten waren bis dato durch meine industrielle und militärische Ausbildung nicht maßgeblich gefördert worden. Ich wäre zu diesem Zeitpunkt extrem froh gewesen, auf so ein Buch wie dieses zurückgreifen zu können. Und so stellt man sich als angeblicher Fach-Mann/-Frau vor unbefleckte, aber über die Maßen begeisterte und wissbegierige Schüler und soll ihnen am besten in so kurzer Zeit wie möglich alles beibringen, was man selbst gerade erst gelernt hat. Hirnrissig, nicht wahr? Da steht man vor zwei sehr schwierigen Fragen: „Wie lernen Menschen?" und „Wie kann man Menschen etwas beibringen?"

Ich habe als Teenager die meisten der damals noch sehr spärlich angebotenen HipHop- und Breakdance-Workshops besucht. Die Frage „Was ist eigentlich HipHop?" war zu dieser Zeit ohne Internet und Tutorial-Videos noch eine Suche nach der „Nadel im Heuhaufen". Sicherlich gab es schon Leute wie Storm (Niels Robitzky), die die Szene bis zum heutigen Tag sehr geprägt haben, aber leider nicht in meiner Umgebung. So „wurstelte" ich mich dann durch die Materie, ohne zu wissen, wohin mich dieser Weg führen würde. Meine besten Erlebnisse waren allerdings die Freundschaften, die in dieser Zeit entstanden sind. Ich wurde wie ein Bruder behandelt und mit einer Herzlichkeit aufgenommen, die ich heute in manchen B-Boy- und HipHop-Communitys leider vermisse.

Mit meiner ersten ernsthaften Beziehung war wie bei so ziemlich jedem jüngeren B-Boy vorerst einmal für ein paar Monate Schluss mit Tanzen. Als aber mein Trainingsbruder B-Boy Jay in meiner Stadt aufschlug und mich ins Training zurückholte, war ich sofort wieder Feuer und Flamme. Ich hatte vier Monate nicht getanzt und war mir sicher, dieses Training verdient zu haben. Doch stellte mich meine damalige Freundin vor die Wahl: „Wenn du jetzt ins Training gehst, dann mach ich Schluss!" Innerhalb von Sekunden war klar: „O.K., ich geh tanzen, ciao!". Nun war auch für mich der Stellenwert meiner „HipHop-Infektion" geklärt.

Klar ist allerdings auch, dass man, egal wobei, und egal wie, bei irgendetwas anfangen muss. Und da es bei mir damals der Einstieg ins Breaken war, hatte ich das Gefühl, es wäre wohl das Einfachste, den Six-Step als erstes zu unterrichten. Glücklicherweise war diese Entscheidung, neben einer Vielzahl von Fehlentscheidungen, der richtige Einstieg. Die Fehlentscheidungen waren es aber, die mich zum Nachdenken brachten. Wenn etwas zu schwer ist, um direkt gelernt zu werden, muss es einen Weg mit anderen, einfacheren, aber zielführenden Weg geben. Deshalb habe ich mich mit der Frage „Was sind die **wahren** Basics der HipHop-Tänze?" eingehend beschäftigt.

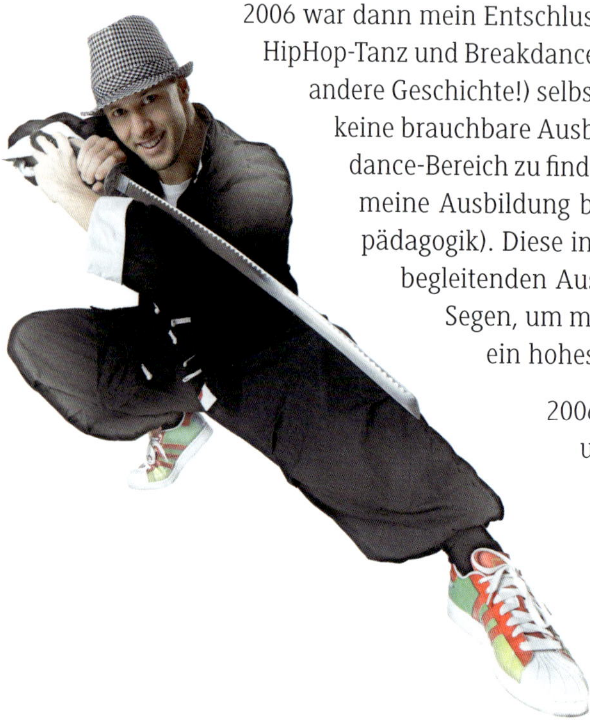

2006 war dann mein Entschluss gefasst: Ich habe mich als Lehrer für HipHop-Tanz und Breakdance sowie Kampfkünste (das ist eine ganz andere Geschichte!) selbstständig gemacht. Da aus meiner Sicht keine brauchbare Ausbildung für Lehrer im HipHop- & Breakdance-Bereich zu finden war, absolvierte ich als Umschulung meine Ausbildung beim DIT (Deutsches Institut für Tanzpädagogik). Diese insgesamt viereinhalb Jahre der berufsbegleitenden Ausbildung waren für mich der absolute Segen, um mein Tanzen und meinen Unterricht auf ein hohes Level anzuheben.

2006, nach über einem Jahrzehnt Tanzen und immer noch anhaltenden Unklarheiten über HipHop und den dazugehörigen Tanzbereich, hatte ich die Nase gestrichen voll, von sämtlichen Workshop-Leitern immer nur vage und unbefriedigende Antworten auf meine Fragen zu bekommen. Manche Lehrer waren sogar abweisend und zunehmend sauer auf mich, wenn ich sie nach speziellen Details fragte. Ich wollte Namen für Bewegungen. Ich wollte Bewegungsabläufe genau ausgezählt haben. Ich wollte Unterschiede zwischen augenscheinlich gleichen Bewegungen haben. Ich wollte einfach besser „verstehen". Aber kaum einer konnte mir helfen.

Dann saß ich eines schönen Tages mit Freunden in einem wunderschönen, orientalisch eingerichteten Café, trank leckeren Minze-Tee, und einer der Freunde meinte: „Hey, es gibt über Silvester gerade sehr günstige Flüge nach New York." Kurz nachgedacht, zugestimmt, gefreut! Ich machte mich sofort daran, E-Mail-Kontakt mit der „Rock-Steady-Crew" in New York über deren Webseite aufzunehmen. Und wagte mich, Niels „Storm" Robitzky direkt eine E-Mail mit der Bitte zu schreiben, mir eine Kontaktperson der New Yorker B-Boying-Szene zu nennen, an die ich mich wenden könnte.

B-Girl Defy, die damals die Webseite der „Rock Steady Crew" pflegte, schrieb dann direkt zurück. Leider verlief sich der Kontakt zunächst wieder. Typisch amerikanisch! Storm verschaffte mir den Kontakt zu „Kwickstep", und ab ging's nach New York. Dort angekommen, habe ich mich gleich am zweiten Tag im „Broadway Dance Center" bei einem Breakdance-Kurs eingeschrieben. B-Girl Bounce hat mir in diesen 90 Minuten derart den Allerwertesten aufgerissen, dass meine Beine vor Erschöpfung zitterten.

Nach dem Unterricht ging ich dann zu ihr und meinte: „Das war ja eben 'ne sehr coole Einheit und ist ja alles gut und recht, aber wo trainierst du denn?" Wir tauschten dann Nummern aus und sie sagte nur, dass sie sich dann bei uns melden würde. Wieder zwei Tage und einige Sightseeing-Touren später die Nachricht: „Papa Rich is ready to meet you." Ich dachte: „Hm!? Was wird das nun?" Die Aufklärung folgte auf dem Fuße und war etwas abenteuerlich. Wir trafen uns in Manhattan beim Naturkundemuseum und fuhren dann zu fünft fast eineinviertel Stunden mit der Metro ins tiefste Brooklyn.

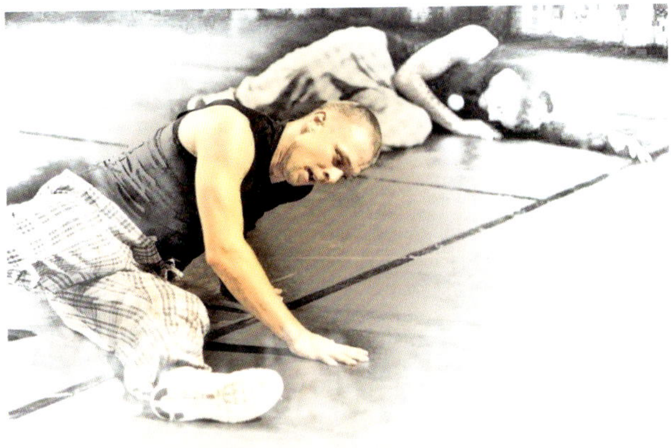

Es wurde langsam dunkel, und mir wurde bewusst, im Vergleich zu den Menschen, die da an den Ecken herumstanden, ein hellhäutiger und in vielfacher Hinsicht blasser Europäer zu sein. Alle offensichtlich bewohnten Häuser, an denen wir recht flott entlangliefen, hatten im Erdgeschoss schwere Gitter vor den Fenstern. Dann endlich schien es so, als hätten wir unser Ziel erreicht, und B-Girl Bounce klopfte an eine Tür. Jetzt war ich schon sehr gespannt, was uns erwartete.

Es war B-Girl Defy, die uns die Tür öffnete und auch sofort wusste, dass sie mit einem von uns vor einiger Zeit schon Kontakt hatte. Wir waren nun im Haus von B Boy Breakeasy (auch liebevoll „Papa Rich" genannt). Der zum damaligen Zeitpunkt über fünfzigjährige, etwa 1,70 m kleine Godfather der „Breakin in Style Family" puertoamerikanischer Herkunft lud uns in seinen Keller ein. Dieser war vollgestopft mit Schallplatten, einem DJ-Pult, unzähligen HipHop-Utensilien, und der Betonboden einer freien Fläche von etwa drei Quadratmetern war schon von unzähligen Turnschuhen abgenutzt. Er setzte sich auf einen Stuhl, bat uns zu sich und sagte: „What are your questions, guys?" Ich traute meinen Ohren nicht und dachte: „Waaaaaaaaah, … wie bitte?!" Nach kurzer Realisierungsphase bombardierte ich ihn die nächsten vier Stunden mit all meinen Fragen. Und er erzählte seine ganze Geschichte, wie er zum Brooklyn-Rocking kam, was vorher war, und dass er nach wie vor Mitglied der „Dynasty Rockers"

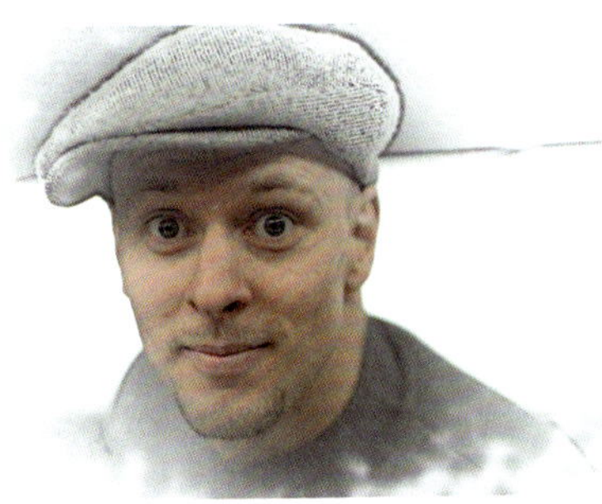

sei. Und natürlich auch von Stilunterschieden, Entwicklungen und der Community auf der ganzen Welt. Auf dieser Reise traf ich dann noch B-Boy Kwickstep und bekam die Gelegenheit, mit den „Full Circle"-Leuten zu trainieren. Dort lernte ich auch meinen B-Boy-Bruder Carlos „B-Boy-Ironman360°" kennen.

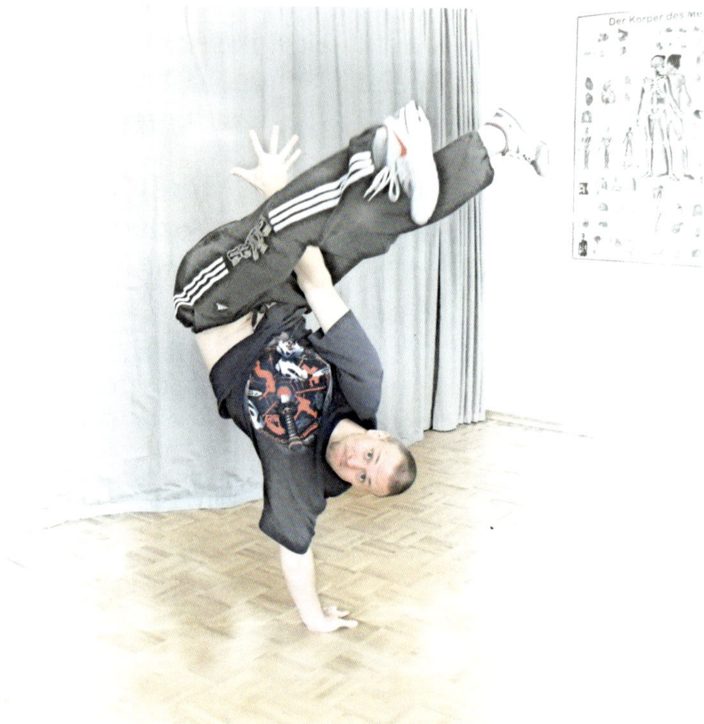

Ein Jahr später besuchte ich Storm in Berlin, um weitere Antworten auf neu aufgekommene Fragen zu erhalten. Wieder ein Jahr später nahm ich dann an einer Workshop-Woche zum 20. Jubiläum des „Battle of the Year" bei Storm teil und absolvierte wieder ein Jahr später die „Urban Styles"-Ausbildung mit Marco Marçal (Dr. Marco Wehr: Tanzlehrer, Choreograf, Tänzer, Philosoph und Autor) und Storm (HipHop-Legende, Tanz-Enzyklopädie, Tänzer, Judge und Autor). Endlich wurden meine Fragen über HipHop vollständig beantwortet, und endlich konnten mir lebendige Zeitzeugen, Legenden, Erfinder des HipHop usw., die noch in der HipHop-Kultur und in der Szene aktiv sind, Klarheit verschaffen. Ich hatte den – für mich – richtigen Weg gefunden, um profundes, belegbares und detailliertes Wissen über die Tänze der HipHop-Kultur zu erlangen und nutzbar zu machen.

Nach zwei Jahrzehnten der Recherche, Erforschung, Entwicklung und unzähligen Unterrichtsexperimenten habe ich das Gefühl, endlich dort angekommen zu sein, HipHop und B-Boying wirklich sinnvoll und effektiv unterrichten zu können.

Danke an dieser Stelle an alle Schülerinnen, Schüler, Workshop- und Projekt-Teilnehmer, die mich und meinen Unterricht über all die Jahre ertragen und unterstützt haben!

Es gibt unzählige weitere Geschichten um HipHop und dessen Entstehung. Es gibt endlos viele mehr oder minder gute Tutorial-Videos, DVDs und Internetkolumnen über Schritte, Techniken und die Tänze im Allgemeinen. Da ich aber über diese gesamte Zeit vergeblich nach wirklich sinnvoller Lektüre, Fachmedien und Aufzeichnungen über Lehrmethoden suchte, habe ich meine eigenen Aufzeichnungen, Ausbildungsskripte und eben all jenes Wissen, das mir in die Hände gefallen ist, gesammelt, um dieses Werk anzufertigen. In meinem Buch werden wesentlich mehr als die oben genannten Fragen beantwortet. Es bietet vielfältiges und vielschichtiges Werkzeug für das Unterrichten von Tanz und Bewegung im HipHop-Bereich. Somit kann dieses Buch meiner Meinung nach als ein fundiertes Nachschlagewerk und als ein Begleiter für einen langfristigen professionellen Unterricht angesehen werden.

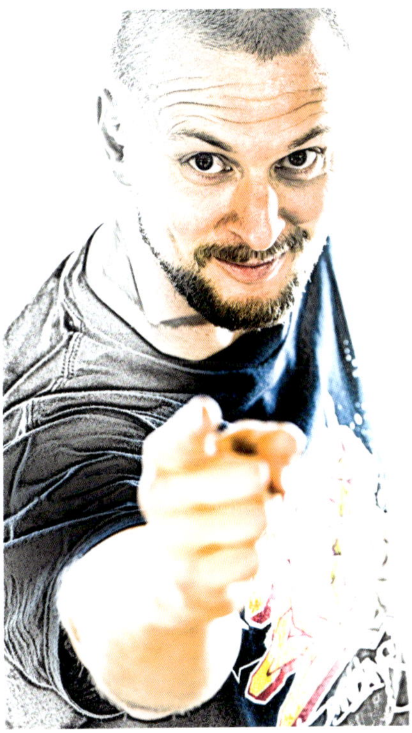

Zur Person

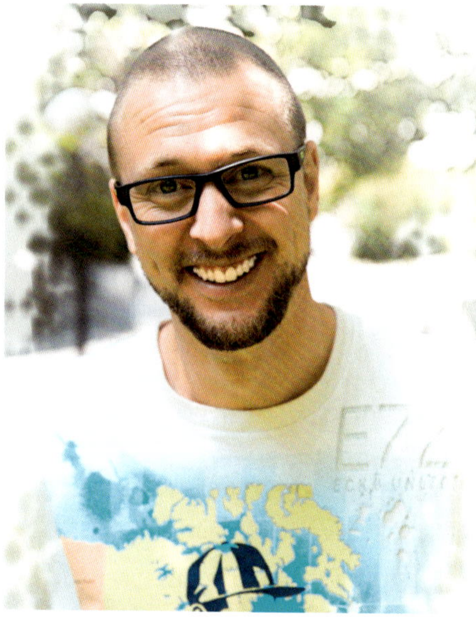

Stefan Sauter,
geboren 8. Juni 1981

- B-Boy „WarMachine", HipHop-Tänzer, Musical-Darsteller und Produzent eigener Tanz-Projekte, Autor
- Zertifizierter Tanzpädagoge für integrative Tanzpädagogik (DIT) und Übungsleiter (BLSV) mit weit über 15.000 Stunden Unterrichtserfahrung
- Kampfkunst-Lehrer und Coach für Selbstbehauptung, Sozialkompetenz und Gewaltprävention
- „Godfather" of „dance for style"

Videoerklärungen zum Buch und weitere Informationen auch unter:

www.hiphop-navigator.com

Danksagung

Spezieller Dank gilt neben allen Schülern, ohne die ich nicht unterrichten lernen konnte, Lehrern und Mentoren vor allem auch Menschen in meinem Umfeld, die mich unterstützt und inspiriert haben. Allen voran dem Verlag, der mir dieses Buch überhaupt möglich macht, und meinem Ansprechpartner Manuel Morschel.

Für dieses Buch auch noch im Speziellen genannt:

Für die Verwirklichung:
Theresa Gurlt, Sabrina Baumgart

Für Gegenlesen und Lektorat:
Paul Pfeffer, Britta Kertels, Steffen Teufel

Für die kreative Unterstützung und die Finalisierung:
Alexander Schenk, Katrin Rampp

Für die Bilder und die Teilname an den Shootings (alphabetische Reihenfolge):
Bastian Wolf, Carina Kern, Jennifer Stemmler, Luisa Piatello, Martin Niehle, Maurice Schober, Nina Haußmann, Rita Wolf, Sabrina Baumgart, Stefan Bech, Stefan Wacker, Susanne Hohmuth

Tutoren, von denen ich am meisten gelernt habe:

Tanzpädagogik:
Werner Huschka (Direktor des Deutschen Instituts für Tanzpädagogik)

HipHop:
„Storm" Niels Robitzky (Popping / Locking) (Germany)
„Marco Marçal" Marco Wehr (House / Ragga) (Germany / Brazil)
Mamadou Seck (HipHop) (France)
„Niako" Michael Lamarre (Krumping) (France)
„Luam" Luam Keflezgy (HipHop, Lyrical) (Africa, NY)
José (HipHop / New Style) (France)
Le Ung Hoang (HipHop / New Style / Lyrical) (Japan)

B-Boying:
„Storm" Niels Robitzky (Germany)
„Break Easy" Richard Santiago (USA, NY)
„Ironman" Carlos Cordova (USA)
„Kwikstep" Gabriel Dionisio (USA, NY)
„Hawk" Ralf Habicht (Germany)
„Jay" Serdar Bektas (Turkey, Germany)
Gabriel Onar (Turkey, Germany)

Other dances:
Prof. Randy James (Contemporary dance) (USA)
Donald Fleming (New dance) (USA)
Tamas Geza Moricz (Forsythe Ballet) (Germany)
Prof. Jacqueline Davis (Improvisation / Composition / Bartenieff Fundamentals) (USA)
Benno Voorham (Contactimprovisation) (Sweden)
Abou Lagraa (Contemporary) (Algeria, France)
Chris Parker (Modern dance – Limón technique) (Germany)
Klaus Wintersteller (Haka – Maori dance) (Austria)

Information

Beim Informations-Icon in gelblichem Hellgrün handelt es sich um Einleitungen in Themen, Hinweise, Randbemerkungen, Zusammenfassungen des vorhergehenden Materials oder Gedanken, die den Zugang und das Verständnis für das angesprochene Material leichter machen sollen. Nützliche Informationen, die hilfreich und wichtig sind.

Methode

Beim Methode-Icon im bläulichen Dunkelrot handelt es sich um die Information und Beschreibung der Methode, wie ein Thema umgesetzt werden kann. Die Methode ist die Vorgehensweise innerhalb der Anwendung einer Unterrichtstätigkeit, egal ob theoretisch oder praktisch. Methoden gibt es viele, welche passt, steht unter diesem Icon.

Praktische Arbeitsaufgabe

Durch das orange gehaltenen Praktische-Arbeitsaufgabe-Icon ist gekennzeichnet, dass nachfolgend eine Arbeitsaufgabe beschrieben ist, die wirklich im Tun umgesetzt werden sollte. Dies heißt aufstehen, ein bisschen Platz schaffen und mit dem Buch in der Hand oder vor sich liegend ausprobieren. **TUN! T**ag **U**nd **N**acht – **N**icht **U**nnötig **T**rödeln!

Didaktik

Beim Didaktik-Icon in Blau handelt es sich um die Beschreibung der didaktischen Reihenfolge der Informationen. Dies bedeutet wann, was in welchem Ablauf nacheinander unterrichtet werden sollte, um vom Einfachen zum Schweren, aufeinander aufbauend den Stoff zu erarbeiten. Dieses Buch und der inhaltliche Aufbau ist im Gesamten ein didaktisches Muster-Werk.

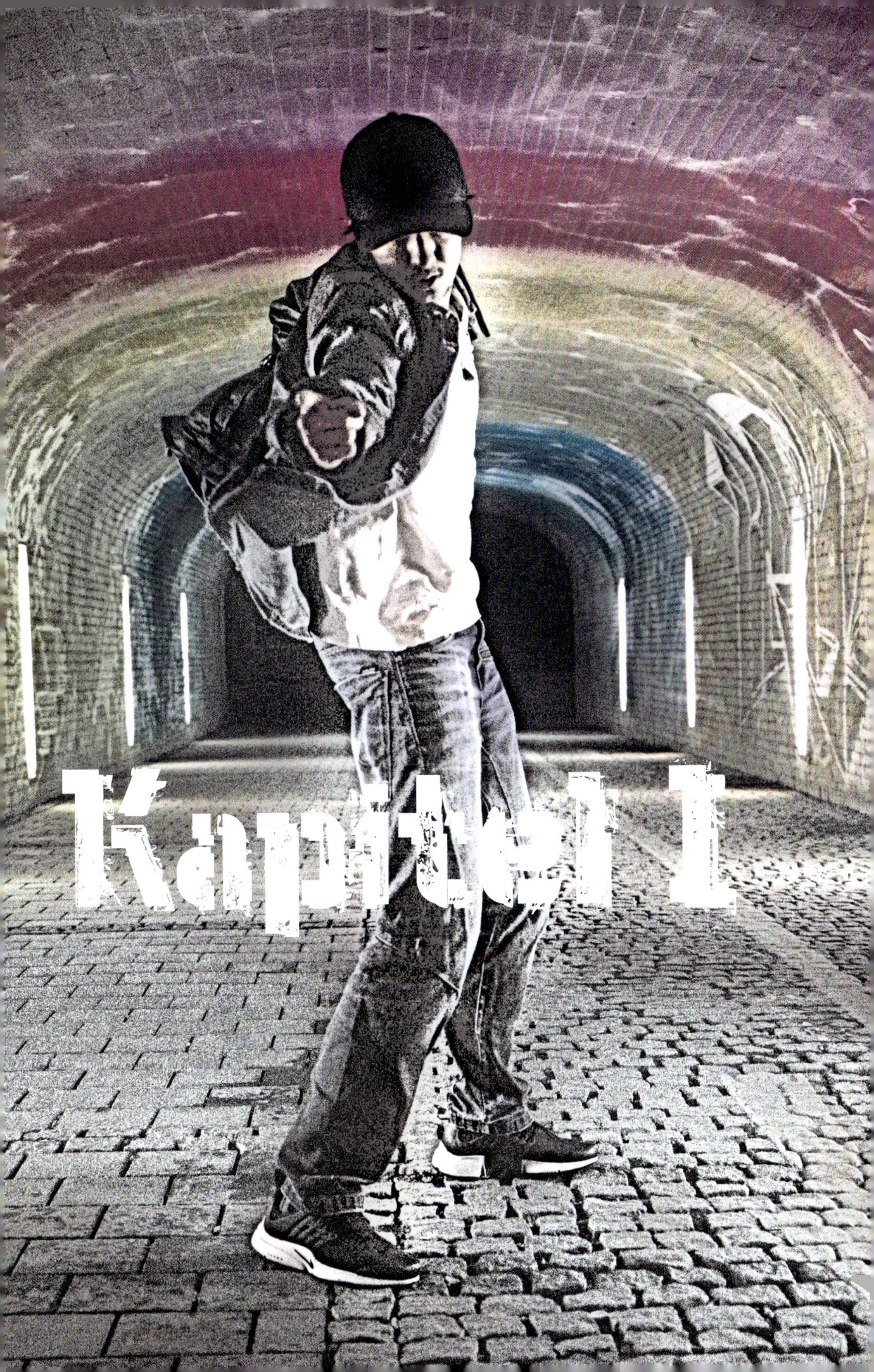
Kapitel 1

1 Die Tänze der HipHop-Kultur

Mit dem Begriff „HipHop" wird nicht nur ein Tanzstil bezeichnet, er fasst viele Ausprägungen der HipHop-Kultur zusammen. Wenn man sich nicht auf einen Tanzstil festlegen möchte, sondern das Bewegungsmaterial aus den verschiedenen Styles als Kunstform benennen will, benutzt man einfach den Begriff HipHop. Doch hinter dem Begriff steckt mehr, nämlich eine vollständige und vielgestaltige kulturelle Ausrichtung.

1.1 Die „HipHop-Kultur"

Was ist Kultur?

Kultur ist im weitesten Sinne alles, was der Mensch selbst gestaltend hervorbringt, im Unterschied zu der von ihm nicht geschaffenen und nicht veränderten Natur. Kulturleistungen sind alle formenden Umgestaltungen eines gegebenen Materials, in der Technik oder der bildenden Kunst, aber auch Umgestaltung geistiger Gebilde wie etwa im Recht, in der Moral, der Religion, der Wirtschaft und der Wissenschaft.

Kultureller Einfluss äußert sich durch Kleidung, Sprache, Bewegung, Lebensgefühl, Emotion, Medien und Moralvorstellungen.

Was ist HipHop-Kultur?

Die HipHop-Kultur ist im weitesten Sinne ein von Medien und sozialen Netzwerken erarbeiteter Lebensstil, der sich in Kleidung, Sprache, Bewegung, Lebensgefühl, Emotion, Medien und Moralvorstellungen der Betreibenden widerspiegelt. Sehr allgemein formuliert gibt es vier Disziplinen (in der Szene auch als Elemente bezeichnet), die allgemein folgendermaßen benannt werden:

- DJ-ing
- B-Boying
- MC-ing
- Graffiti

Diese Elementbezeichnungen sind lediglich stellvertretende Oberbegriffe, um einen groben, aber durchaus hilfreichen Überblick zu schaffen. Die in die Tiefe gehende Aufgliederung in alle einzelnen Disziplinunterscheidungen würde eine ganze Enzyklopädie füllen. Trotz der sehr oberflächlichen Behandlung möchte ich einen kleinen Einblick für die ganz unbedarften Leser geben, die bisher noch nie mit der HipHop-Kultur in Berührung gekommen sind:

1.1.1 DJing

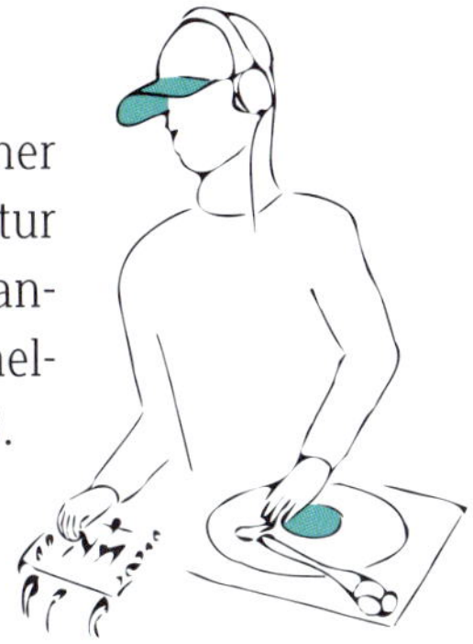

Stellvertretender Begriff für den Umgang mit der Musik

Als DJ (engl. Disc Jockey) wird jemand bezeichnet, der Musik in einer individuellen Auswahl vor Publikum abspielt. In der HipHop-Kultur verändert der DJ die auf einer oder mehr Schallplatten / CDs vorhandene Musik insofern, dass die Musik von Hand langsamer oder schneller vor- und zurückgeschoben wird, um Effekte zu erzielen (z. B. Scratching, zu Deutsch: Kratzen), Übergänge von einem Musiktitel zum nächsten zu schaffen oder auch einen speziellen Teil eines Liedes mehrmals zu wiederholen („Loop" oder „Break"). Professionelle DJs produzieren meist auch ihre eigene Musik.

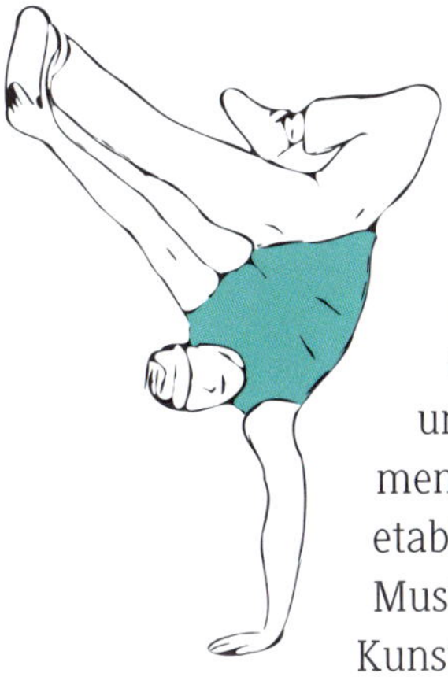

1.1.2 B-Boying

Stellvertretender Begriff für alle Tanzstile

Das Wort und HipHop-Element B-Boying steht in diesem Kontext (in dieser Aufzählung) als stellvertretender Oberbegriff für alle HipHop-Tänze. Dies ist eine sehr traditionelle Art der Bezeichnung aus der Anfangszeit der HipHop-Kultur, als unter B-Boying noch alle möglichen Bewegungsformen zusammengefasst wurden und die Unterscheidungen sich noch nicht etabliert hatten. B-Boying steht für die Menschen, die sich zur Musik bewegen und dies neben dem Spaß auch als professionelle Kunstform verstehen.

1.1.3 MC-ing

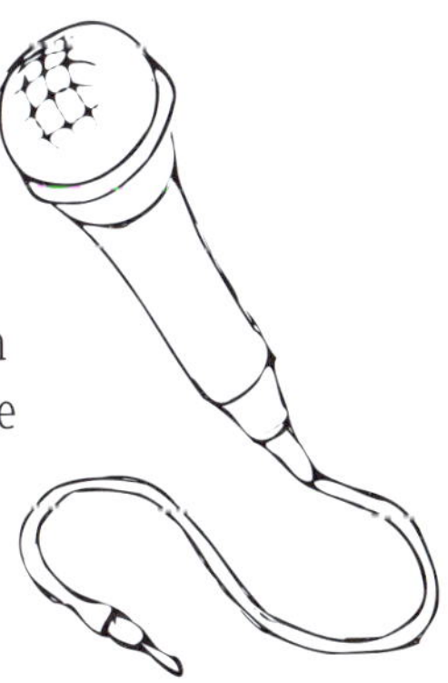

Stellvertretender Begriff für die öffentlich gesprochene Präsentation und Nutzung der Stimme und Sprache

Der MC, oder „Master of Ceremony" (zu Deutsch: Meister der Zeremonie), war ursprünglich der Moderator einer Bühnenshow, einer Party oder einer anderen Art der Performance und ist es auch heute noch. Im HipHop-Bereich ist MCing unter anderem auch die Bezeichnung für einen Sänger oder Rapper (Rap: Sprechgesang).

Eine weitere Disziplin des MCing ist das Beatboxing. Dabei werden mit dem Mund und der Stimme Musikinstrumente (Schlagzeug, E-Gitarre, Synthesizer …) nachgeahmt. In den 70ern und 80ern waren Musikinstrumente und Synthesizer sehr teuer, daher mussten Rapper ihre Beats oft selbst produzieren. Heutzutage ist die Beatboxszene eigenständig und zu einer ausgereiften Kunstform herangewachsen.

1.1.4 Graffiti

Stellvertretender Begriff für die bildhaft dargestellte Kunst

Graffiti ist der Plural des italienischen Worts „graffito". Es leitet sich aus dem Altgriechischen von „graphein" ab, was „schreiben" bedeutet. Graffiti steht als Sammelbegriff für Bilder oder Schriftzüge in allen möglichen Variationen. Auf Oberflächen des öffentlichen Raums (Wänden, Zügen …), werden Graffiti in der öffentlichen Wahrnehmung oft als Vandalismus betrachtet. Graffiti erscheinen in einer Vielzahl von Ausprägungsformen (Sprühen, Malen, Ritzen …), auf Leinwand, Kleidungsstücken, Plakaten oder mittlerweile auch in den Marketingabteilungen großer Konzerne.

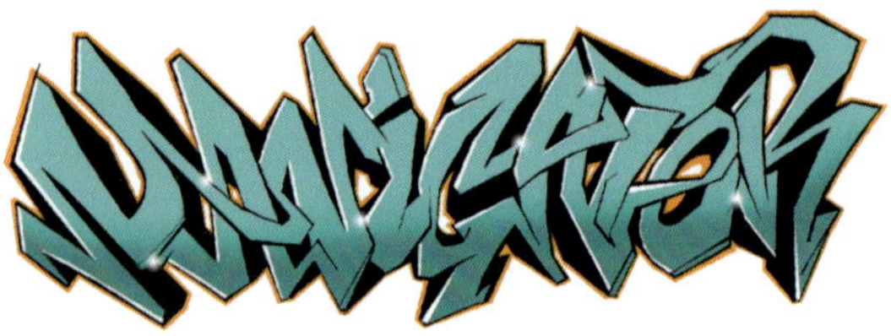

1.2 Die Tanzstile

Bei der Unterscheidung der HipHop-Stilarten und Bewegungsformen besteht in der Öffentlichkeit sowie im allgemeinen Unterricht viel Aufklärungsbedarf. Qualitativ hochwertigen Künstlern sollte eine echte Überlebenschance geboten werden und den Schülern die Frustration durch schlechten und unvollständigen Unterricht erspart bleiben. Niemand kann alle HipHop-Stile bis ins letzte Detail als Kunstform beherrschen. Dafür bräuchte man wohl mehrere Leben. Deswegen sind professionelle B-Boys meist ausschließlich B-Boys und professionelle Locking-Tänzer eher nur Locking-Tänzer und nicht auch gleichzeitig noch Ragga-Tänzer, House-Tänzer und Waacker.

Hier eine Hilfestellung, um die Unterscheidung von Bewegungsformen besser zu verstehen, Klarheit zu schaffen und über die Logik herleiten zu können:

1. Musik verursacht Gefühle (sofern man das fühlt).
2. Musik aus verschiedenen Jahrzehnten transportiert jeweils ihren eigenen Zeitgeist sowie ihr eigenes Lebensgefühl und verursacht somit unterschiedliche Gefühlszustände.
3. Jeder dieser Gefühlszustände kann bestimmte Körperhaltungen und Bewegungen auslösen und unterstützen. Weg, Geschwindigkeit und Kraft in den Haltungen und Bewegungen variieren und vermitteln diverse Informationen, die über den Körper ihren Ausdruck finden.
4. Durch unsere Körpersprache und unsere Bewegungen werden Informationen nach außen transportiert und auch von außen gedeutet.

5. Jede Musikrichtung mit ihrem eigenen Gefühl wird auf andere Art und Weise empfunden, interpretiert und durch ihren ganz speziellen „Groove", ihre Bewegungsenergie und ihr entsprechendes Bewegungsmaterial zum Ausdruck gebracht. Man tanzt also automatisch zu jeder Musikrichtung anders (andere Tänze / Tanzstile).
6. Eine Musikrichtung wie auch deren Tanzstil hat zwangsläufig durch ein mehrdimensionales Wahrnehmungsspektrum, bestehend aus Zeitgeist, Gefühl, Bewegung, Energie und Ausdruck eine Berechtigung, separat als Stil anerkannt zu werden. HipHop ist somit kein separater Tanzstil, sondern der stellvertretende Überbegriff für die Kultur und die Gesamtheit ihrer Tänze und kann als Name für eine künstlerische Zusammenfassung aller Stile dienen.

Man kann die Unterschiede der Stile demnach als völliger Laie erkennen, ohne vorher davon zu wissen, wenn man nicht fortwährend den „New Style"-Einheitsbrei, gepaart mit akrobatischen Break-Moves von den Medien vorgesetzt bekommt. Die meisten Menschen achten beim Betrachten von Tanz aber nicht auf die Stilarten, sondern auf den durch sie ausgelösten Enthusiasmus (sofern Enthusiasmus ausgelöst wird) und spüren ihre Freude beim Zusehen (was die Stilunterscheidung zusätzlich begründet). Der Tänzer möchte sein Gefühl auf das Publikum übertragen, was letzten Endes durch den passenden Tanzstil am allerbesten funktioniert. Das ist einem Tanzschüler jedoch nur in der Endphase des Lernprozesses möglich. Somit sollte man zusehen, dass man die Schüler so schnell wie möglich zu dieser Phase führen kann.

Wir als Lehrer sollten ein technisches Fundament schaffen, um Menschen eine Chance zu geben, sich im Tanz wirklich auszudrücken. Und dafür braucht es ein umfangreiches, körperlich umsetzbares Vokabular, das definitiv in der Unterscheidung der Stilarten verankert ist. Dieses Handwerkszeug kann meiner Meinung und Erfahrung nach durch keine noch so abenteuerliche, kreative oder inspirierte Unterrichtsführung ausgeglichen oder ersetzt werden.

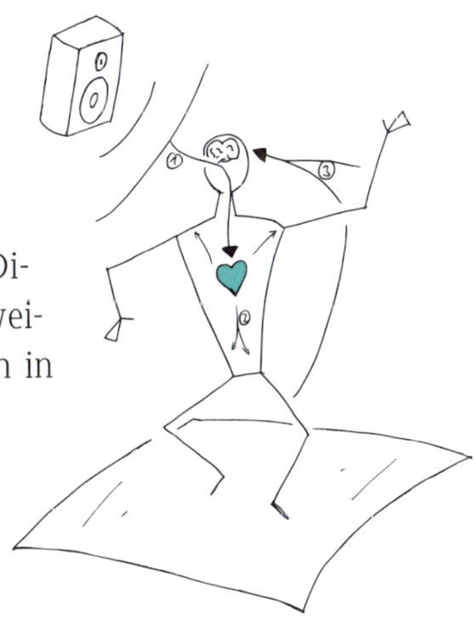

Wenn man also mit HipHop-Tänzen als Lehrer im Unterricht zu tun hat, braucht man nicht nur die in diesem Buch beschriebenen Kenntnisse über Methodik, Didaktik oder Pädagogik. Vielmehr ist es wichtig, ein erweitertes Wissen der verschiedenen Stilunterscheidungen in Musik, Bewegungsmaterial, Groove, Tanzgefühl, Ausdrucksform und geschichtlichem Hintergrund zu haben. Denn nachdem alle Basics erarbeitet sind, geht es mit den einzelnen HipHop-Tänzen erst richtig los.

Hier folgend eine Aufzählung und Beschreibung der HipHop-Tanz-Genres: Viele der Stile unterteilen sich nochmals hinsichtlich der Musik, der Bewegungsästhetik und spezifischer Tanzgefühle. Diese zusammenfassende Beschreibung der bis dato populärsten Genres und ihrer Basic-Tanz-Bewegungen wird immer unvollkommen sein und bleiben, da sich die HipHop-Kultur weiterentwickeln und verändern wird. Trotzdem kann man mit den folgenden Geschichten einen guten Überblick darüber erhalten, worum es im HipHop eigentlich geht.

Für alle HipHop-unerfahrenen Leser und Lehrer habe ich am Ende jeder Stilbeschreibung eine kleine Sammlung an Beispielen von Musikinterpreten angehängt, um auch musikalisch eine ungefähre Richtung zu geben. Alle, die sich mit HipHop-Musik und Tanz schon auskennen, bitte ich, es mir nicht übel zu nehmen, wenn ich ihren Favoriten vielleicht nicht genannt habe.

1.2.1 Social Dances

Menschen treffen sich unter anderem, um zusammen zu feiern, zu tanzen und einfach in einem gemeinsamen Umfeld die gleichen Interessen und die Musik zu genießen. Beim Feiern denkt man nicht viel nach und versucht Spaß zu haben, und wenn man Lust dazu hat, bewegt man sich mit allen anderen zur Musik. So sind auch die sogenannten **Social Dances** entstanden und dadurch letzten Endes auch die Anfänge der HipHop-Kultur. Irgendwann im Klub, in einer Bar oder bei einer House-Party fühlte es sich für alle stimmig an, sich auf eine bestimmte Art zur aktuellen Musik zu bewegen. Genauso haben auch einfache Tanzideen aus Musikvideos oder Werbespots die Tanzszene geprägt. Man gab den Bewegungen noch einen Namen, um darüber reden zu können, und fertig. Den genauen Zeitpunkt kann man für den Beginn dieser Bewegungs-Genres nicht festlegen. Meine Recherchen haben ergeben, dass schon einige der typischen Tanzschritte in den 1920er-Jahren populär waren.

Es sind meist recht einfache Schritt- oder Bewegungskombinationen auf der Stelle, welche durch ebenso einfache Armbewegungen begleitet werden. Wichtiger bei den Bewegungen ist der Ausdruck und der jeweilige „Groove" im Körper, also ein bestimmtes Gefühl, das durch Rhythmus, Spannung und Tempo des Musikstücks erzeugt wird. Durch die Rhythmik der Musik, die im Tanz interpretiert wird, unterscheiden sich auch die Tänze.

Es gibt unzählige **Social Dances**, weil es unzählige Partys mit unzähligen Menschen gibt, die auch heute immer wieder neue Social Dances erfinden (2014 aktuell: Gangnam Style). Es wird davon gesprochen, dass in jeder Szene in jeder Stadt/Gegend so ca. jedes halbe Jahr ein neuer Social Dance zum Trend wird. Einige etablieren sich, andere verschwinden wieder wie sie gekommen sind. An zwei geschilderten Beispielen (siehe Kapitel 1.3.2 Harlem Shake & 1.3.3 Twerking), die fälschlicherweise als vollständige Tanzstile verstanden werden, kann man sehen, wie heutzutage Social Dances aufkommen und sich verbreiten. Beispiele für bekannte und etablierte Social Dances aus den 70er- und 80er-Jahren sind:

- Bart Simpson
- Reebok
- Gigolo
- Porkchop
- Falling off the Lock
- Rooftop

Beispiele für Musikinterpreten

Solange Menschen miteinander tanzen, werden neue Social Dances aufkommen. Die Musik war, ist und wird so vielfältig sein wie die Menschen selbst, daher ist eine Angabe von Interpreten hier nicht sinnvoll.

1.2.2 B-Boying

B-Boying könnte man umgangssprachlich eine „akrobatische Hochleistungstanzsportart" nennen, die in den 70er-Jahren ursprünglich in den Parks und den Straßen von New York getanzt wurde. Als Teil der HipHop-Bewegung ist B-Boying mit der Funkmusik entstanden. Der Tanz wurde unter afro- und puertorikanisch-amerikanischen Jugendlichen und jungen Erwachsenen in Manhattan und der südlichen Bronx in New York öffentlich getanzt und bot damals wie heute den sozial niedriger gestellten Gesellschaftsanteilen eine Alternative zur Kriminalität der städtischen Straßengangs und eine Möglichkeit, legal Geld zu verdienen. Die Bewegung der „Street Hitter", so werden sie in New York genannt, besteht seit der Entstehung des B-Boying. Diese Tänzer sind meist Afroamerikaner aus armen Verhältnissen, die mit dem Tanzen ihren Lebensunterhalt verdienen und sich selten bis nie in der Szene oder auf Jams blicken lassen. Andere populäre Namen für B-Boying sind Breakdance, Breaking oder B-Girling. B-Boying hat sich seit damals zu einer wirklichen Kunstform entwickelt, deswegen wird es heute zu jeglicher Musik getanzt. Am ursprünglichsten und beliebtesten ist es jedoch nach wie vor, Breakdance zu Funkmusik zu tanzen.

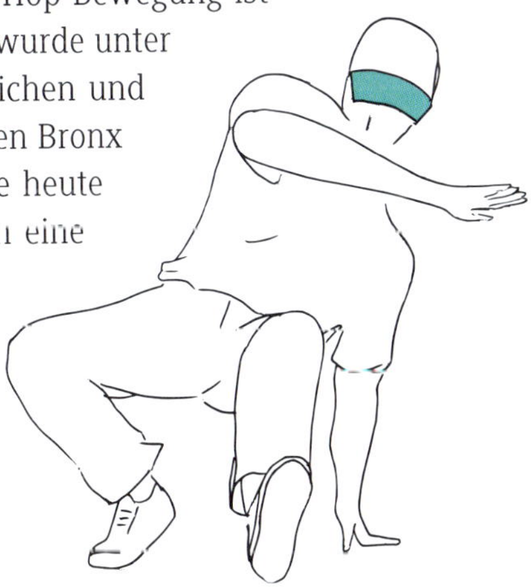

Der Tanzstil B-Boying ist eine Kunstform aus der freien, offenen HipHop-Kultur, die sich als frei von Barrieren der Herkunft, des Geschlechts und des Alters begreift und somit auch als Medium der Kommunikation dient. Es fördert die soziale Kontaktfähigkeit in einer Gruppe und erleichtert die Integration. Der Tanz fordert eine hohe Disziplin von den Tänzern, die sich nur durch hartes und regelmäßiges Training über Jahre hinweg diese athletischen Fähigkeiten aneignen können. Diese werden beim Training im „Circle" zusammen trainiert, beim „Battle" mit anderen gemessen und sind als Präsentation in Shows oder als Tanzstücke geeignet. Das „Battle" ist eine Art sportlicher Wettstreit, der z. B. beim „Battle of the Year" (Gruppe gegen Gruppe) oder dem „Red Bull BC One" (einer gegen einen) auf internationaler Ebene ausgetragen wird. Man steht im Kreis oder in zwei Fronten gegenüber und versucht, mit seiner eigenen Art zu breaken, eine tänzerische Kommunikation zu führen. Die Jury, die aus erfahrenen B-Boys / Girls bestehen sollte, entscheidet dann nach Gesichtspunkten wie Originalität, Ausführung, Schwierigkeitsgrad, Körpersprache, Umgang mit der Musik und Kreativität, welcher der Kontrahenten gewinnt. Bewegungselemente des B-Boying sind:

- **Top-Rocks / Up-Rocks** (Basic: Indian Step)
- **Down-Rocks / Footworks** oder auch **Styles** (Basic: Six Step)
- **Powermoves:** Spinningmoves, Glides, Airmoves, Jumps (Basics: Windmill, Turtle, Headspinn)
- **Freezes und B-Boy-Stances** (Basics: Chair Freeze, Baby Freeze, Y-Kick)
- **Groove: Der Jerk** (wird nur im Stand und beim TopRock erkennbar)

Dies sind die Bezeichnungen für die Grobeinteilung der Disziplinen innerhalb des Tanzes. B-Boying vereint vielfältige, kreative Anteile mit anspruchsvollen und fordernden akrobatischen Bewegungen. Das Alleinstellungsmerkmal, durch welches sich B-Boying von allen anderen Tänzen rund um den Erdball unterscheidet, sind die meist in der Hocke ausgeführten „Footworks". Das sind Bewegungen, die sehr grob beschrieben den Zweck erfüllen, mit den Beinen und Füßen um die auf dem Boden aufgesetzten Hände zu tanzen.

Es wäre weit mehr über diesen Tanzstil und seine gesellschaftliche, soziale und psychologische Bedeutung zu sagen. B-Boying hat weltweit einen enormen Stellenwert bekommen, sodass in jeder etwas größeren Stadt auf der ganzen Welt eine Trainings-Szene existiert. Eine ausführliche Darstellung und ein möglicher Weg, diesen außerordentlichen Tanzstil für den Anfängerunterricht aufzubereiten, wird dann in einem der nachfolgenden Bücher erläutert.

Beispiele für Musikinterpreten

Funkmusik:
James Brown, Incredible Bongo Beat Band, The Jimmy Castor Bunch, Alan Shacklock, Herman Kelly, Isaac Hayes, Bob James, Marvin Gaye, Rhythm Heritage …

Rapmusik:
Public Enemy, Lords of the Underground, Tribe Called Quest, Beasty Boys, Young MC, Stetsasonic, House of Pain, Naughty by Nature, LL Cool J, Madstyle …

Elektromusik:
Afrika Bambaataa, Propellerheads, The Prodigy, Fatboy Slim, The Chemical Brothers, The Roots …

Bekannte BBoy DJs:
ZepRockSki, DJ Woodoo, DefCut, DJ-Z-Trip, DJ Nas'D, DJ Shadow, DJ IceY, DJ Illegal, DJ Pablo, DJ Ice C, Kid Cut, DJ Billy Brown, DJ Kid Stretch, DJ-Twist1 …

1.2.3 Locking

Jeder von uns kennt die Cartoon-Helden wie zum Beispiel „Tom & Jerry", „Scooby-Doo" oder „Roger Rabbit". Viele dieser gezeichneten Figuren wurden bei einem zweijährigen Cartoon-Workshop Ende der 60er-Jahre in Fresno bei Los Angeles entwickelt. Viele der typischen Locking-Bewegungskombinationen sind daher nach Cartoon-Figuren benannt. Einer der Teilnehmer bei diesem Cartoon-Workshop war damals Don Campbell, der Locking in seiner Ursprungsform sozusagen erfunden hat.

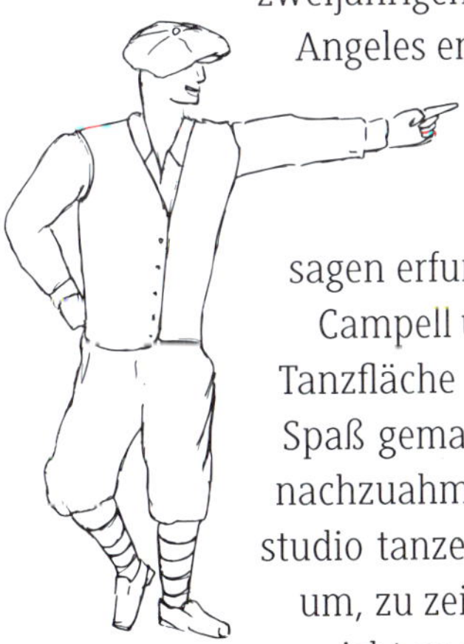

Campell und seine Kollegen waren lustige Kameraden und oft auf der Tanzfläche verschiedener Klubs anzutreffen. Dort haben sie sich den Spaß gemacht, die Bewegungen ihrer neuesten Cartoon-Schöpfungen nachzuahmen. Gleichzeitig begann Campell, in einem örtlichen Tanzstudio tanzen zu lernen und seine Cartoon-Kollegen baten ihn oft darum, zu zeigen, was er denn so gelernt hatte. Jedoch ging es ihm wohl nicht anders als jedem Tanzanfänger, er blieb in seiner Choreografie immer wieder stecken und überlegte, wie es weitergehen sollte. Es sah für seine Kollegen wahrscheinlich so aus, als würde er irgendwie „einrasten", was auf Englisch auch „to lock" heißt. So haben sie ihn irgendwann amüsiert aufgefordert: „Donny, do the Lock!" Damit und durch die Cartoon-Moves nahm die Tanzrichtung ihren Lauf. Bekannt wurde sie durch zahlreiche Auftritte im amerikanischen Fernsehen (z. B. Soul Train). Donny's Gruppe „The Campbellock Dancers", die ihren Namen im Laufe der Zeit in „The Lockers" änderten, trugen maßgeblich zur Entwicklung des Tanzstils Locking bei und gelten bis heute als wichtigste Vertreter.

Jeffrey Daniels von der Gruppe „Shalamar" begann Ende der 70er-Jahre in London Tänzer zu unterrichten, wodurch der Tanz auch in Europa bekannt wurde. Durch Tony Gogo, ein Ex-Mitglied der „Lockers", der viele Jahre in Fugoka lebte, geschah dasselbe in Japan. In Deutschland war der Tanz über die 80er-Jahre vollständig verschwunden, bis die Gruppe „Out of Control" aus Kopenhagen und der Berliner Choreograf Niels „Storm" Robitzky Anfang der 90er-Jahre bei Szene-Veranstaltungen und im Fernsehen Locking tanzten.

Locking wurde früher wie heute zu Funkmusik getanzt und ist in seinen Bewegungen klar definiert. Der typische Locking-Ausdruck wird als „cool" oder „comical" bezeichnet. Es sind oftmals extrem schnelle dynamische Bewegungen, die sehr groß und teilweise übertrieben getanzt werden. Deutliche Kennzeichen / Basisbewegungen des Tanzes sind:

- **Paceing:** Das Taktschlagen mit einem imaginären Drumstick in alle möglichen Richtungen mit lockerem Handgelenk.
- **Wristrolls:** Schnelle Armdrehungen und Handgelenkdrehungen oftmals von Pace zu Pace.
- **Lock:** Das abrupte Stehenbleiben in einer nach vorn gebeugten Körperhaltung.
- **„Uncle Sam" Point:** Das oftmalige Fingerzeigen in alle möglichen Richtungen (orientiert sich an der Parodie des Fingerzeigs einer Rekrutierungskampagne der US-Army in den 70ern).
- **Give yourself five:** Sich selbst die Hand abklatschen.
- **Scoop:** Rundlich schaufelartig ausgeführte Kicks mit den Beinen.
- **Groove:** Main Key (oder auch Heart Beat aus dem Afrika-Tanz).

Beispiele für Musikinterpreten: Funkmusik

Musik der 70er-Jahre

B.T. Express, Isac Hayes, Cameo, Kool and the Gang, James Brown, Jimmy Castor Bunch, Lalo Schifrin, Commodores, The Salsoul Orchestra, Rose Royce, Bar Kays, There it is, George Clinton & the P. Funk All Stars, Breakestra, Average White Band, Fatback, War, Cookin´on three Burners, Rhythm Heritage …

1.2.4 Popping

Charlie Robot, der 1972 anfing, langsame, auf die Musik abgestimmte, Roboterbewegungen auszuführen, gilt als einer der ersten Popping-Tänzer. Sen Robot aus Oakland verfeinerte die Technik und brachte die einzelnen Bewegungen zum Elektro-Funk auf ein höheres Tempo. So entstand die berühmteste Popping-Crew der damaligen Zeit: Die „Electric Boogaloos" (Fresno, Kalifornien, USA), nach denen der Tanz auch damals benannt wurde und welche teilweise auch Mitglieder der „Lockers" waren. Diese Crew bestand aus sieben Tänzern. Man könnte sagen, dass

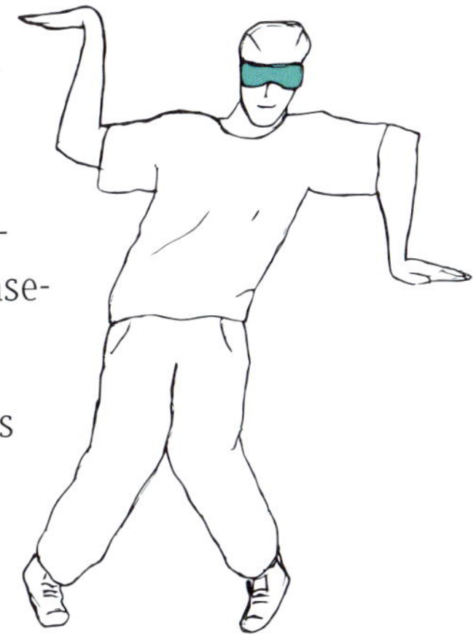

jeder einzelne dieser Tänzer für ein bestimmtes Bewegungsprinzip des Popping steht. Weltweit berühmt wurde Popping allerdings durch Michael Jackson, der den von den Medien benannten **Moonwalk** (auch Backslide) und andere Popping- und Lockingbewegungen auf die Bühne und ins Fernsehen brachte.

Der Begriff Popping kommt von „to pop" (engl.: knallen). Dies steht für die harte und abrupte Muskelkontraktion, welche den Tänzer aus der Bewegung heraus in einer bestimmten Haltung plötzlich „knallhart" stoppen lässt. Popping wird hauptsächlich im Stand getanzt und mischt verschiedenste Haltungen mit unnatürlich wirkenden Winkeln (Isolationen) sowie normale Tanzbewegungen, sodass ein Illusionseffekt entsteht. Dadurch ruft der Tänzer optische Täuschungen hervor, die diesen Tanz so eigentümlich machen. Man unterscheidet im Popping zwischen verschiedenen ästhetischen Bewegungsprinzipien:

- **Funky Pop:** Die ursprünglichste und immer noch übliche Version, sich zu Popping-Musik zu bewegen. Basics: Pop & Recall (Recall: das ruckartige Zucken in die Gegenrichtung der nachfolgenden Bewegung).
- **Puppeting:** Wie eine Puppe schwerelos an einem Faden hängend durch verschiedene Slides durch den Raum bewegend (z. B. Moonwalk).
- **Robotting / Toyman / Scarecrow:** ferngesteuert aussehende Bewegungen
- **Tutting:** Von den Hieroglyphen der Ägypter (Grab des „Tutanchamun") abgeleitete Haltungen und die Bewegungen drumherum.
- **Boxing / Fingertutting / Tetris:** weiterentwickelte ästhetische Unterschiede von Bewegung und Haltungen basierend auf Toyman und Tutting
- **Waving:** Nachbildung von Naturphänomenen (vor allem der Welle des Wassers)
- **Tikking / SlowMo / Strobo / Strutting:** Durch auftretende Effekte der digitalen Bildveränderungen (z. B. flackernder TV-Bildschirm) inspirierte ästhetische Bewegungsmuster.
- **Magazining:** Das bewegte Ausformulieren mehrerer in einem imaginären Magazin (Zeitschrift) abgedruckten Themen / Ideen / Artikeln. (Man tut so als lese man ein Magazin und stellt dabei das gelesene in einem kreativen Improvisationstanz dar).
- **Turfing:** Randbereich des Popping, bei dem die Mobilität eines Gelenks so „verbogen, umgeknickt oder überstrapaziert" wird, dass das natürliche Erscheinungsbild des Menschen und seine Beweglichkeit stark verändert dargestellt wird.

Die wichtigste Komponente ist dabei die absolut exakte Übereinstimmung mit der Musik, damit die Animationsbewegungen von Popping zur Tanzform werden. Von den Tänzern werden dabei hohe Experimentierfreude und eine stark ausgeprägte Differenzierung der Körperregionen gefordert, damit der Tanz dann auch richtig wirkt, Spaß macht und individuell wird.

Beispiele für Musikinterpreten:

Elektro & Funk (Musik Ende der 80er und folgende)
Herbie Hancock, Hashim, Lenny White, Roger Troutman, Zapp & Roger, Funkadelic, George Clinton, Cameo, Ray Parker, Fatback, Bar Kays, Prince, Chocolate and Milk, Chemical Brothers, Propellerheads, Fatboy Slim, Paul Hardcastle, George Duke, Art of Noise, Afrika Bambaataa, Man Parrish, J-Squad, N.O.P.S., Prince Paul, DJ-Shashu, Vibe-Squad …

1.2.5 New Jack Swing

Nun kommen wir zu einer Zeit, in der sich in der HipHop-Kultur die Ereignisse überschlugen. Ende der 80er-Jahre verschafften sich die Medien den Zugriff auf die HipHop-Welt, um sich an der medialen Ausbeutung dieser Subkultur „eine goldene Nase zu verdienen". So wurde von dem Songwriter und Produzenten Teddy Riley das Musikgenre „New Jack Swing" begründet, und der Journalist und Regisseur Barry Michael Cooper prägte den Begriff 1988 ebenfalls, als er ihn in den Medien verstärkt einsetzte. Hier die Story dieses Stils:

1986 bis 1988 wurde dieser Tanzstil in den USA auch als „HypeDance" bezeichnet und von den Interpreten der Musik selbst kreiert. „Bobby Brown" brachte in dieser Zeit zwei der erfolgreichsten Titel der New-Jack-Swing-Szene mit „Don't Be Cruel" und „My Pregrogative" heraus. Genauso hat auch der Film „New Jack City" mit „Wesley Snipes" dann 1990 die Musik und den Mainstream maßgeblich beeinflusst. So kam es dazu, dass die Tanz- und die Musikwelt zusammenwuchsen und die Medien direkten Einfluss auf die HipHop-Kultur nahmen.

Als nun „Big Daddy Kane" den Song „Here comes Kane, Scoop and Scrap" herausbrachte, kamen die bis heute bedeutendsten Tänzer des New Jack Swing, „Scoop" und „Scrap", deren richtige Namen nie genannt wurden, zum Vorschein. In Deutschland waren zur gleichen Zeit in Berlin „Leon" und „Deon" diejenigen, die den Tanztrend voranbrachten, indem sie für „Snap" zum Song „I´ve got the Power" den Tanz kreierten. Ebenso waren es „Lilly" und „Phillip" aus Hamburg, die zu dieser Zeit ganz vorn mit dabei waren.

Die Musik des New Jack Swing verbindet die Musikrichtungen Swing, Funk, R&B und HipHop. Samples aus Funk und Swing werden durch einfache Keyboard-Klänge ergänzt und ersetzt. So hat man eine synkopische und gleichbleibende Rhythmik, auf die man mit meist hüpfenden („Hopping") Schrittkombinationen und offenen Armbewegungen tanzt. Eine kommunikative Haltung und der positive Kontakt zum Publikum spielen dabei eine wichtige Rolle. Janet Jackson verkörperte in ihren Videos und Bühnenshows vieles, was diesen Style ausmacht. Basis-Schrittkombinationen aus dem New Jack Swing sind:

- **Running Man:** In verschiedenen Ausrichtungen, Geschwindigkeiten und Gewichtsverlagerungen ausgeführtes Hüpfen (z. B. „Hammer" von MC Hammer), in das auch Kicks und Slides eingebaut werden.
- **Crossover** oder **FunkyStep**
- **Salsa Rock** (wird auch im B-Boying verwendet)
- Der **New Jack Swing** (Name des Stils und eigene Schrittkombi), der durch den Skeeter Rabbit aus dem Locking importiert wurde, was man bis in die Broadway-Tap-Dance-Schrittkombinationen der 20er-Jahre zurückverfolgen könnte.

(Die Bezeichnungen sind regional sehr unterschiedlich und daher meist nicht festgelegt!)

Diese Stilart, sowie die häufig unklaren Namen der Schritte und die unterschiedlichen Auslegungen davon, sind darauf zurückzuführen, dass diese HipHop-Bewegung lediglich einen zeitlichen Rahmen von 4–5 Jahren ausmachte und somit kaum Zeit war, Namensgebungen sowie eine Festigung von Technik und Ästhetik zu etablieren, bevor sich alles schlagartig weiterentwickelt hat.

Vor allem der hier im Buch nachfolgende Stil des House Dance hat sehr von den New Jack Swing-Schrittkombinationen profitiert.

Beispiele für Musikinterpreten: HipHop

Musik Mitte der 80er-Jahre

Janet Jackson, Michael Jackson, Fresh Prince (Will Smith), DJ Jazzy Jeff, House of Pain, Bobby Brown, TLC, MC Hammer, Boyz to Men, Guy, Hi-Five, Aaron Hall, En Vogue, Bell Biv DeVoe, Music Factory …

„Urban Dance"

Die zuvor genannten Tanzstile sind definitiv **HipHop** und bezeichnend für die Entstehungsgeschichte der HipHop-Kultur. Die nun nachfolgenden Tanzstile sind ebenso ein Teil der HipHop-Kultur, allerdings weitet sich das Feld hier noch mal etwas aus. New York war und ist nach wie vor der „Melting-Pot". Ob Mode, Musik, Tänze oder andere Ideen, viele neue Trends haben dort ihren Ursprung, vor allem auch die HipHop-Kultur. Viele Menschen aus unzähligen Ländern mit verschiedensten ethnischen Hintergründen und kulturellen Wurzeln leben dort, kommen auf engstem Raum miteinander klar und tauschen sich untereinander aus. New York und andere Großstädte erstrecken sich über ein riesiges „städtisches" oder „besiedeltes" (engl.: urban) Gebiet, über ein sogenanntes **urbanes** Umfeld. Somit fasst man heute auch alle HipHop-Tänze unter dem Begriff „urbane Tänze" oder „Urban Dance" zusammen.

Aber Worte sind Schall und Rauch. Wenn man die HipHop-Kultur jemals wirklich verstehen möchte, muss man das Gefühl der Tänze kennenlernen. Der einfachste Weg ist, Sneakers und eine kleine Sammlung an überlebenswichtigen Utensilien einzupacken und New York und sein Nachtleben selbst zu erleben, wie zum Beispiel auch die folgenden Tanzstile:

1.2.6 House Dance

Seit Urzeiten finden sich Menschen zusammen, um Rituale zu begehen, Gespräche zu führen oder einfach nur zu feiern. So hat auch die HipHop-Kultur ihren „Ritus", sich bei einem Gastgeber zu treffen und dort zur gespielten Musik zu tanzen und eine „House-Party" zu feiern. Der Tanz selbst entwickelte sich mit der Housemusik im Laufe der 80er-Jahre in den Klubs von New York und Chicago, wie zum Beispiel im „Studio 54", dem „Shelter" und „The Loft", welches 1970 eröffnet wurde. Zu Beginn des Jahres 1985 verbreitete sich der Tanz in andere große Städte in den USA und Europa. Dies beeinflusste auch die Mainstream-Popszene in Europa, mit Songs wie „House Nation" von „Housemaster Boyz" und den „Rude Boy Of House" (1987) und „Doctorin' The House" von „Coldcut" (1988) in den Pop-Charts.

Housemusik ist ein Genre der elektronischen Tanzmusik. Es basiert auf einem meist sehr intensiven, konstanten Bass-Schlag, der mit synkopischen Hi-Hat-Schlägen ausgeschmückt wird. Die Melodien und Basis-Beats sind multikulturell und derart vielfältig, dass es sehr viele Unterteilungen darin gibt, was nicht nur dieses Buch, sondern auch mein eigenes Wissen bei weitem übersteigt. Allgemein kann man aber sagen, dass die Housemusik, die speziell die HipHop-Szene für „ihren" House Dance bevorzugt, in das Genre des „Deep-House" eingeordnet werden kann.

House Dance gehörte zu den Social Dances und wurde vor allem durch NewJack-Swing geprägt. Die wichtigsten Elemente des House Dance sind:

- **Footworks** (Schrittkombinationen im Stand)
  Basic: Farmer, Cross-House Step, Shuffles und Salsa / Samba-Einflüsse, Drehungen
- **Waving & Armswings**
- **Skating oder Lofting** (Schrittkombinationen mit schleifenden Elementen z. B. Rooftop)
- **Heel Toe Moves** (Basic: Roman Twist)
- **Groundmoves u. a. auch aus dem B-Boying**
- **Groove: Jacking** (wird im Buch später ausführlich besprochen)

House Dance ist improvisatorischer Natur und kombiniert schnelle und komplexe Schrittkombinationen mit flüssigen Körperbewegungen im Torso, den Hüften und Bodenarbeit. Die Hauptquelle der Bewegungen im House Dance beruht auf den subtilen Rhythmen und Riffs der Musik, welche man versucht, mit den genannten Bewegungskombinationen zu interpretieren. Archie Burnett, Ejoe Wilson und Brian „Footwork" Green sind als berühmte Namen hierbei zu nennen.

Andere Quellen der Kreativität sind immer die Zusammenkunft von Menschen aller Gesellschaftsschichten und Herkünfte, die unter einem Dach feiern und einen Austausch durch Sprache, Körpersprache und gemeinsames Erfahren haben. House Dance ist vor allem ein soziales Erlebnis.

Beispiele für Musikinterpreten

House & Deephouse (ab Mitte der 80er-Jahre)
Phuture, Culoe de Song, DJ Bamboo, Marco Carola, Dalminio, Connigo, Jazzanova, Isis Apache Montero, DJ Louie Vega, Blaze, Deephouse Jazzy Songs, Kamar, Old Tip, Distant People, Chappell …

1.2.7 New Style (LA-Style, Lyrical, Choreografie-Tanz)

Zwischen ca. 1990 und 2010 wurden die meisten HipHop-Workshops weltweit mit dem Begriff New-Style betitelt. Es werden dabei meist nur Choreografien unterrichtet, und die Dozenten sprechen immer von einem „eigenem style" und „neuen Bewegungen". Wenn man die New-Style-Tänzer beobachtet ist allerdings ein Muster zu erkennen, welches auf eine grundlegende „Gleichheit" im Fluss und der Energie der Bewegungen schließen lässt. Jeder Tänzer hat seinen eigenen Stil und seine eigene „Art" sich zu bewegen. Hier die Geschichte dieses umstrittenen Begriffs der HipHop-Tanzszene:

Keith Williams, seinerzeit professioneller Jazz- und Balletttänzer, ging in den späten 80er-Jahren viel in die New Yorker Klubs, um zu feiern und andere Tänzer kennenzulernen. Keith wurde in dieser Zeit als Choreograf für Musikvideos angeheuert und benötigte Tänzer, die es gewohnt waren, Vorgemachtes nachzutanzen und sich anzupassen. Seine Aufgabe war es allerdings, Choreografien auf Pop, HipHop und Housemusik zu kreieren. Bei der Suche nach HipHop-Tänzern für seine Videos stellte er aber fest, dass die HipHop-Tänzer Individualisten waren, die man für choreografische Arbeit schwer in ein Raster hätte pressen können. Deshalb engagierte er Jazztänzer und versuchte, ihnen die HipHop-Moves nahezubringen. Seine erfolgreichste Zeit war von 1988-1992, in welcher er auch für Janet Jackson arbeitete. Damit wurde die Geburtsstunde des New Style eingeläutet.

Der New-Style-HipHop-Stil ist geprägt durch alle traditionellen ursprünglichen HipHop-Bewegungen (Popping, Locking, House, Breaking). Diese Moves werden vermischt und neu in Szene gesetzt. Je nach Persönlichkeit und Kreativität des Tänzers werden diese noch durch Jazzdance-Elemente oder selbsterfundene Moves bereichert. Dies verschafft der gesamten Bewegungsästhetik eine sanfte fließende Energie. Mit dem „Feeling" des Jazzdance-Jargons ist New Style auch freier interpretierbar und hat einen hohen künstlerischen Anspruch. Es gibt allerdings keine wirkliche Didaktik für die heutigen Fantasiebewegungen. Das bedeutet im Klartext, dass ein guter New-Style-Tänzer die Grundlagen aller ursprünglichen HipHop-Stile beherrschen sollte. New-Style-HipHop ist eine Tanzrichtung, die vor allem durch Filme und Videoclips populär wurde. Jeder kennt Filme wie „Step Up" und „Street Style" oder Künstler wie „Justin Timberlake" oder „Britney Spears".

Einen New-Style-Tänzer erkennt man daran, dass er

- **Fragmente und Elemente** aller bekannten HipHop-Tänze (Locking, Popping, Ragga, etc.)
- **Fragmente aus Jazz Dance und Contemporary Dance**

benutzt und seine Bewegungen oftmals eher als feminin und „ballettös" empfunden werden. Dabei ist viel Arbeit mit den Armen, dem Brust- und dem Beckenbereich zu beobachten und weniger aufwendiges Schrittmaterial. Oftmals wirken New-Style-Choreos so, als solle mit wenig technischem Aufwand ein großer „Show-Effekt" erzielt werden. Kritiker könnten dem Ausdruck dieses Tanzstils eine etwas angeberische und herausfordernde Komponente nachsagen.

Hier nun die anderen Begriffe, die sozusagen Modeworte und Bezeichnungen sind, um ein- und dieselbe Sache unter verschiedenen Bezeichnungen mehrfach verkaufen zu können:

LA-Style ist eine fälschlicherweise angewendete Bezeichnung. Die Verbreitung des LA-Style-Salsa hatte hierbei Einfluss auf die HipHop-Welt. Beim LA-Style-Salsa arbeitet man vor allen auf die „Eins" im Takt (anders als zum Beispiel im New-York-Style-Salsa auf die „Zwei"). Dies macht die Übertragung der Salsa-Schritte, die im HipHop sowieso in sehr vielen Stilen umgesetzt werden, einfacher. Die Musik, auf die New Style hauptsächlich getanzt wird, betont meist ebenfalls die „Eins" im Takt. Einige Tänzer haben dann der „Coolness" wegen die Bezeichnung „LA-Style" für ihren Tanzstil übernommen, um sich von den anderen abzuheben. Übrigens: Nur weil „LA-Style" den Ort „Los Angeles" in der Bezeichnung trägt, bedeutet dies nicht, dass New Style dann die Abkürzung für „New-York-Style" ist. Das ist Unsinn und würde dann eher „NY-Style" geschrieben werden.

Mit **Lyrical** (manchmal auch Street-Jazz) bezeichnet man eigentlich einen Tanzstil, welcher eher aus dem klassisch-zeitgenössischen Genre kommt und viele technische Elemente aus dem Ballett enthält. Die Kombination aus Freiheit, Fluss und Ausdruck wird graziös und lebhaft mit klassischen Bewegungen und Jazz-Dance verbunden. Dieser Einfluss ist im HipHop-Tanzstil New Style ebenfalls gut zu erkennen. Da viele Choreografien von den heute sehr populären Choreografen und den „Stars" der HipHop-Tanzschulszene sehr stark auf die Texte der heutigen R&B-Musik arbeiten, hat man den Begriff „Lyrical" auch in die HipHop-Kultur importiert. Lyrical selbst ist hierbei abhängig von einem bestimmten Text eines einzigen Liedes und kann im Grunde nur als Choreografie zu genau diesem Lied weitergegeben werden. So hat man dann auch gleich die Bezeichnung:

Choreografietanz für New Style entdeckt, was fachlich, als Lehrmethode betrachtet, die einzig passende Bezeichnung des New Style sein könnte.

Beispiele für Musikinterpreten

Die Musik des New Style ist teilweise völlig unabhängig von der HipHop-Kultur. Es wird einfach alles als Inspiration genutzt, was zur jeweiligen Zeit populär und als „tanzbar" verstanden wird. Auch wenn man in der Szene klar identifizieren kann, welche Musik typisch für New Style ist, möchte ich mich nicht auf bestimmte Interpreten festlegen, da dies oft wöchentlich wechseln kann.

1.2.8 Ragga / Jamaican Dance (Dancehall)

Die meisten Geschichten der HipHop-Tänze oder auch sogenannten **Urbanen Tänze** klingen in der Entstehungsgeschichte recht ähnlich. Es waren Menschen einer bestimmten Kultur, die Spaß am Feiern und Tanzen hatten. Diese Stimmung wurde durch eine spezielle Gruppe von Menschen dieser Kultur in die Welt hinausgetragen, Musiker oder DJs haben dieses Feeling in ihrer Musik verarbeitet und über die Klubs dieser Welt verbreitet. So oder so ähnlich hat auch die Karibik ihre Story vorzuweisen. Dieser kulturelle Einfluss war es nämlich, dem wir den wahrscheinlich weiblichsten und vielleicht auch „heißesten" Tanz der heute bekannten HipHop-Bewegungsformen zu verdanken haben.

Stell dir vor, du bist auf Jamaika und es ist heißes Wetter. Niemand möchte sich in Kellern oder innerhalb eines Hauses aufhalten und es ist ein Strand in der Nähe. Was könnte es also Schöneres geben, als eine Party mit guter Musik am Strand zu „schmeißen"? Die einfachste Lösung für dieses Bedürfnis ist eine mobile Diskothek. Ein LKW oder Transporter, auf dem eine große Anlage mit Mikrofon und Turntables aufgebaut ist, ein DJ ein MC und ein paar Freunde. Diese mobilen Partys gibt es seit Ende der 80er-Jahre bis heute, und sie werden „Toasting" genannt.

„Toasting", oder auch „Chatting", nennt man auch das Singen von monotoner Melodie über einen Rhythmus oder Beat während des Auflegens. Traditionell kommt dieses Singen aus der karibischen Calypso-Musik und stammt aus verschiedenen afrikanischen Traditionen. In den Musikstilen Ska, Reggae, Dancehall und Dub ist diese Methode zu finden.

Zuerst lief auf „Toastings" Reggae-Musik, welche dann mehr und mehr mit neumodischen HipHop-Beats vermischt wurde, woraus die heute auch unter „Dancehall" bekannte Musik entstanden ist. Recht schnell ist diese Musik auch bis in die Klubs an der Ostküste Nordamerikas vorgedrungen und hat somit die Grundlage für die kulturelle Zusammenkunft aus Afro-Bewegungen, jamaikanischem Bewegungsmaterial und HipHop-Bewegungen geschaffen.

Einer der damals bekanntesten DJs und Toasters war Mitte der 80er-Jahre „Super Cat". Der heute wahrscheinlich bekannteste Dancehall-Interpret ist „Sean Paul". Dieser war es auch, der Ende der 90er-Jahre Ragga-Tänzerinnen bei seiner ersten Welttournee mit auf die Bühne nahm und damit diesen Tanz durch seine Bühnenshows und Musikvideos populär machte, wie z. B. im Musikvideo „Get Busy" oder „We Be Burning". Zur Vereinfachung der Begrifflichkeiten: **Dancehall** nennt man die Musik, zu der **Ragga** getanzt wird.

Ragga wird meist im Stehen getanzt und charakterisiert sich durch weiche fließende Bewegungen, die vor allem im kreisenden oder rollenden Zusammenspiel von Hüfte und Brustkorb entstehen. Oft steht man dabei sehr tief und breitbeinig und bewegt die Beine stark nach innen und außen (Eindrehen und Ausdrehen). Die

Betonung der weiblichen Sexualmerkmale ist kein Zufall, sondern gewollt, was den Tanz besonders für Frauen prädestiniert. Grundlegendes Bewegungsmaterial ist:

- **Ragga Rolls** (Hip Rolls, Chest Rolls, Shoulder Rolls)
- **Shakes** (mit Hüfte, Brustkorb und auch nur mit den Armen aus den Schultern heraus)
- **Butterflies** (intensives Eindrehen und Ausdrehen mit den Oberschenkeln im Hüftgelenk)
- **Arm Swings** (mit verschiedener Intension, Energie und Richtung)
- **Schrittkombinationen** (nicht grundsätzlich geregelt, dienen mehr zur Fortbewegung im Raum)

Beispiele für Musikinterpreten

Dancehall (jamaikanische Musik)
Sean Paul, Super Cat, Bounty Killer, Elephant Man, Shaggy, Yellowman, Beenie Man, Seeed, General Levy, Lady Saw, Mr. Vegas, Daddy Freddy …

1.2.9 Clowning & Krumping

Bei den meisten schon beschriebenen HipHop-Styles konnte man die Ursprünge nur in der Community aller Tänzer der jeweiligen Entstehungszeit finden (abgesehen von Locking). Nun kommen wir zu einem der jüngsten Stile der HipHop-Geschichte, welcher klar auf eine Person zurückzuführen ist. Außergewöhnliche Umstände führten dazu, dass dieser Style entstanden ist und auch gleich wenige Jahre später eine Weiterentwicklung erlebt hat.

1992 herrschten in Los Angeles gewalttätige Unruhen mit bürgerkriegsähnlichen Zuständen, weil vier Polizisten, der Misshandlung des Afroamerikaners Rodney King beschuldigt, freigesprochen wurden. In dieser Zeit kam Thomas Johnson aus dem Gefängnis frei. Er wollte nie wieder zur Gewalt, dem Hass oder in die kriminellen Machenschaften der gewaltdiktierten Gangs zurückkehren. Er baute sich eine große Anlage in und auf sein Auto, verkleidete und schminkte sich als Clown und fuhr damit unter anderem auch in sein altes Gangrevier. Dort stellte er sich auf eine Kreuzung, drehte die Musik auf und tanzte los. Er wollte allen zeigen, dass man mit einem Lächeln und Spaß jegliche schwere Situation besser meistern kann als mit Gewalt und Leid.

Er gab sich den Künstlernamen „Tommy the Clown" und begann, als tanzender HipHop-Clown aufzutreten und seine Botschaft zu verbreiten. Dies fand Anklang bei den Menschen und sie erkannten ihn als Botschafter für seine Sache an. Einige Jahre später konnte er die „Clown Dancing Academy" gründen, wodurch das Clowning geboren war. Jedoch gab es bei den jungen Mitgliedern der von Tommy gegründeten Gruppe „The Clown Dancers“ Aufruhr. Die Tänzer „Tight Eyez“ (Ceasare' L. Willis) und „Lil C“ (Christopher Toler), die Teil der „Clown Dancers“ waren, hatten im Jahr 2002 genug davon, für andere die Entertainer zu spielen. Sie sehnten sich nach „mehr“, nach einer tieferen spirituellen inneren Haltung, und erfanden kurzerhand das „Krumping“ (Akronym für: **K**ingdom **R**adically **U**plifted **M**ighty **P**raise).

So entstanden in der afroamerikanischen Gemeinde von South Central Los Angeles die beiden sehr ähnlichen Tanzstile. Clowning & Krumping haben als gemeinsames Merkmal die Gesichtsbemalung der Tänzer. Diese erfüllt die Funktion einer Maske und soll sowohl die Gefühle der Tänzer zum Ausdruck bringen als auch die Distanz zwischen der Rolle des Tänzers und dem Menschen hinter der Maske darstellen.

Das Clowning ist der Tanz des „Tommy the Clown“ und diente eher der Unterhaltung und der Weitergabe von Freude und positivem Denken. Er besteht aus vielseitigen und schnellen, expressiv wirkenden Tanzbewegungen. Beim Krumping hingegen werden mit aggressiven Bewegungen aus der Körpermitte heraus Geschichten erzählt und es wird die Idee eines außerordentlich machtvollen Gebets verfolgt. Krump-Tänzer wollen sich ausdrücklich von den Clowns abgrenzen. Sie haben auch eine eigene Art der Musik entwickelt, die eine monotone Aggressivität ausdrückt und mit der bekannten HipHop-Musik nur wenig gemeinsam hat. Die auffälligste Bewegung, welche beide Styles wiederum gemeinsam haben, ist das kraftvolle „Shaking“ (oder „Krumping“ als Einzelbewegung), bei dem sich der Brustkorb sehr schnell vor- und zurück-bewegt.

In den Medien hat sich seither, neben vielen anderen, der Fotograf und Musikvideo-Regisseur David LaChapelle mit dem Dokumentarfilm „Rize“ mit Clowning & Krumping beschäftigt. In den Musikvideos zum Titel „Galvanize“ von „The Chemical Brothers“ und „I'm Really Hot“ von „Missy Elliot“ ist ebenfalls Krumping zu sehen. Ebenso auch im Film „Stomp the Yard“ (2007). Krump-Musik wurde anfangs vorwiegend von „J-Squad“ produziert, wobei es hier wohl noch viel Bewegung und Veränderung geben wird, da der Stil so jung und unausgereift erscheint. Als Beispiel dafür kann man sehen, dass zehn Jahre später die Art des Auftretens der „Krumper“ für Außenstehende eher unverständlich, seltsam und außerordentlich aggressiv erscheint wie eine Art religiöser Gemeinschaft, die den Tanz eher als Gebetsform und Angriffstaktik bei Battles verwendet, statt zu tanzen und Spaß zu haben.

Doch auch hier gibt es immer wieder Abspaltungen und Veränderungen. Aktuell kann man beim Krumping folgende Bewegungsideen als Basics anerkennen:

- **Krumping** (Das enorm schnelle Vor- und Zurück-„shaken“ des gesamten Oberkörpers)
- **Arm Swings** (Intensives Schwingen und „Zerren“ der Arme kreisend dreidimensional um die Schulter herum)

- **Tikking** (Extrem starke „Pops" von Position zu Position oder im Verlauf einer Gesamtbewegung)
- **Stomps** (Das verschiedenartige Stampfen mit der gesamten Fußfläche)
- **Articulations** (Das Kommunizieren mit Arm-, Hand- und Fingerbewegungen, ähnlich einer Zeichensprache, meist simulierte Waffen und Angriffsdarstellungen)

Beispiele für Musikinterpreten

Krump Music (ab den 2000er-Jahren)
J-Squad, Shash'U, Flii Stylz, Krump Fu …

1.2.10 Voguing & Waacking

Jeder, ob daran interessiert oder nicht, hat schon einmal von dem Magazin des Schönen und Graziösen gehört: „Vogue"! Mode, Trends, Beauty & People sind dessen Schlagworte. 1892 erschien die erste Ausgabe in den USA. Diese sehr feminine und anmutige Idee wurde von der Tanzwelt alsbald auch aufgegriffen und – vom Glanz der Stars und Sternchen aus Hollywood inspiriert – als Thema einer ganzen Klubscene und somit auch als einzelner Tanzstil begründet: Der Tanzstil Voguing entstand in den 60er-Jahren in der Harlem Ballroom Scene von New York. Dort wurde er überwiegend von afro- und lateinamerikanischen Menschen getanzt. Zu Beginn wurde Voguing noch „presentation" und später „performance" genannt, kristallisierte sich aber durch den medialen Einfluss als Voguing heraus. Mit der Zeit entwickelte sich der Tanz in Klubs der Homosexuellen in New York und anderen nordamerikanischen Städten weiter zu dem, was er heute ist.

Ebenso als Kommunikationsmittel zwischen Homosexuellen oder auch zwischen Afroamerikanern wurde das „Waacking", Geschwisterstilart des Voguing, die in den frühen 70er-Jahren in den Undergroundklubs Kaliforniens entstand, genutzt. Waacking blieb, trotz großem Interesse der Medienstars, stets im Schatten seines großen Bruders Voguing. Das Voguing gewann in der Tanzszene durch Madonnas Superhit „Vogue" in den 90er-Jahren immer mehr an Bedeutung und schaffte es, sich international als Stilart zu etablieren. Seither ließen sich viele Stars wie Britney Spears oder Lady Gaga vom Voguing für ihre Musikvideos inspirieren. Ein nennenswerter Vertreter dieses Tanzstils ist das von Willi Ninja in New York City gegründete „House of Ninja", was eine Art Treffpunkt, Tanzschule und Community-Center für seine Anhänger darstellt.

Vorherrschende Disziplinen des Voguing sind „Old Way", „New Way", „Vogue Femme", „Vogue Dramatically" und das sogenannte **Posing**. Das „Posing" wurde vor allem durch die New Yorker Modeindustrie geprägt. In verschiedenen Kategorien (Katalog, Commercial, Haute Couture) werden Gegenstände, Emotionen oder

Personen durch eine Pose dem Betrachter vorgestellt, was in das Voguing übernommen wurde. Ebenso ist im Waacking das sogenannte **Punking** (emotionale Pose) zu finden. Hierbei war jedoch nicht die Mode-, sondern die Filmindustrie eine maßgebliche Inspiration, sodass noch heute Stars wie Marilyn Monroe oder Donna Summer als Vorbilder für eben diese Posen angesehen werden. Während ein Tänzer des Voguing allerdings seine Bewegungen durch eine Pose vollständig stoppt, sind die des Waacking-Tänzers fließend, was auch einer der wenigen Unterschiede zwischen den beiden Stilarten ist.

Erkennbare Elemente des Voguing:

- Große feminine Armbewegungen, die in Posen enden
- Aufreizendes Umherstolzieren auf einem imaginären Laufsteg / Catwalk
- Posing (ausladende, ausdrucksvolle Körper- Hand- und Fingerhaltungen)

Erkennbare Elemente des Waaking:

- Große feminine Armbewegungen, die in ständigem Fluss um die Schultern und den Kopf herumgewirbelt werden (Die Technik gleicht dem Wrist Roll aus dem Locking nur mit offenen Fingern)
- Aufreizendes Umherstolzieren mit klaren Schrittkombinationen in Verbindung mit den Armbewegungen
- Posing (ausladende, ausdrucksvolle Körper-, Hand- und Fingerhaltungen)

Diese beiden sehr emotionalen und ausdrucksstarken Stilarten haben eine ähnliche Geschichte, aber verschiedene geografische Ursprünge. Dennoch ist der Übergang zwischen beiden Stilen heute nicht 100 % festzustellen. Durch bewusst eingesetztes „Posing" wird bei beiden Tänzen die Struktur der Musik (bevorzugt Funk- und Disco-Musik der 70er- und 80er-Jahre) betont und unterstrichen. Für beide Tänze ist eine gute Portion Egozentrik und eine Handvoll Mut unabdingbar, um diese Tänze in voller Ästhetik ausführen zu können.

Beispiele für Musikinterpreten

Pop- & Discomusik ab den 70er- und 80er-Jahre
(völlig unabhängig von der HipHop-Kultur)
Madonna, Kylie Minogue, George Michael, Lady Gaga, Boy George, AHA, Cyndi Lauper, Duran Duran, Samantha Fox, Bonnie Tyler, Queen …

1.3 Randgruppen – Auswüchse – Wannabes

Es kommt immer wieder die Frage auf: „Was ist HipHop und was nicht?" Ein genereller Konsens aus der etwas erwachseneren HipHop-Szene ist, dass man einfach lebt, was man fühlt und sich nicht so viele Gedanken darüber macht, in welcher stilkulturellen Abteilung man sich gerade befindet. Trotzdem möchte ich den szenefremden oder unerfahrenen Lesern eine Idee davon geben, warum bestimmte „Bewegungsausübungen" eher nicht mehr oder nur teilweise zur HipHop-Kultur zählen und sich z. B. einfach nur aus marketingtechnischen Gründen des Lebensgefühls der HipHop-Kultur bedienen, ohne wirklich einen Zusammenhang mit der Kultur zu haben.

1.3.1 Stepping (Randgruppe des HipHops)

Im Jahr 2007 hat der Tanzfilm „Stomp the Yard" in den Kinos wieder für verstärktes Interesse an der HipHop-Kultur gesorgt. Der US-amerikanische R&B-Sänger, Songwriter und Schauspieler „Ne-Yo" (Shaffer Chimere Smith) spielte darin einen HipHop-Tänzer, der in die Welt der Studentenverbindungen einer Universität in Atlanta eingeführt wird und dadurch mit der Stepping-Tradition in Kontakt kommt. In den Filmen „School Daze", „Mac and Me", „Drumline" und „How She Move" wurde ebenfalls Stepping eingesetzt.

Die Tradition des Stepping geht zurück zu den „schoolyard song competitions" und den Tanzritualen der afroamerikanischen Burschenschaften und Studentenverbindungen, die Mitte des 20. Jahrhunderts in Amerika entstanden sind. Verbindungen nach England sind durch den Schüleraustausch zwischen den englischen und amerikanischen Universitäten entstanden und sind dadurch zu erkennen, dass die englischen „Scooter-Boys" zum Stepping ihren „Rock-Dance" oder später auch „Hardcore-Dance" mit einbrachten. Diesen Einfluss kann man bis heute noch an der englischen Schuhmarke „Doc Martens" erkennen, deren Stiefel nach wie vor einen Bestandteil des Steppings darstellen.

Stepping oder Step-Dancing ist eine Form des perkussiven Tanzes, der den ganzen Körper als Schlaginstrument miteinbezieht. Eine andere Art der „Rhythmusgewinnung" kennt man auch unter der Bezeichnung „Bodypercussion". Es findet seine Wurzeln in einer Kombination aus militärischen Formationsdrill und afrikanischen Tänzen wie den „Gumboot Dance". Dabei werden folgende Elemente verwendet:

- Das gesprochene Wort, Gesang und Chanten (Sprechchöre)
- Traditionelle Bewegungen aus dem Folklore
- Stampfen und stampfende Schrittkombinationen

- Klatschen der offenen Handflächen auf verschiedene Körperregionen
- Sprünge und andere tänzerische Körperbewegungen
- Schauspiel

Stepping wird meist in Gruppen ab drei Personen performed, die oftmals wie militärische Formationen arrangiert sind. Einflüsse durch die HipHop-Kultur kommen in Form von akrobatischen B-Boy-Bewegungen und anderen HipHop-spezifischen Bewegungselementen. Ebenso bilden Steptanz, Turnen, Marschieren, Fresno-Dance, karibischer Tanz und verschiedene Stuntelemente einen Teil des Bewegungsmaterials. Die Geschwindigkeit hängt vom Takt, Rhythmus und der Intensität ab, mit der die Tänzer ihre Performance vortragen möchten.

Die Studentenverbindungen, die sich meist nach griechischen Buchstaben (z. B. Phi Beta Sigma) benennen, hielten erstmals 1992 eine nationale Meisterschaft namens „S.T.O.M.P." ab. Diese wurde von Frank „Mercado Valdes" kreiert, von „World African Network" und „Vic Bulluck" veranstaltet und von „Vernon Jackson" und „Jimmy Hamilton" (Alpha Phi Alpha-Studentenverbindung) choreografiert.

Stepping ist zwar zusammen mit dem „Gumboot dance" eine klar benannte Disziplin auf der Liste der Stile bei den „World Hip Hop Dance Championships", hat aber von der HipHop-Kultur völlig losgelöste Wurzeln und Plattformen, auf denen es ausgeübt wird.

Beispiele für Musikinterpreten

Zum Stepping wurde ursprünglich und wird auch traditionell keine Musik abgespielt. Beim freien Tanzteil der Performances benutzen die Gruppen dann alle Genres der Rap- und HipHop-Musik.

1.3.2 Harlem Shake (Social Dance)

Der Harlem Shake wurde im Mai 2012 weltweit bekannt als der Song „Harlem Shake" vom amerikanischen DJ und Produzenten „Baauer" das erste Mal bei YouTube® erschien. Der Tanz wurde ein „Internet-Meme*", was diese eher kurze Bewegungssequenz als Social Dance identifiziert. Es ist eine Version des Shakens, die im Bewegungsmaterial des Ragga zu finden ist, deren Geschichte allerdings unabhängig vom Ragga verlaufen ist. Ebenso ist die Arm- und Hüftbewegung in den Grundzügen der „Four-Corners"-Bewegung im Locking zwar wiederzuerkennen, hat aber keine Verbindung dazu.

Der ursprünglich als „funky monkey of dances" bezeichnete Tanz wurde 1981 von dem in Harlem (New York) wohnenden „Al B" erfunden. Daher wurde der Tanz – oder vielmehr diese Art zu tanzen – zuerst auch „albee" genannt. „Al B" war zu dieser Zeit das kostümierte Maskottchen einer bekannten Basketballmannschaft des „Entertainer's Basketball Classic", über den berichtet wird, dass er gerne mal einen über den Durst getrunken hat und in der Pause dann seinen Spaß als Maskottchen hatte.

Der Tanz an sich wurde bekannter, als er 2001 im Musikvideo „Let's Get It" des Musikers „G. Dep" vorkam und Missy Elliott's Hit „Work It" (2002) im Outro erklärt: „Yo, it's okay though, you know, if you wanna be hard and ice-grilled, and Harlem Shake at the same time, whatever, let's just have fun." „Al B" hat einst gesagt: „This dance is a drunken shake that will make you die if you ever attempt it, and you could easily go to jail anyway. It's a dirt bag troll that is really hardcore and will make you have seizures but it's fantastic. Everybody appreciates it."

*(„Meme": eine Aktivität, Konzept oder das Schlagwort für eine mediale Erscheinung, die von Person zu Person im Internet verbreitet wird. Das Wort „Meme" kommt vom englischen „mimicry" = eine Ableitung vom griech. μίμος mímos „Nachahmer, Imitator").

1.3.3 Twerking (Auswuchs von Bewegungsmaterial des Ragga)

Das Wort „Twerking" – so wird gesagt – ist eine Mischung aus den Worten „twist" und „jerk" und wurde 2013 zum Oxford Dictionary Online hinzugefügt. Twerking ist eine extrem auf den Po und Hüftbereich gerichtete Tanzweise, die man auch als Ausläufer des Ragga sehen könnte. Die normalerweise von Frauen in einer sexuell provokanten Art getanzten Bewegungen beinhalten stoßende Hüftbewegungen in einer niedrigen Hockstellung, die zur Musik ausgeführt werden.

Seit den späten 1990ern wurde Twerking mit der „Bounce music of the Dirty South" in Verbindung gebracht und durch Mainstream-HipHop-Videos populär. Ursprünglich kam der Tanz wohl aus Westafrika (Mapouka dance), wo er seine Tradition schon über Generationen hatte. Seine Übernahme von der afro-amerikanischen Kultur erfolgte dann in den 90er-Jahren. Der Originaltanz soll nicht mit sexuellen Absichten belegt gewesen sein. Erst die amerikanische Medien-HipHop-Industrie, die ihn in Rap-Videos brachte, sexualisierte den Tanz.

Das Video zum Song „Do The Jubilee All" und die darin vorkommende Textphrase „Twerk baby, twerk baby, twerk, twerk, twerk" des Musikers „DJ Jubilee" hat 1993 die Popularität des Tanzes gesteigert. Nationale Beachtung bekam Twerking dann in den frühen 2000ern in den USA, als der Song „Whistle While You Twurk" von Südstaaten-HipHop-Duo „Ying Yang Twins" die Nummer 17 der „Billboard Hot R&B / Hip-Hop Songs" wurde.

Im Jahr 2011 postete eine Gruppe weiblicher Tänzerinnen, die sich „Twerk Team" nennen, einige Videos auf YouTube® und wurde dann durch ihren Tanz zum Song „Donk" vom Musiker „Soulja Boy" berühmt. Im Juni 2013 brachte der amerikanische Rapper „Busta Rhymes" zusammen mit „Nicki Minaj" die Single „Twerk It" heraus, die stark vom jamaikanischen Dancehall/Ragga inspiriert wurde. Daher auch die Verbindung zum Ragga. Seither konnte man „Minaj" in einer Reihe von Musikvideos twerkend vorfinden (Nelly: „Get Like Me", Ciara: „I'm Out", Lil Twist „Twerk" featuring „Miley Cyrus" und „Justin Bieber" und ihr eigener Song „Anaconda"). Nicki Minaj, Miley Cyrus und Taylor Swift sowie viele andere sogenannte **Stars** haben seither durch provokante Auftritte den Ruf und die Popularität des Twerking maßgeblich vorangebracht.

1.3.4 Poledance („Wannabe")

Der momentan aktuelle Fitnesstrend „Poledance" – wie die Ausführenden ihn selbst bezeichnen – ist per Definition tatsächlich ein „Urban Dance", da diese Tanzweise im städtischen Umfeld entstanden ist. Sachlich betrachtet, möchte ich meine Empfehlung aussprechen, deutliche und äußerst klare sprachliche Unterscheidungen in der Kommunikation und Begriffswahl zu beachten, um sich nicht einem falschen Gesellschaftsbild auszusetzen. Die artistischen und ästhetischen Leistungen der Ausübenden sind in den meisten Fällen phänomenal und haben ihre Anerkennung verdient. Jedoch ist dieser Trend aus den Rotlicht-Milieus der großen Städte geprägt und dadurch auch stigmatisiert. Hier eine grundlegende Unterscheidungs- und Bezeichnungshilfe, um bei der kommunikativen Gratwanderung nicht zu stolpern:

Poledance: Ein Tanz, bei dem es darum geht, auf einer erhöhten Tanzfläche oder Bühne die Geschlechtsmerkmale des (meist weiblichen) Menschen in verschiedenen Positionen und Bewegungen an einer drehbaren, senkrecht befestigten Metallstange entlang, ästhetisch in Szene zu setzen. Dies geschieht meist knapp oder unbekleidet und dient dem Zweck, das volljährige, meist männliche Publikum sexuell anzuregen.

Poledance-Artistik: Die voll bekleidete, meist kostümierte Ausübung eines ästhetisch-artistischen Sports an einer drehbaren, senkrecht befestigten Metallstange entlang. Sichtbare Merkmale sind außergewöhnlich schwierige statische oder dynamische Positionen zum Zwecke von Showeinlagen und zum Entertainment von Publikum jeglicher Altersgruppe.

Poledance-Fitness: Die Ausübung eines Fitnesssports, bei dem trainiert wird, mit dem eigenen Körpergewicht verschiedene Übungen an einer drehbaren, senkrecht befestigten Metallstange entlang, umzusetzen. Zielsetzungen hierbei sind die Kräftigung der Körperspannung, die Verfeinerung der Balance, die Erweiterung der Flexibilität und die Stärkung der Stützkraft aus den Armen, Beinen und der Körpermitte heraus.

Die einzige Version des Poledance, die tatsächlich als Tanz verstanden werden kann, ist die, die in den Nachtklubs dieser Erde ausgeübt wird. Die Geschichte und die Hintergründe sind allerdings für dieses Buch nicht von weiterem Interesse. Die anderen zwei Versionen würde ich unter „Fitnesssport" oder „Artistik" einordnen, was ebenfalls am Thema dieses Buches vorbeigeht.

Nachdem sich dir, lieber Leser, nun die HipHop-Landschaft eröffnet hat, durch die du dich zukünftig bewegen möchtest, ist jetzt die Zeit angebrochen, dich mit dem Erlernen der Grundlagen bzw. der Kunst der Vermittlung zu beschäftigen.

Wir müssen allerdings erst laufen lernen, um uns sinnvoll und zielführend auf den Weg zu machen. Während wir alle in einer Entwicklungsstufe laufen gelernt haben, in der Kernprozesse vollkommen unbewusst abliefen, brauchst du nun als Lehrer die Hintergründe des Wissens, wie du Zugang zu den Schülern bekommst, um sie auf sicherem Pfad in diese „Landschaft" hineinführen zu können.

Bevor du dich als Lehrer – sozusagen als „Sender" – den Tanzübungen und Trainingstechniken des Anfängerunterrichts widmest, solltest du dich nicht nur damit beschäftigen WAS du senden möchtest, du solltest dir zunächst Gedanken darüber machen, WIE die „Empfänger" – also deine Schüler – funktionieren. Was nützt es, wichtige Nachrichten zu senden, wenn diese gar nicht empfangen werden können? Die entscheidende Frage ist also: Wie bringst du deine Informationen so an, dass sie verarbeitet und umgesetzt werden können?

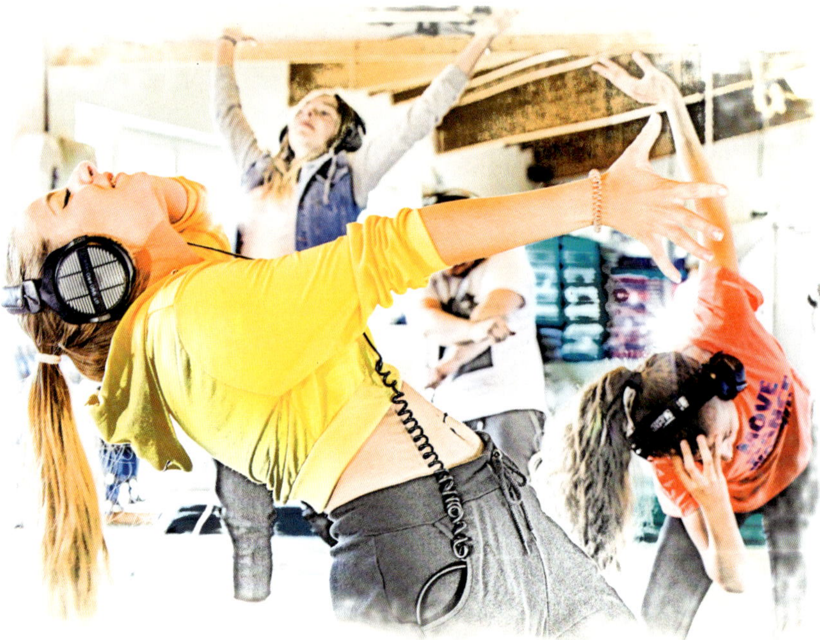

Kapitel 2

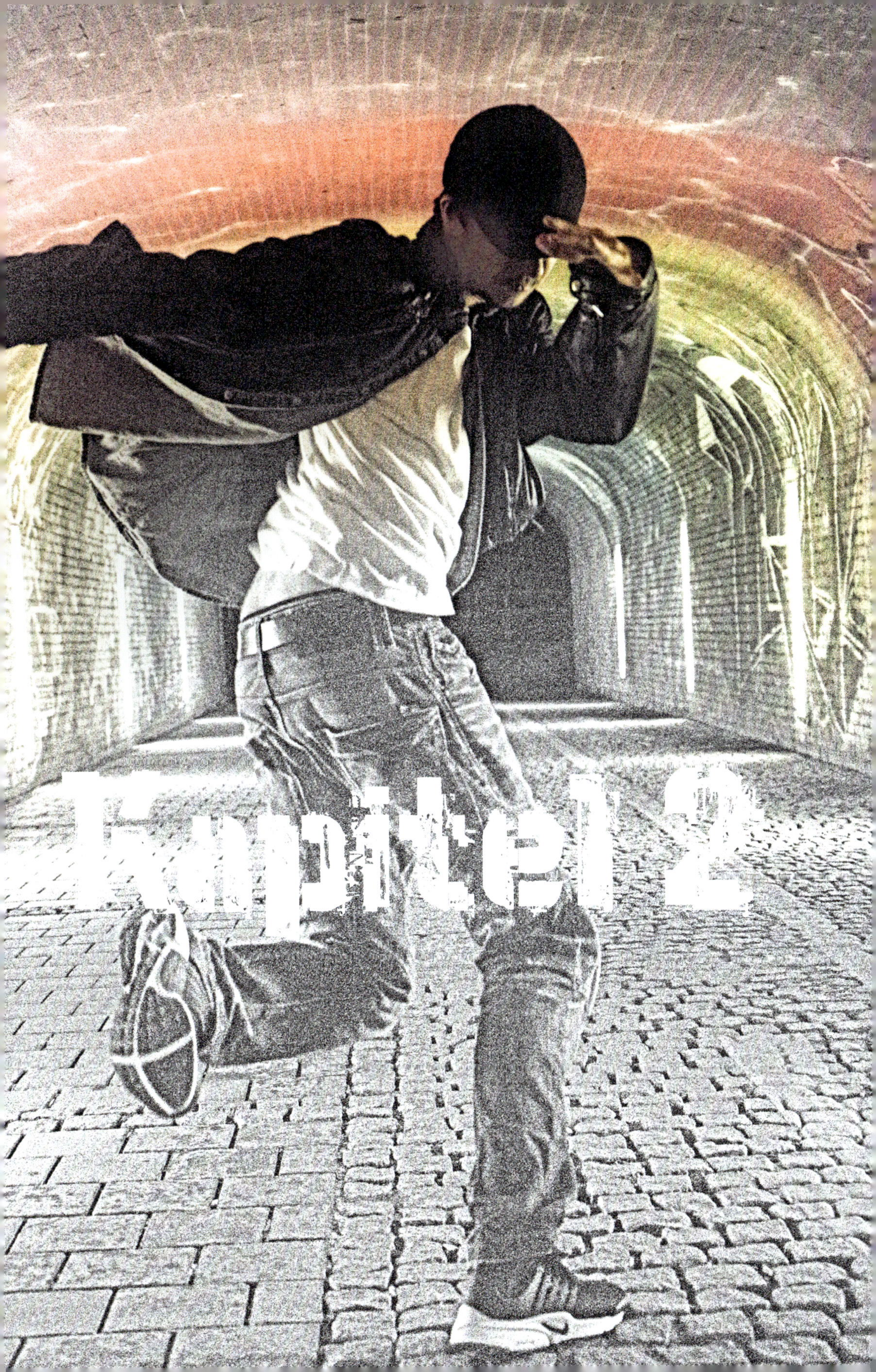

2 Wie lernen Menschen?

Dieses Kapitel beschäftigt sich damit, wie das Gehirn des Menschen im Zusammenspiel mit dem Körper wahrnimmt, versteht und lernt.

Jeder Mensch ist geprägt von seiner Vergangenheit, seiner Kindheit und Jugendzeit sowie von den Erfahrungen in seinem direkten und indirekten Umfeld. Unser Gehirn und unser Körper zeichnen über die ersten Lebensjahre hinweg alles weitgehend ungefiltert auf, was wir durch unsere Erziehung, durch die Behandlung und das Verhalten unserer Eltern, Bekannten und Verwandten, durch ihre Interessen, Begabungen, ihre Sprache und die Inhalte ihrer Gespräche wahrnehmen, erleben, empfinden und erfahren. Instinktive Nachahmung des Vorgelebten sowie die „aufgezeichneten" Erfahrungen und Empfindungen prägen sehr nachhaltig unsere so wahrgenommene Normalität. Diese **Prägung** bestimmt – im Zusammenspiel mit weiteren Faktoren – auch die Art und Weise, wie wir Dinge wahrnehmen, aufnehmen, verarbeiten, und sie bildet auch maßgeblich unsere ganz individuellen Fähigkeiten aus sowie unseren Lerntyp.

Das Gehirn benötigt für nachhaltiges Lernen ein Netzwerk aus verschiedenen Aspekten. Jedoch sind die Gehirne unterschiedlich. Jedes individuelle Gehirn misst einem bestimmten Aspekt mehr und anderen Aspekten weniger Aufmerksamkeit und Bedeutung zu.

Es gibt fünf verschiedene Wege, auf denen das menschliche Gehirn Instruktionen zu Bewegung und Tanz wahrnehmen kann und somit folglich lernt:

- Körper
- Vorstellung
- Raum
- Zeit
- Sozialbezug

Man nennt sie die „fünf Formwahrnehmungsaspekte". Diese im Folgenden aufgeführten Aspekte sollen dem Lehrer helfen, die Tanzschüler und deren individuellen Wege zu lernen, besser zu verstehen und einen möglichst vollständigen und pädagogisch wertvollen Unterricht zu gestalten (Pädagogik: Die Lehre des Lehrens).

Methode

2.1 Die fünf Formwahrnehmungsaspekte (5FWA)

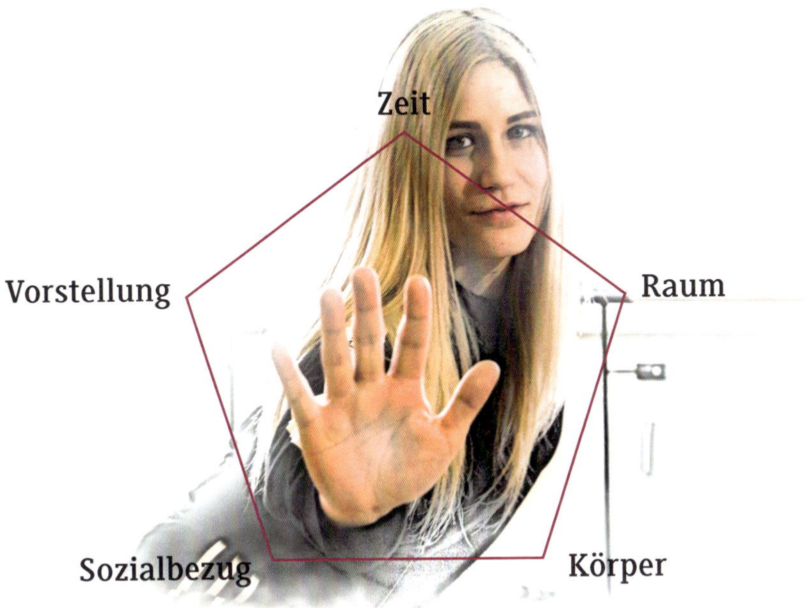

Beispiele für die jeweiligen Aspekte

Körper
mit Armen, Beinen, dem Rücken, dem Brustkorb, den Knien etc.

Vorstellung
wie eine Katze, eine Feder, eine Kugel, elektrisches Zucken, Wasserwellen etc.

Raum
gerade, vor und zurück, oben, unten, hoch, runter, rechts, links, zum Fenster hin etc.

Zeit
schnell, langsam, allmählich, schleichend, plötzlich, zum Takt der Musik etc.

Sozialbezug
zu zweit, auf jemanden zu, sich ansehen, umeinander herum, alle miteinander etc.

Im Idealfall sollte jede Beschreibung einer Bewegung im Unterricht alle fünf Aspekte ansprechen und so aufgebaut und formuliert sein, dass jedem einzelnen Schüler die Aneignung einer Bewegung so einfach wie möglich gemacht wird. Da vor allem in Anfängergruppen dem Schüler in den meisten Fällen nicht klar ist, zu welchem Lerntyp er gehört, gleicht diese Vorgehensweise einem Ausschlussverfahren. Klappt das Verstehen einer Bewegung oder Phrase nicht mit dem einen Formwahrnehmungsaspekt, verbleiben noch weitere vier Möglichkeiten, dem Schüler den Stoff zugänglich zu machen. Man könnte es mit einem Memory-Spiel vergleichen. Deckt man nicht das richtige Kärtchen auf, probiert man so lange weitere Karten aus, bis ein vollständiges Bild der Aufgabe entsteht.

Die einzelnen Formwahrnehmungsaspekte sollten so ausführlich wie möglich geschildert werden, um dem Schüler von Anfang an vollen Zugang zur Aufgabe zu ermöglichen. Fehler, die sich zu Beginn an einschleichen, benötigen wesentlich mehr Zeit, wieder richtiggestellt zu werden (wissenschaftlich erwiesen: ca. 14 x so lange) als klare und ausführliche Erklärungen, die auch Platz für Fragestellungen einräumen. Man sollte sich bei der Einführung einer neuen Bewegung im Unterricht etwas mehr Zeit für die Erklärung nehmen, um zu vermeiden, im Nachhinein viel Fehlerkorrektur betreiben zu müssen. Daher nun zu den Details.

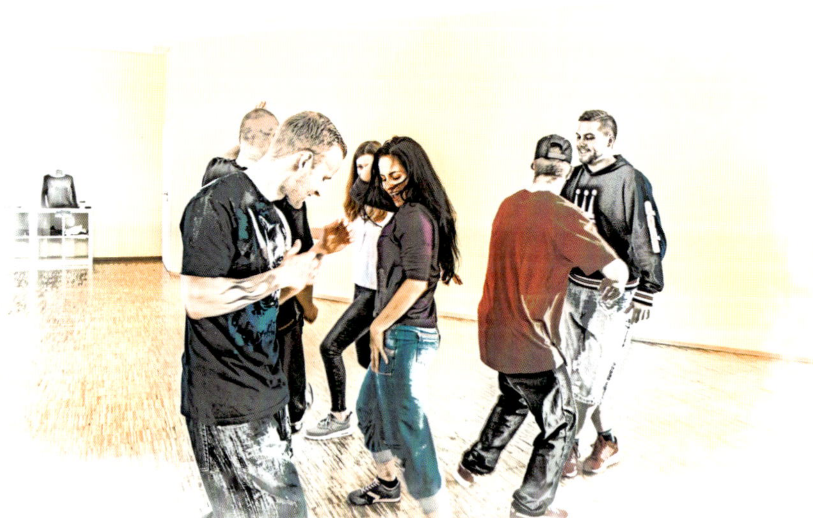

2.1.1 Körper

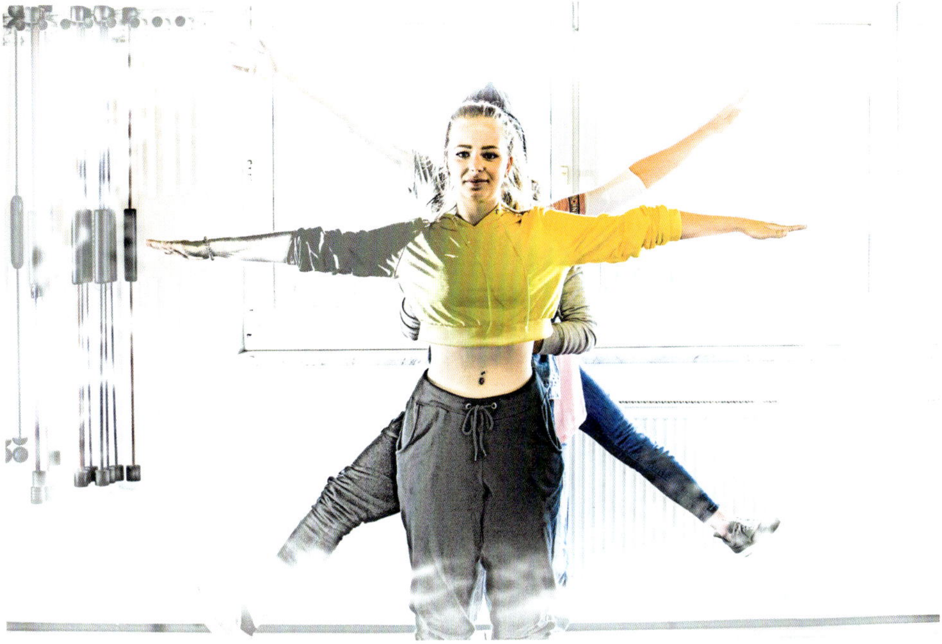

Der Körper ist das materielle Substrat unseres Selbst. Durch unseren Körper sind wir auf der Welt sichtbar, fühlbar etc. und somit wahrnehmbar. Ebenso können wir durch unsere Sinne im Zusammenspiel mit dem Gehirn die Welt wahrnehmen und bewusst machen. Unser Körper ist ein organisches Gebilde aus Wasser, Kohlenstoff und vielen anderen Bestandteilen und sieht bei jedem ein wenig anders aus. Er ist aber in der physikalischen Grundstruktur fast überall auf der Erde derselbe. Durch die Schwerkraft, die Evolution und die physikalischen Begebenheiten ist die Anatomie und die Architektur unseres Körpers klar vorbestimmt und funktioniert beim Erlernen von Bewegungen weltweit sehr ähnlich. Lediglich Blockaden, die durch psychische oder physische Einflüsse entstanden sind, verändern die Geschwindigkeit des Lernens, den Umfang und das Ausmaß, wie viel überhaupt gelernt werden kann. Dem tief religiösen Leser bestimmter Glaubensformen kann ich keine mit ihrem Glauben zu vereinbare, stimmige Erklärung für die erforschten und bewiesenen Theorien liefern. Ich wünsche diesen Lesern aber trotzdem, dass sie mit offenem Herzen an diese praxisorientierten Theorien herangehen, um für sich etwas daraus zu schöpfen.

Methode

Hier nun der Kreislauf des Erlernens von Bewegungen, wobei der Schüler ständig zwischen den einzelnen Zugangspunkten hin und her springt:

- Kinästhetik (Körpergefühl): sich selbst spüren, erfahren, experimentieren
- Nachahmen: Versuch und Irrtum, Spiegelkontrolle
- Technisch-anatomische Überlegungen und Versuche (auch unter der Anleitung des Lehrers)
- Feeling/Groove (Zeitgeist- und Lebensgefühl einer Bewegung): Jede Bewegung und jeder HipHop-Style drückt ein bestimmtes Gefühl aus.

Eine der wichtigsten und fundamentalsten Erfahrungen im Tanzunterricht ist das Bewusstmachen, Kennenlernen und Erfühlen des eigenen Körpers. Interessanterweise ist für manche Schüler der Körper einer anderen Person meist vertrauter als der eigene. Der eigene Körper wird häufig als „Fremdkörper" angesehen. Es amüsierte mich schon einige Male, wie manche Jugendliche und auch Erwachsene an ihrem Körper hinabschauten und mit einem eher ungläubigen und skeptischen Gesicht meinen Erklärungen folgten. Der Blick, den ich oftmals auffing, drückte so viel Verwunderung aus, als wenn der Schüler sagen wollte: „Und das hier soll mein Körper sein? Und das, was du erzählst, ist da alles wirklich drin?" Somit ist es wichtig, bei der Strukturierung des Unterrichts genügend Zeit für Grundlagenarbeit einzuplanen, um ein sicheres Körpergefühl (auch „Kinästhetik" genannt) aufzubauen.

Ist die Kinästhetik ausreichend vorhanden, kann der Schüler neues Bewegungsmaterial leichter und vor allem schneller nachahmen, verstehen und lernen. Bewegungen werden allgemein nur durch die praktische Umsetzung verständlicher und können ausschließlich durch zahlreiche Versuche (Wiederholungen) und die, vor allem zu Beginn eines Lernprozesses häufig auftretenden Irrtümer, erlernt werden.

Information

Das Kennenlernen der anatomischen Feinheiten, also des Aufbaus der Muskeln, Knochen und Gelenke sowie deren Funktion und Auswirkung auf unser Bewegen, das alles wird **Grundlagenarbeit** genannt und ist beim Erlernen von Bewegungen unerlässlich. Der Lehrer muss imstande sein, dem Schüler zu vermitteln, dass es viele verschiedene Möglichkeiten gibt, seinen Körper zu bewegen. Diese Grundlagenarbeit bringt den Unterricht auf ein hohes Niveau, was den Lernprozess für den Schüler langfristig immens beschleunigt. Bilder, Zeichnungen oder Plastikdummies von Knochen und Gelenken sowie ein Skelett sind dabei sehr hilfreich.

2.1.2 Vorstellung

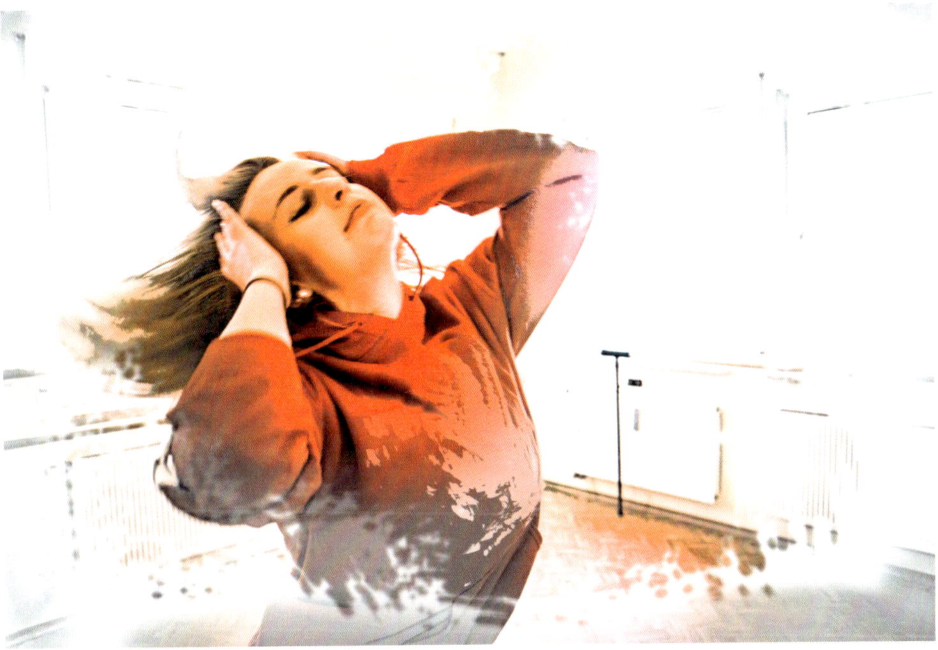

Die Energie einer Bewegung und damit auch ihre Kraft, Funktion und Ästhetik, kann sehr gut durch die Vorstellung beeinflusst werden. Deswegen benutzt man Bilder und Tätigkeiten, z. B. aus dem Alltag oder dem Sport, um den Schülern das Erlernen und Verstehen einer Bewegung zu erleichtern. Somit hat zum Beispiel die Vorstellung, man würde einer anderen Person eine Ohrfeige verpassen, eine andere Energie, als die Vorstellung, man streiche sanft über eine Wasseroberfläche. Beim Lernen von Bewegungen ist es neben dem kognitiven Verstehen der Funktion erforderlich, sie mit einer bildlichen Vorstellung zu verknüpfen, um so ein Netz aus Merkhilfen aufzubauen.

Darüber hinaus ist es oft von Vorteil, bei den Basics der jeweiligen Stilarten auf den Groove einzugehen. Dies ist eine hilfreiche Methode, um die Logik und den Fluss eines Tanzstils sowie die grundlegende Ästhetik von vornherein offenzulegen. Ich habe bereits geklärt, dass jede Stilart ihren eigenen Groove hat. Die Tänze der HipHop-Kultur hatten alle ihren Ausgangspunkt in einem bestimmten Zeitgeist und Lebensgefühl, verbunden mit der zu diesem Zeitpunkt neuen und populären Musik. Dies unterscheidet die Stilarten deutlich voneinander. Das macht den Groove zu einer machtvollen Waffe im Kampf gegen das „Noch-nicht-Verstehen des Schülers". Um mit dieser „Super-Waffe" das gewünschte Ergebnis zu erzielen (das sichtbar gedachte oder auch laut ausgesprochene „Aha!" des Schülers), ist es jedoch notwendig, die Lernenden über die sozialen und geschichtlichen Hintergründe der gerade behandelten Stilart zu informieren. Wie im vorherigen Kapitel („Die Tänze der HipHop-Kultur") erwähnt, haben sehr viele Stile der HipHop-Kultur eine klare Entstehungsgeschichte. Ebenso hat jede einzelne Bewegung einen kulturellen Ursprung und eine Story, die davon berichtet, wie es zu genau dieser Bewegung kam und warum sie so aussieht und durchgeführt wird.

An dieser Stelle möchte ich darauf aufmerksam machen, dass so manches „Pseudo-Wissen", das von selbsternannten „HipHop-Lehrern" verzapft wird, qualitativ dem Inhalt eines Müllsacks entspricht. Viele von ihnen wissen es einfach nicht besser, u. a. weil sie sich nicht eingehend damit befasst haben. Damit du, lieber Leser, dir diese Blöße nicht geben müsst, solltest du also, bevor du dich vor eine Gruppe von wissbegierigen Teenagern stellst, intensiv darauf vorbereiten, dass es da weit mehr zu wissen gibt, als du jemals zu träumen gewagt hättest. Aber du hast Glück, denn du hältst gerade schon eine gute Lektüre zur Erweiterung deines Horizontes in den Händen.

Du kannst hiermit alles dafür tun, dir selbst und den Schülern etwas vom Lebensgefühl der unterschiedlichen Stilarten zu vermitteln. Es sollte so etwas wie eine Fantasiereise in die jeweilige Zeit mit ihren besonderen politischen und sozialen Umständen sein, was praktisch einen kurzen historischen Ausflug darstellt. Dies erfordert solides Wissen über Geschichte, Musik, Soziologie und Politik. Bestimmt verstehst du nun, dass es eine wichtige Aufgabe darstellt, dieses Wissen zusammenzutragen. Die Fähigkeit, gut tanzen zu können, reicht also bei weitem nicht aus, ebenso gut, um kompetent unterrichten zu können.

2.1.3 Raum

Mit Raum bezeichnet man den Bereich, in dem unterrichtet wird (Schule, Turnhalle, Platz etc.) und auch den Raum, den der Körper einnimmt. Grundlegend sollte der Lehrer ganz am Anfang eines jeden Workshops oder Anfängerunterrichts die Raumbegriffe klären. Um Verwirrungen beim Schüler zu vermeiden, sollte man die Begriffe, mit denen man ab diesem Zeitpunkt die Richtungen erklärt, in seiner Sprache nicht mehr verändern. Dabei haben wir zwei Fokussierungen:

Methode

Den Körper (Körperraum)

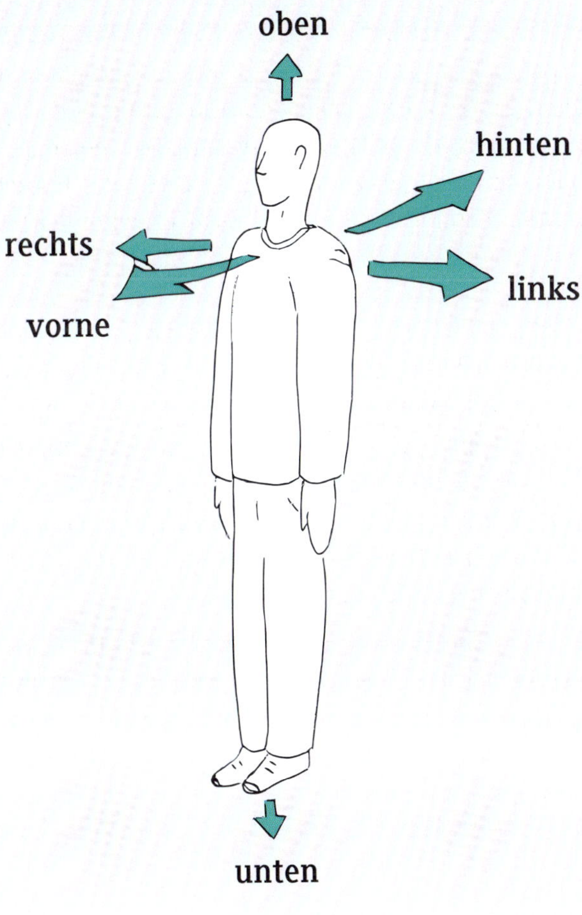

Den Raum (das Gebäude)

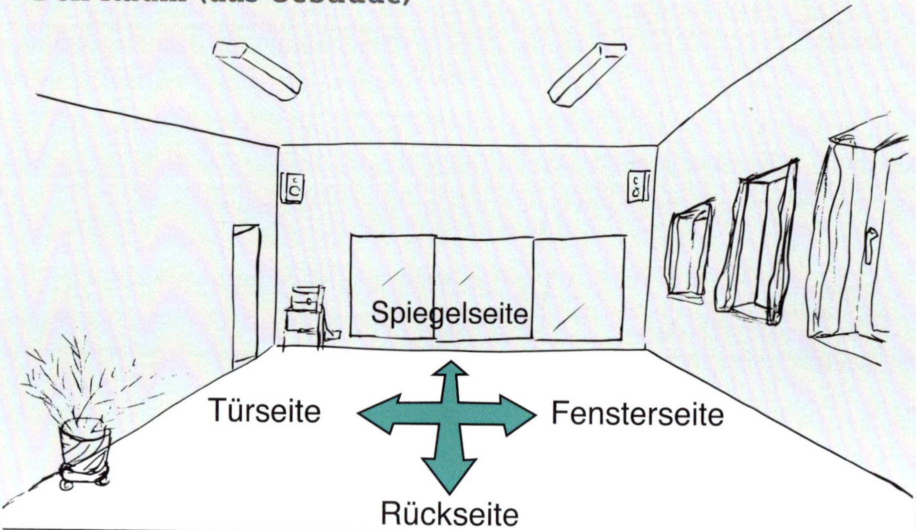

Decke, Boden, Spiegelseite, Fensterseite, Türseite, Musikseite …
Eurer Kreativität sind bei der Benennung keine Grenzen gesetzt.

Diese Bezeichnungen erleichtern es uns, von vornherein eine klare Kommunikationsweise zu pflegen, um eine Bewegung in ihrer Richtung präziser bestimmen zu können und sie für den Schüler leichter verständlich zu machen. Dabei geht es zuerst um die Richtung, ausgehend vom Körper, um dann eine Lernhilfe durch die Richtungsangabe der Bewegung im Raum zu geben.

Um noch differenziertere Einteilungen vorzunehmen, gäbe es zum Beispiel verschiedene vom Körper ausgehende Ebenen, wie die Sagittalebene (die Ebene, die sich über vorne, hinten, oben, unten erstreckt), die Frontalebene (die Ebene, die sich über rechts, links, oben, unten erstreckt) und die Horizontalebene (die Ebene, die sich über rechts, links, vorne, hinten erstreckt). Oder du kannst Bewegungen und Raumwege, ausgehend von der Frontalebene, in Gradzahlen angeben. Da wir hier jedoch erst einmal vom normalen Schüler ausgehen, dessen Horizont wir zunächst in kleinen Schritten erweitern müssen, kann man diese Ebenen und Angaben in Gradzahlen anfänglich getrost außer Acht lassen. Trotzdem hier einmal die Ebenen bildlich dargestellt:

Methode

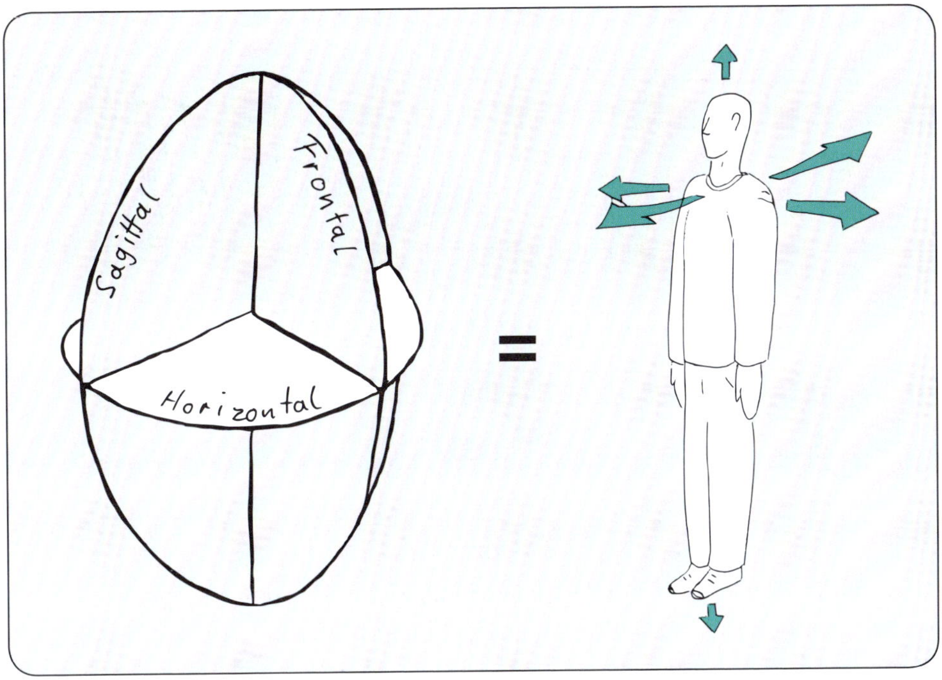

Als Nebeninformation, weniger für den Unterricht, als vielmehr zur Vervollständigung deines eigenen Wissens, hier noch Raumbegrifflichkeiten, die erfahrungsgemäß bei den urbanen Tänzen gebräuchlich sind:

- **Show:** Der Tanz ist meist nach vorne, frontal zum Publikum ausgerichtet.
- **Kunst:** Der Tanz ist frei und bewegt sich in alle Richtungen.
- **Battle:** Die Kontrahenten stehen sich gegenüber, die Jury sitzt meist seitlich.
- **Partytänze, Social Dances, Jams, Kreis (Circle/Cypher):** Es gibt keine klaren Ausrichtungen. Durch den Sozialbezug, also durch die Kommunikation mit den Mittänzern, der Jury oder dem Publikum kann ein mögliches „Vorne" zeitweise vom Tänzer gewählt werden.

2.1.4 Zeit (Rhythmus, Musik)

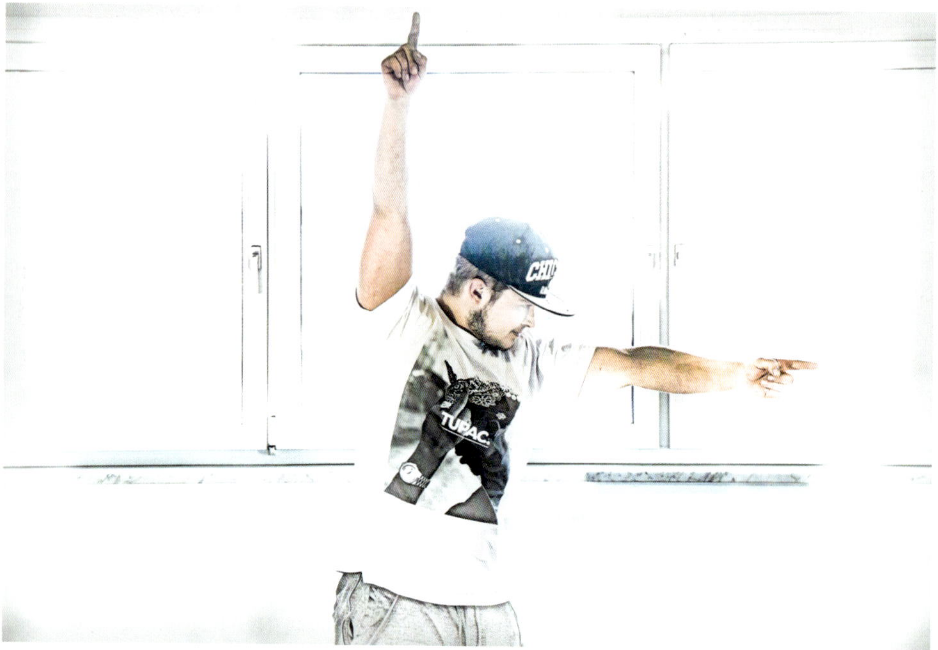

In der gesamten HipHop-Kultur, die auch durch die Pop-Musik beeinflusst wurde (und immer noch wird), ist die am häufigsten vorkommende Taktfolge der Viervierteltakt. Somit könnte man von eins bis vier zählen, um einen Tanz zu begleiten. Bei vielen Tänzen, auch beim HipHop wird von eins bis acht gezählt. Dies hat folgende Gründe:

- Die rechnerische Einteilung der gängigen HipHop-Musik ist der Quotient aus acht.
- Dies entspricht meist der Einteilung in Lied- und Melodiebögen.
- Die Aufnahmequantität eines Tänzers bei 8-Zählern ist erfahrungsgemäß am besten.

Die Fähigkeit, die Musik in „Achtern" auszählen zu können, ist für einen Tanz-/HipHop-Lehrer sehr wichtig, um richtig auf ein Lied eingehen zu können und die Bewegungen oder den „Groove" auf das Musikstück abzustimmen. Sollte ein Lied schwierig zu zählen sein, ist es definitiv nicht für den Anfängerunterricht geeignet. Ebenso verhält es sich mit Bewegungen, die schwierig auszuzählen sind. Der HipHop-Lehrer muss in der Lage sein, die Musik und die Bewegungen durch lautes Zählen aufeinander abzustimmen.

Beim Erstellen einer ausgezählten Choreografie, die im HipHop oft nach dem additiven Choreografie-System geschieht (das Aneinanderreihen von Bewegungsabläufen vom Beginn bis zum Ende der Musik), sollte man sich eines breiten Spektrums an Bewegungsgeschwindigkeiten bedienen (also: langsam, schnell, allmählich, plötzlich etc.), um die gesamte Choreografie durch Nutzung der Zeit dynamischer und schlichtweg interessanter zu machen.

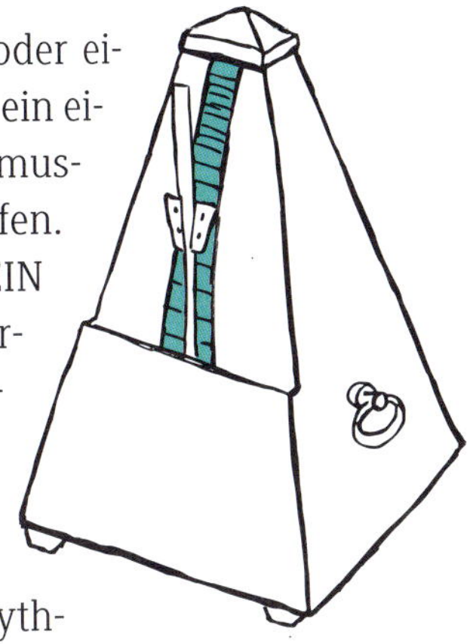

Eine wichtige Grundlage beim Vermitteln der Choreografie oder einer Übungsphrase ist die Schulung des Rhythmusgefühls. Ohne ein einigermaßen erarbeitetes Verständnis für Rhythmus und Rhythmusgefühl braucht man sich keine weiteren Lernerfolge zu erhoffen. Und da wir uns am Anfang des Unterrichts oft beim Status „KEIN Rhythmusgefühl" befinden, sollte man sich als guter Lehrer diverser Methoden (Kapitel 4.1.4 Rhythmus und Taktlehre) wie Klatschen, Bodypercussions oder anderer kreativer Übungen bedienen, um die Schüler an diese so elementare und wichtige Fähigkeit heranzuführen. Ich möchte an dieser Stelle niemanden entmutigen, jedoch realistisch sein: Bei einer einzigen „Rhythmus-Übungseinheit" wird es wahrscheinlich nicht bleiben. Man sollte sich lieber darauf einstellen, dass man in der nächsten Stunde nicht dort weitermachen kann, wo man in der vorherigen aufgehört hat. Es wird vielmehr notwendig sein, alles Gelernte nochmals zu wiederholen. Dies gilt in den meisten Fällen nicht nur für die Rhythmus-Arbeit.

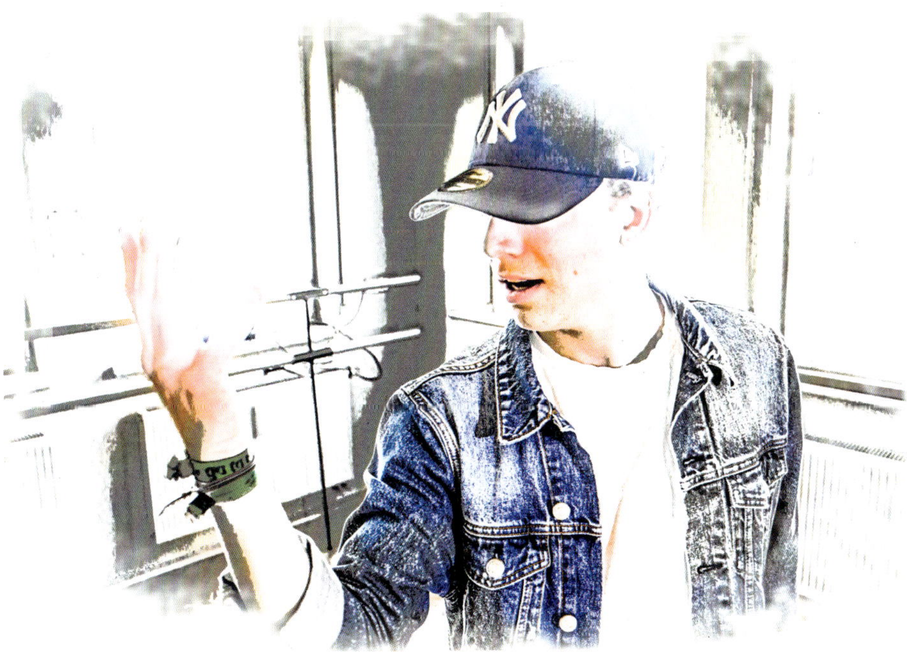

2.1.5 Sozialbezug

Bei vielen HipHop-Stilarten hat der Sozialbezug zum Zeitpunkt des Lernens meist keine große Bedeutung. Vertrauen und Gruppendynamik innerhalb einer Schülergruppe sind wichtig, aber nicht der Schwerpunkt des Unterrichts, da individuelles Lernen im Vordergrund steht. Trotzdem muss ein mögliches Gruppenproblem schnell vom Lehrer erkannt und bearbeitet oder bestenfalls beseitigt werden, sonst kann die Lernbereitschaft der Schüler in hohem Maße eingeschränkt oder durch das Problem evtl. sogar komplett blockiert werden.

Der Sozialbezug gewinnt im Lernprozess des Schülers dann an Bedeutung und Tiefe, wenn die Technik eines Tanzes klar ist und diese als Mittel zur Kommunikation genutzt wird (z. B. bei einem Circle oder Battle). Hier bekommt der Sozialbezug einen höheren Stellenwert, da durch die Kommunikation und das „Sich-einer-Person-oder-Gruppe-Zuwenden" die Raumrichtung oftmals ersetzt wird.

Trotzdem darf man nicht vergessen, warum die einen Schüler gerne in der vordersten Reihe stehen und andere wiederum lieber ganz hinten in den Ecken. Wenn man diese, durch die Schüler selbst gewählten Gruppenkonstellationen absichtlich aufbricht, kann dies zu Lernschwierigkeiten bei einigen Schülern führen, da sie sich dort, wo sie waren, am wohlsten fühlten. In anderen Fällen kann es jedoch auch extrem hilfreich sein, wenn der Lehrer die eine oder andere Person im Raum so versetzt, dass das Lernen leichter fällt.

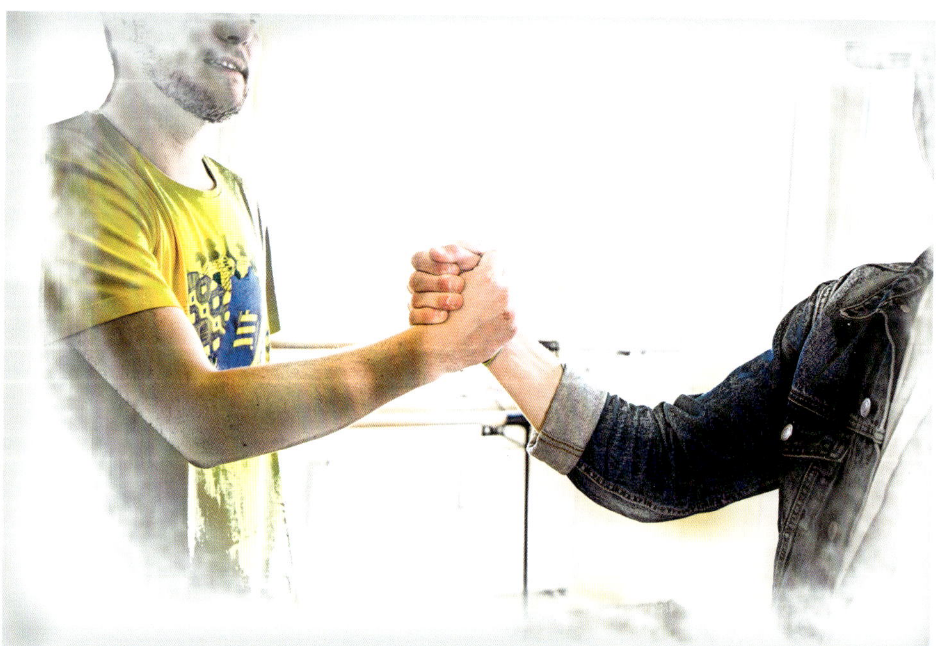

2.1.6 Lehrdidaktik der 5FWA

Oder:

» Ein Beispiel einer didaktisch sinnvollen Reihenfolge der fünf Formwahrnehmungsaspekte beim Lehren von Bewegung. «

Didaktik

Meine persönliche Erfahrung hat gezeigt, dass es für den lernenden HipHop-Schüler am effektivsten ist, wenn man die hier geschilderte Reihenfolge der 5FWA verwendet:

Körper: Durch Präsentieren, Erklären, Mitvollziehen oder das Heranführen über die Grundlagenarbeit an die Funktion einer Bewegung gehe ich zuerst auf den Körper und die Anatomie ein, um dem Schüler eine Plattform der Bewegung zu geben.

Vorstellung: Durch eine bildhafte Vorstellung, eine Geschichte, eine bekannte Alltagsbewegung oder durch den geschichtlichen Hintergrund gebe ich dem Schüler eine Stütze und die Energie, um den Impuls und das primäre Körperteil besser zu erfassen.

Raum: Um die Bewegung präziser am Körper auszurichten, nutze ich den Körper-Raum in Verbindung mit dem Gebäude-Raum. Klare Aussagen zu klaren Ausrichtungen helfen dem Schüler, sein Bewegungsexperiment zum gewünschten Bewegungsziel zu führen.

Zeit: Wenn die Bewegung dann in gröberen Zügen geklärt ist und dem Lernziel näherkommt, kann man damit beginnen, eine z. B. vom Takt abhängige Geschwindigkeit bzw. Rhythmik einzufügen, eine Vorgehensweise, die das Tanzgefühl miteinbezieht und die Bewegung noch präziser, klarer und vollständiger macht.

Sozialbezug: Je nach Bewegung, Position der Schüler, Ausrichtung der Gruppe und Aufgabe ist der Sozialbezug immer ein willkommenes Hilfsmittel, auf das der Lehrer spontan und bei Gelegenheit aktiv hinweisen kann (z. B. „Schau zur Schulter der Person rechts neben dir …“)

Methode

2.2 Die Lernphasen

Dieser Teil des Kapitels beleuchtet die methodisch sinnvolle Reihenfolge der Unterrichtsabschnitte. Es geht darum, dem Schüler das Lernen so einfach wie möglich zu machen. Das temporäre und auch die langfristigen Lernziele zu erreichen, bedeutet, jede einzelne neue Bewegung auf diese Weise einzuführen und umzusetzen. Damit komme ich schneller zu übergeordneten Lernzielen wie zu einem Tanz oder einer Show. Es ist generell wichtig, dass ich Anfänger in kleineren Schritten zu kürzeren und einfacheren Zielen führe, und erst wenn der Schüler Vertrauen zu sich selbst gewonnen und mehr tänzerische und lerntechnische Fähigkeiten erworben hat, die Thematiken vergrößere und die Zielsetzungen erweitere. Je komplexer und aufwendiger die Aufgabe, desto mehr Zeit benötige ich dafür im Unterricht. Der fortgeschrittene Schüler kann schwierige Aufgaben als Herausforderung sehen und hält längere Übungszeiten besser durch. Der Anfänger hingegen fühlt sich bei schwierigen Aufgaben und längeren Übungsphasen eher eingeschüchtert und überfordert. Daher ist es wichtig, so schnell wie möglich herauszufinden, welche Leistungsstufe in der gesamten Klasse herrscht und das Lehrmaterial so anzupassen, dass sich die Schüler weder überfordert noch gelangweilt fühlen.

2.2.1 Präsentieren (Interesse wecken)

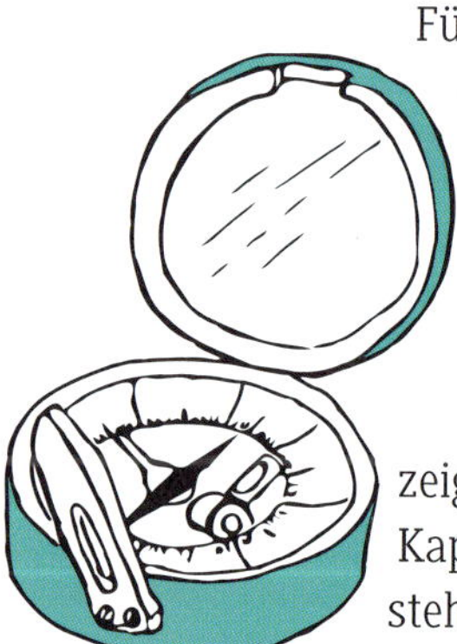

Für den Schüler ist es generell eine große Hilfe, zu sehen, wohin die Reise gehen soll. Daher ist das Vorführen und Präsentieren des direkten Lern- und Übungsziels ein hilfreiches Mittel, die Motivation und somit auch die innere Einstellung des Schülers anzusprechen. Hier ist auch die Gelegenheit, ein Arbeitsbündnis zwischen Lehrer und Schüler für die kommende Trainingszeit zu schließen. Es geht darum, die Bewegung oder Teile des Tanzes zu zeigen, etwas darüber zu erzählen (z. B. geschichtliche Hintergründe: Kapitel 2 Die Tänze) und Beschreibungen für das zu finden, was bevorsteht. Dabei werden vor allem die Fantasie des Schülers und die Lust auf das Training geweckt.

2.2.2 Erarbeiten (Bewegungserfahrung schaffen)

Hier kommen zwei von vier Säulen des Unterrichts zum Einsatz (Kapitel 3.1.1 Grundlagenarbeit & 3.1.2 Tanzform). Zunächst geht es darum, die Grundlagenarbeit zu gestalten, die für die Bewegung benötigten Körperteile ins Bewusstsein zu bringen und die Schüler ihre eigene Bewegungsfähigkeit experimentell erforschen zu lassen. Ich spreche hier nur von wenigen Minuten Unterrichtszeit, die oftmals genügen, um den Fokus des Schülers auszurichten. Dies bewirkt jedoch einen deutlichen Gewinn in der Aufmerksamkeit und Lerngeschwindigkeit! Ich gebe dem Schüler den Raum, die Bewegung zu finden, helfe dabei, diese wie gewünscht grob vorzuformen und eröffne den Weg, die angestrebte Bewegung in den folgenden Stunden zu entwickeln. Durch das aktive Untersuchen und Erforschen kommt es schon zum ersten Lernfortschritt, welcher hilft, durch das selbstständige Experimentieren des Schülers an die gewünschte Bewegungsform heranzukommen. Es ist ohnehin so, dass die Schüler sich alles selbst erarbeiten müssen, da der Lehrer nur zeigen, erklären und unterstützen kann. Deswegen gilt, je mehr wohlwollenden und geduldigen Freiraum der Lehrer gibt, desto entspannter ist die Gruppenatmosphäre, was dem Lernfortschritt zuträglich ist.

2.2.3 Etablieren (Qualität erarbeiten)

Wenn einmal die grundlegende Bewegung erarbeitet ist und die Schüler anfangen, sich mit der Form zu beschäftigen, wird dem Lehrer viel Geduld abverlangt. Er sollte bei diesem Schritt nicht zu schnell vorangehen und über Fehler noch hinwegsehen, da manche Schüler gewisse Bewegungen niemals in voller Qualität ausführen können oder gar wollen. Es ist die Arbeit, die für den Schüler am meisten Übungszeit erfordert. Man muss sich immer wieder an die Bewegung erinnern und die Bewegung vertiefen. Durch weitere Ausdifferenzierung der Übungen festigt man die Abläufe und kann die Bewegung dann weiterentwickeln. Es ist am Ende schlicht und einfach das Training der Funktion, welche durch den entsprechenden Ausdruck dann noch weiter verfeinert werden sollte, damit die Schüler vom reinen Bewegen zum ästhetischen Tanzen gelangen können.

2.2.4 Anwenden (Show, Battle, Tanz im ästhetischen Konsens ausführen)

Zum Ende aller Lernphasen gehört die anfänglich besprochene Zielsetzung, die einst durch ein oder mehrere Arbeitsbündnisse vereinbart wurde. Hier stellt sich jetzt die Frage, in welcher Weise der Tanz verwendet werden soll. Im HipHop geht es letztlich darum, die Musik ästhetisch zu interpretieren oder den stilartspezifischen Ausdruck passend darzustellen. Diese Arbeit gehört zur schwierigsten Aufgabe im Tanz allgemein und bekommt oftmals in hobbymäßigen oder semiprofessionellen Studios zu wenig Aufmerksamkeit. Es gibt einen Grund, warum Menschen HipHop tanzen wollen, und dieser liegt fast immer darin, dass sie so zur Musik tanzen möchten, wie sie es schon einmal bei irgendwem gesehen haben. Aber es ist eben nicht der optische Eindruck, der fasziniert, es ist vielmehr die Ästhetik, die durch den

Groove, das Gefühl und das richtige Verständnis für die jeweilige Ästhetik zum Ausdruck gebracht wird. Hat man beispielsweise eine aggressive Musik, ist es wohl eher passend, die Ästhetik des Tanzes so zu gestalten, dass der Zuschauer die Kraft der Musik auch durch die dargestellte Energie der Tanzenden sehen und spüren kann. Hier braucht der Lehrer eine gute Beobachtungsgabe, um zu sehen, was den Schülern fehlt und großes Geschick darin, das Fehlende zu ergänzen und zu vermitteln.

i Information

Zusammengefasst bedeutet das:

- → zuerst jedes einzelne Körperteil (z. B. Beine oder Arme oder Kopf)
- → als einzelne Bewegung (nur eines dieser Körperteile)
- → separat von allem anderen Bewegungen (nichts anderes mitbewegen)
- → nach besprochenem System (5FWA + Lernphasen)
- → mit den Schülern erarbeiten.

DANACH: Die einzelnen Bewegungen als einen gemeinsamen Kurzablauf gleichzeitig koordiniert zusammensetzen.

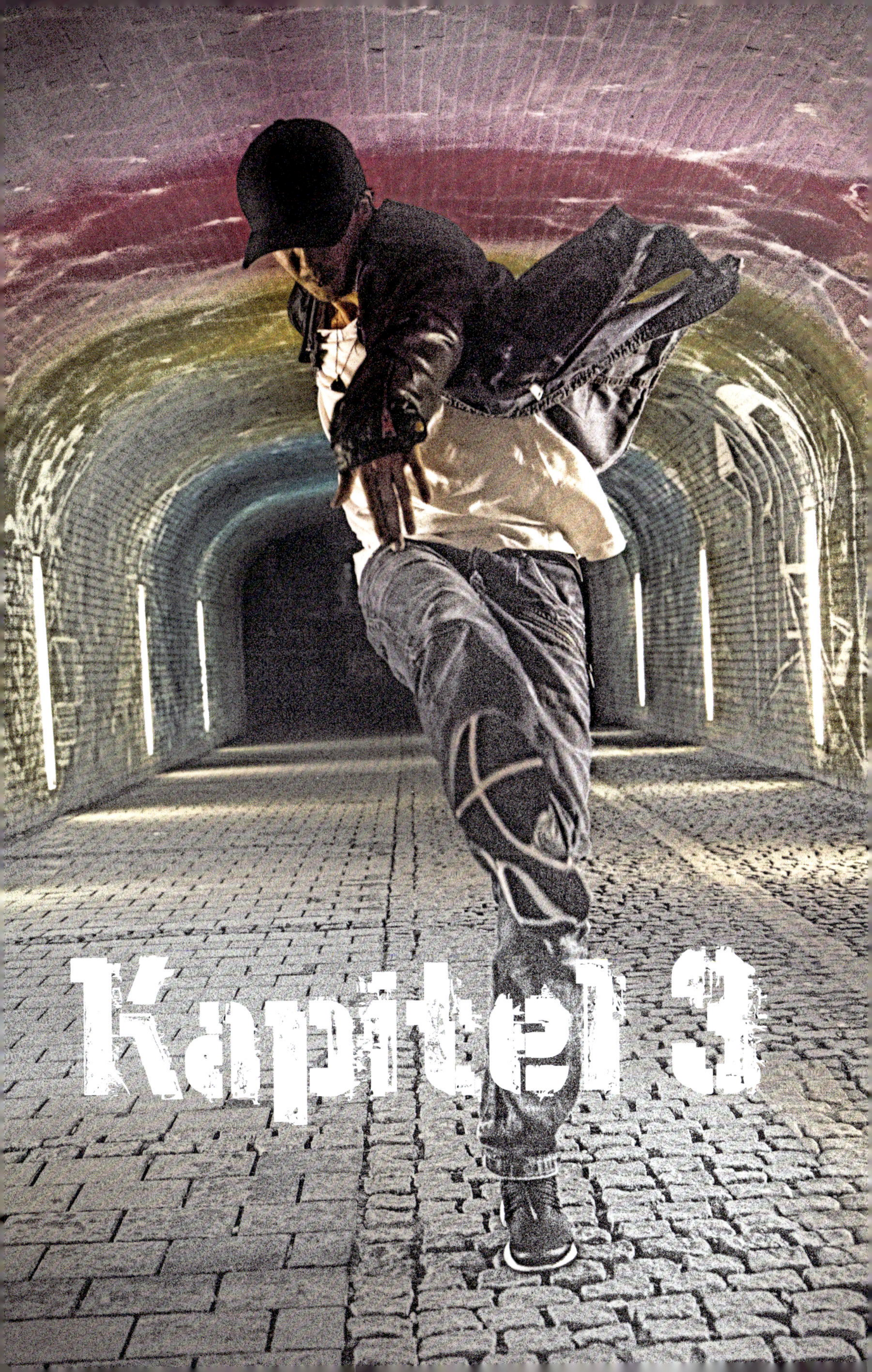
Kapitel 3

3 Unterrichten

Um sinnvoll und erfolgreich unterrichten zu können, muss ich mich nicht nur damit befassen, wie Menschen lernen, sondern ich muss mich auch mit den Anforderungen des Tanzunterrichts allgemein befassen, um dann spezifischer auf die Struktur des HipHop-Unterrichts eingehen zu können.

Didaktik

3.1 Die vier Säulen des Unterrichts

Es sind vier Säulen, welche im Tanz nötig sind, um eine umfassende Ausbildung zu leisten. Jede dieser Disziplinen des Unterrichts hat andere Zielsetzungen und unterschiedliche Voraussetzungen für Schüler und Lehrer.

Grundlagenarbeit	Tanzform	Improvisation	Gestaltung
Anatomisches Wissen über die Funktion des Körpers und Erarbeiten der Kinästhetik (Körpergefühl)	Technische Fähigkeiten und das Wissen über die stilspezifischen Bewegungen und den Groove eines speziellen Tanzstils	Die Fähigkeit, mit oder ohne Musik, mit wenigen oder ohne Vorgaben spontan tanzen zu können.	Die Fähigkeit, eine Auswahl aus gegebenen Ideen oder Bewegungen zusammenzufügen, um einen Tanz oder eine Choreografie zu erarbeiten.

3.1.1 Grundlagenarbeit

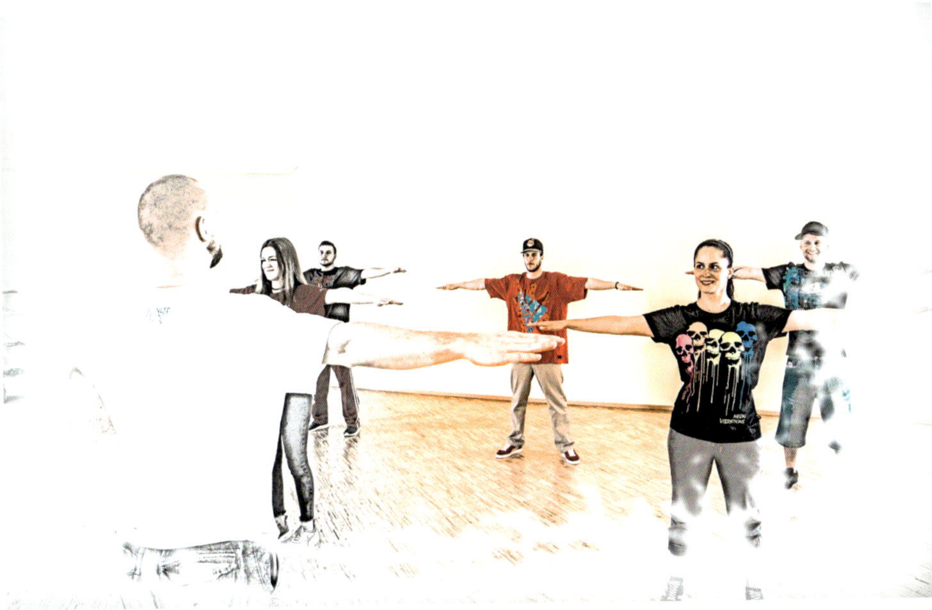

1

Die Grundlagenarbeit ist das wichtigste Element des tänzerischen Unterrichts. Die Schüler kommen mit unterschiedlichen Körperwahrnehmungen und Vorerfahrungen in den Unterricht. Einige haben schon geturnt oder eine andere bewegungsintensive Sportart betrieben, andere wiederum sind körperlich so unerfahren, dass selbst das Rückwärtsgehen eine Herausforderung darstellt. In der Grundlagenarbeit geht es darum, alle Körperteile und deren Funktionsweise kennenzulernen. Es ist ein Erforschen des Körpers durch das Wechselspiel zwischen Bewegung und Spüren der Bewegung. Die Formwahrnehmungsaspekte (Kapitel 2.1) spielen dabei eine große Rolle und helfen, sich besser orientieren und fokussieren zu können.

Ich kann nicht davon ausgehen, dass alle Schüler mit Bewegungserfahrung in den Unterricht kommen oder dass alle, die tanzen wollen, ein grundsätzliches Bewegungstalent mitbringen. Deswegen sollte der Grundlagenarbeit im Unterricht für Anfänger in den ersten fünfzig Stunden eine besonders große Aufmerksamkeit geschenkt werden. Anatomisches Basiswissen ist von großem Nutzen, um Körperteile und Bewegungen besser benennen und differenzieren zu können. Dabei kann das Aufmalen oder das Betrachten von Bildern, aber auch der Blick auf den eigenen Körper (auch in Partnerarbeit) hilfreich sein.

Um von der Anatomie zur Bewegung zu kommen, wird nach dem Betrachten des Körperteils die Funktion beobachtet und bestenfalls auch gleich benannt. Hierbei sollte man den Schüler dazu anregen, mit dieser Funktion zu spielen und durch Experimentieren eine vorgegebene Bewegung zu erarbeiten. Das Fühlen und Wahrnehmen sind von großer Bedeutung, um eine gewisse kinästhetische Kompetenz (Körpergefühl) schon in der Grundlagenarbeit voranzubringen. So kann man auch sofort die erarbeitete Funktion eines Körperteils für eine aktuell anstehende Bewegung nutzen.

Durch Benennen verleiht man der Bewegung auf der Basis der kognitiven Vernetzung noch den letzten Schliff und hat so weiteres Bewegungsmaterial für den Unterricht geschaffen. Zusätzlich gehört auch das Training von Kraft, Flexibilität (Stretching) und Koordinationsübungen zur Grundlagenarbeit. Somit sind die Tanz- und Workout-Bewegungen (die ich im Kapitel 4.2 noch erklären werde) ebenfalls in die Grundlagenarbeit einzuordnen.

Zielsetzung ist bei der Grundlagenarbeit das vollständige Erforschen und Entdecken seiner eigenen körperlichen Möglichkeiten sowie das Erarbeiten der Kinästhetik. Gleichzeitig sollten die Formwahrnehmungsaspekte (Kapitel 2.1) auf einfache Weise vorbereitet und verständlich umgesetzt werden.

Voraussetzung für den Schüler ist dabei eine einigermaßen entwickelte Sozialkompetenz. Dies bedeutet, dass der Schüler sich frei fühlt, verschiedene Bewegungsexperimente selbstständig und aus Neugierde umzusetzen. Viele Menschen in unserer Gesellschaft sind allerdings eher ängstlich, scheu und vorsichtig, da sie sich vor anderen nicht blamieren wollen. Dies stellt eine Herausforderung für den Lehrer dar.

Anforderungen an den Lehrer sind solide Kenntnisse der Methodik, Anatomie, Didaktik und Pädagogik. Methodisch geht es darum, dem Schüler die Spielweisen des Experimentierens auf verschiedene Art und Weise nahezubringen. Tieferes anatomisches Wissen garantiert die richtige, sinnvolle und auch hilfreiche Beschreibung der Körperteile. Didaktisch ist ein gutes Verständnis für das nachfolgende Bewegungsziel erforderlich, um die dafür notwendigen Körperteile richtig anzusprechen. Pädagogisch geht es darum, den Schülern die Ängste zu nehmen, die Gruppe auf angenehme Art und Weise zusammenzuführen und ein wohlwollendes und unterstützendes Gruppenklima herzustellen.

3.1.2 Tanzform

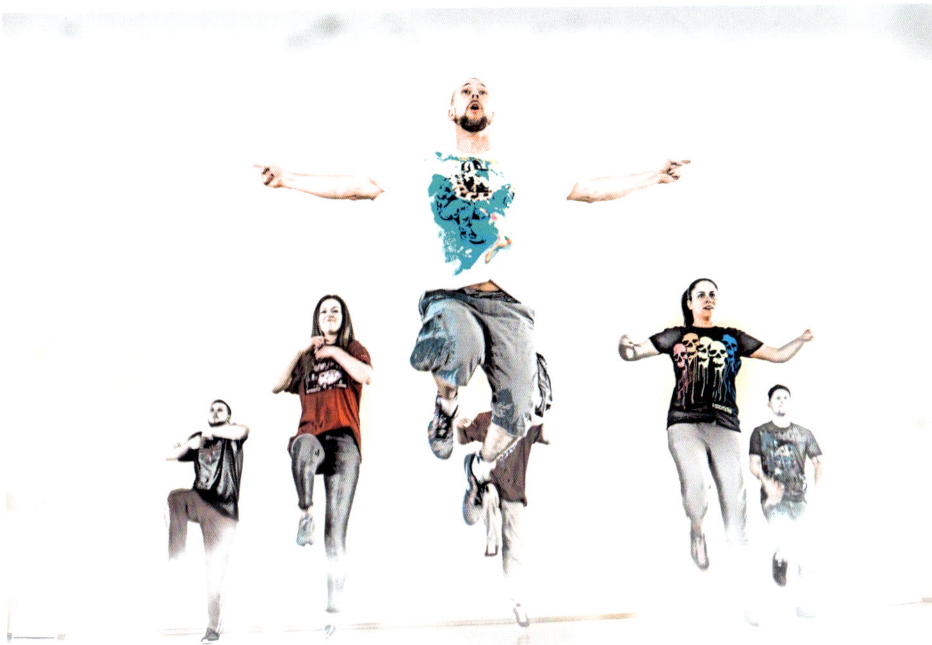

2

Unter der Unterrichtsweise „Tanzform“ versteht man das Erlernen von vorgegebenen Schrittkombinationen und Bewegungstechniken, die einem bestimmten Tanzstil angehören (Ballett, Locking, Walzer etc.). Die meisten heute bekannten HipHop-Tänze fallen erst einmal unter diese Kategorie, da die Basics und der Groove einer jeden Stilart klar definiert sind. Es muss eine gute Vorbereitung des Schülers durch Grundlagenarbeit gegeben sein, um die Bewegungserfahrung zu erarbeiten und komplexere Bewegungskombinationen überhaupt aufnehmen und umsetzen zu können.

Zielsetzung bei der Säule „Tanzform“ ist es, eine klar definierte Tanztechnik mit anschließender Choreografie so gut und genau wie möglich zu lernen und zur entsprechenden Musik tanzen zu können.

Voraussetzungen für den Schüler ist meist – je nach Schwierigkeitsgrad der Tanzform oder Tanztechnik – eine gewisse Bewegungserfahrung, um fähig zu sein, vorgegebene Bewegungen aufzunehmen und nachzuahmen. In einem Anfängerkurs sollte das benötigte Material vorher schon in einem Techniktraining erarbeitet worden sein.

Anforderung an den Lehrer ist eine gründliche Vorbereitung durch das wirkliche Beherrschen der Technik und des fertigen Tanzes. Es gibt nichts Verwirrenderes für einen Lernenden als die Unsicherheit eines Lehrers, der sein Material während des Unterrichts ständig verändert oder vertauscht.

3.1.3 Improvisation

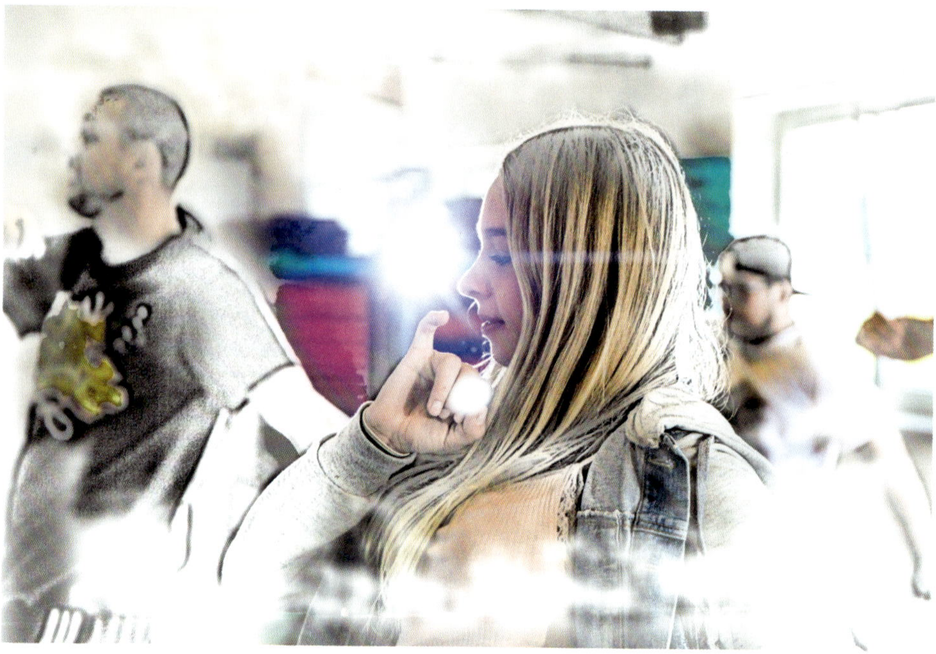

Unter Improvisation versteht man den von innen herauskommenden Impuls, sofort und spontan auf eine Musik oder auch ohne Musik tanzen zu können. Das bedeutet, dass der Unterricht, wenn er die Improvisation zum Gegenstand hat, einen fortgeschrittenen Schüler mit genügend Bewegungsmaterial erfordert. Der Unterricht hat ganz eigene Merkmale, die sich von normalem Tanzformtraining grundlegend unterscheiden. Ich arbeite mit verschiedenen Impulsen und einer anfangs noch engmaschigen Struktur, um dem Schüler eine Stütze im freien Bewegen zu geben. In einem Battle oder Cypher beispielsweise kommen die Impulse aus der tänzerischen Kommunikation zwischen den Kontrahenten, auf die jeder Tänzer dann in seiner eigene „Sichtweise" der Bewegung oder der Musik durch seine tänzerischen Improvisationen reagiert.

Zielsetzung der Improvisation ist es, den Schüler so weit zu bringen, dass er ohne Vorgaben oder innerhalb vorgegebener Strukturen (Musik/Tanz/Aufgabenstellung) spontan tanzen kann.

Voraussetzungen für den Schüler sind grundsätzlich nicht notwendig. Allerdings ist schon eine gewisse bewegungsästhetische Ausbildung erforderlich, um sich sicher genug zu fühlen, frei und ungezwungen tanzen zu können, ohne dabei Hemmungen zu haben oder nachdenken zu müssen. Ist dies nicht vorhanden, benötigen die Schüler eine ausgeprägte und gefestigte Sozialkompetenz, um sich frei entfalten zu können. Diese äußert sich durch selbstständiges Arbeiten wie auch in einer entspannten und kommunikativen Gruppenatmosphäre. Rhythmusgefühl, Technikerfahrung und der Drang, sich selbst ausdrücken zu wollen, sind gute Indikatoren für den Lehrer, um einschätzen zu können, wann die Schüler bereit sind, improvisatorisch zu arbeiten.

Anforderung an den Lehrer ist, dass er selbst improvisatorisch tanzen kann und eine gute Kenntnis von der Unterstützung durch verschiedene Strukturen besitzt. Es braucht eine gute Dosis Vertrauen und das Wissen, wie man einen geschützten Raum für die Entfaltung des Schülers schafft, was auch ein gutes und professionelles Verhältnis zwischen der Gruppe und dem Lehrer voraussetzt.

3.1.4 Gestaltung

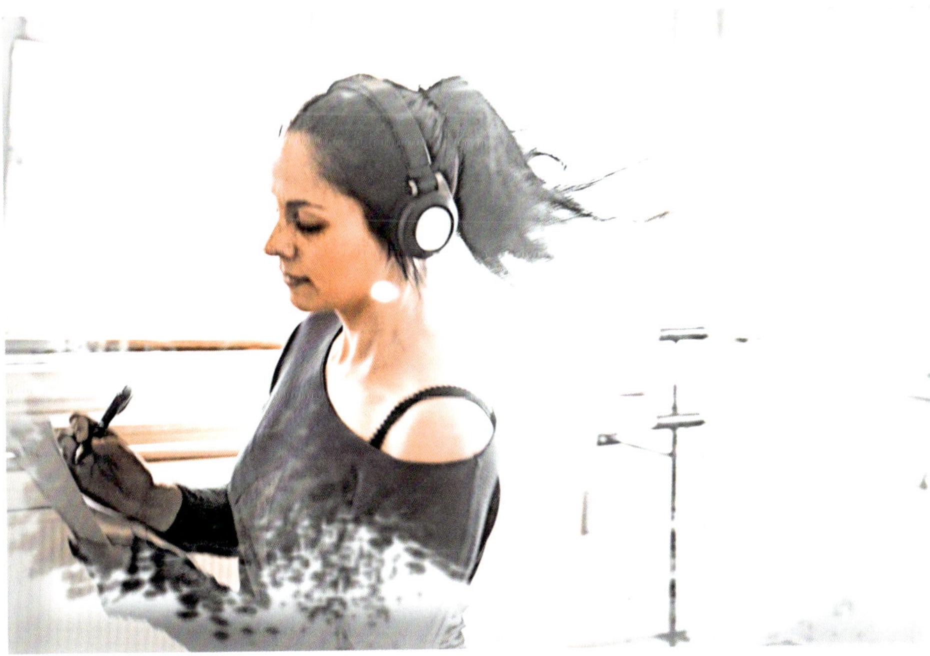

Unter Gestaltung versteht man allgemein das Kreieren eines Tanzes, egal für welchen Zweck man diesen verwenden möchte. Der Unterricht, Tänze gestalten zu lernen, kann entweder unabhängig von der Tanzform sein oder über die Tanzform geschehen. Im ersten Schritt geht es darum, dem Schüler den Weg zu zeigen, eigene Bewegungen zu finden, und diese dann zu formen und zu verbinden. Die Arbeit an der Ästhetik kommt erst nach diesen Vorarbeiten.

Zielsetzung ist ein von den Schülern geformter Tanz, der wiederholbar ist. Natürlich gehört dazu auch das Wissen um den Weg dorthin.

Voraussetzung für den Schüler ist die Fähigkeit, selbstständig vorhandenes Repertoire zu nutzen, Repertoire zu finden und / oder selbst Repertoire zu schaffen. Dies geschieht zum Beispiel durch Improvisation oder das Zusammensetzen und Abwandeln von Teilen der gelernten Tanzform.

Anforderung an den Lehrer ist, wie schon bei der Improvisation, einen geschützten Raum zu schaffen, in dem sich der Schüler wohlfühlt und sich traut, aus seiner Komfortzone herauszubewegen, um experimentell zu arbeiten. Hier braucht der Lehrer auch die Geduld, zunächst einmal nur zuzuschauen ohne großartig einzugreifen, da er den kreativen Prozess meist stören oder unterbrechen würde. Stattdessen gilt es, die Schüler zu beruhigen und zu ermutigen, durch die schwierigen Phasen der Gestaltung hindurchzukommen und sie dabei zu begleiten.

3.2 HipHop-Unterricht „DIE WILDNIS“

Nachdem nun das Fachgebiet HipHop-Tanz, wie Menschen lernen, die Lernphasen und die vier Säulen des Unterrichts allgemein erklärt sind, ist es endlich soweit: Wir bereiten uns auf den HipHop-Unterricht vor. Zunächst möchte ich einen Weg durch die oftmals undurchdringlich erscheinende Wildnis aus sinnvollen Techniken, zum Teil willkürlichen Bewegungen und ehemals unsinnigem „Bewegungskram“ bahnen.

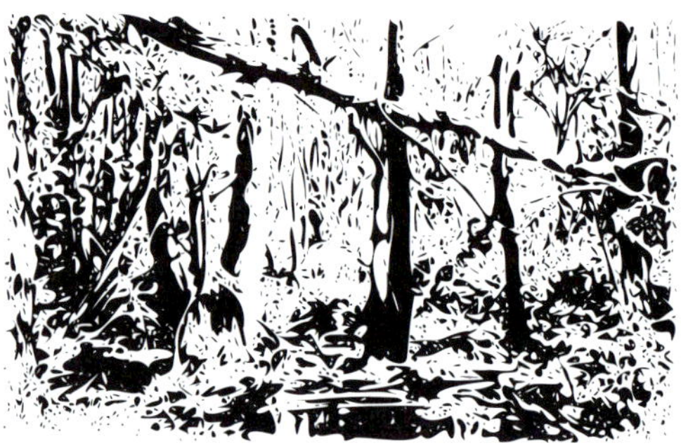

Bevor wir uns aber im nächsten großen Kapitel (Die HipHop-Basics) wirklich auf den Weg zum Unterrichten machen, brauchen wir noch Ausrüstung, Werkzeug und Navigationshilfen, um uns unterwegs nicht zu verirren.

Also, was nehmen wir alles mit in die Wildnis? Welche Ausrüstung ist notwendig?

3.2.1 Grundlagenarbeit „DIE TOOLS"

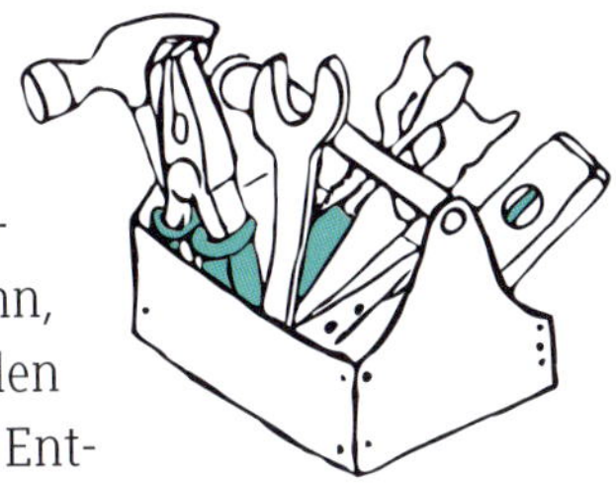

Die Grundlagenarbeit ist eines der wichtigsten Elemente des Unterrichts. Sie repräsentiert somit den Teil der Ausrüstung, den man als Werkzeuge, „Die Tools", bezeichnen kann, die man auf die Reise mitnimmt. Schwerpunkt ist dabei für den Schüler das angeleitete, aber selbstständige Erforschen und Entdecken des eigenen Körpers.

Dazu ist es hilfreich, als Lehrer eine gewisse Reihenfolge einzuhalten, um den Schüler sinnvoll an die Bewegungsarbeit und das Bewegungsmaterial heranzuführen. Bevor wir uns mit den ersten zehn Stunden des Anfängerunterrichts befassen, möchte ich die Grundlagenarbeit in ihrer Struktur schon einmal vorstellen. Die Vorgehensweise erfolgt wie zuvor nach der Struktur der fünf Formwahrnehmungsaspekte: Körper, Vorstellung, Raum, Zeit, Sozialbezug:

A) Körper

- Anatomie: aufmalen, ansehen, Bild, Modell, abtasten in Partnerarbeit
- Funktion: spielen, experimentieren, versuchen
- Fühlen: wahrnehmen, bewusst machen
- Anwenden: Bewegung lernen, trainieren (Kraft, Ausdauer, Koordination, Flexibilität)
- Benennen: Die verschiedenen Bewegungen unterschiedlich benennen.

B) Vorstellung

- Bilder, Geschichten, Ideen und Beispiele geben und somit die neue Bewegung mit etwas Greifbarem verknüpfen.
- Benennen oder mit dem schon gegebenen Namen wiederholt bezeichnen.

C) Raum

- Die Bewegung im Bezug zum Gebäude-Raum betrachten.
- Die Bewegung im Gebäude-Raum gegebenenfalls noch einmal ausrichten.
- Zum wiederholten Mal mit der bekannten Bezeichnung benennen.

D) Zeit

- Bodypercussions (stampfen, klatschen …) verwenden, um Zugang zum Takt zu bekommen.
- Eine Idee vom Rhythmus und Takt der verwendeten Musik oder Bewegung geben.
- Musik anhören und zur Bewegung verwenden.

E) Sozialbezug

- Der Gruppenarbeit muss eine kurze Vorstellungsrunde vorausgehen.
- Gruppenarbeit zum zwischenmenschlichen Kennenlernen und um die Bewegung gemeinsam zu erörtern.
- Gruppenaufgaben stellen, die gemeinsam gelöst werden müssen.

Wichtige Anmerkung: Jegliche Art von Workout, Krafttraining, Stretching, Ausdauertraining und Koordinationstraining gehören ebenso zur Grundlagenarbeit.

Ausrüstung gepackt? OK, dann weiter zur Navigation.

Methode

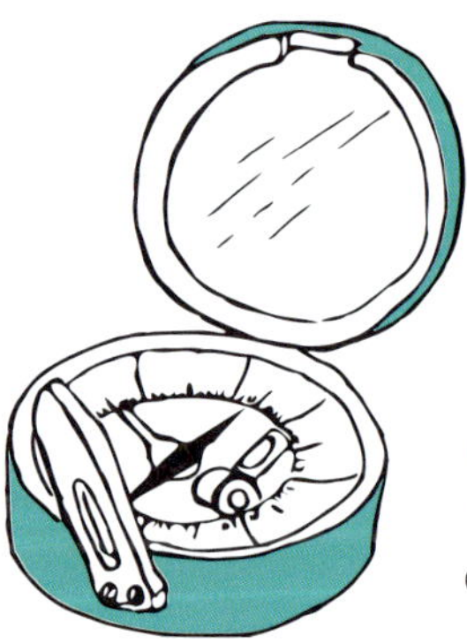

3.2.2 Stundenaufbau „DER KOMPASS"

Um sich durch eine Wildnis zu bewegen, ist es sehr hilfreich, einen Kompass bei sich zu haben, damit man ungefähr weiß, wohin man sich bewegt. Die folgende Grafik ist ein roter Faden, der dem Lehrer bei der allgemeinen Unterrichtsvorbereitung hilft, die Übersicht zu behalten, gleichsam ein Kompass, der anzeigt, wie man seinen Weg durch die Unterrichtslandschaft finden kann. Diese Grafik gilt für den etablierten Unterricht einer HipHop-Klasse nach ca. sechs Monaten HipHop-Unterricht.

Die ersten 10-20 Unterrichtsstunden sind den Basics und einer kurzen, einfachen, aus Basics bestehenden Tanzkombination gewidmet. Ferner ist es enorm wichtig, schon in der ersten Stunde einen kleinen, sofort umsetzbaren Tanz fertig zu haben – wir wollen ja, dass die Schüler Lust bekommen, unseren Unterricht nächste Woche wieder zu besuchen. Also hier nun der Kompass und dessen Bedienungsanleitung:

Stundenaufbaugrafik für 60 min Fortgeschrittenen-Unterricht:

Gesamtzeit	Inhalt	Zeiteinteilung
12 min	**A) Ankommen – Bouncen**	30 s
	B) Warm-up: Double Step, Cross Step, Bodyworks, Raumwege-Warm-up-Choreo.	4-6 min
	C) Workout, Stretching	5-7 min
15 min	**D) NEUE Technik** • Präsentieren • Grundlagenarbeit • Etablieren • Ausdifferenzieren • Üben, Drill	12-15 min
3 min	**E) Erinnerung Choreografie**	3-5 min
5 min	**F) Pause**	3-5 min
15 min	**G) Technik:** • Neues Material • Bekannte Technik • Tanz erweitern • Ästhetische Arbeit • Improvisation / Gestaltung	10-20 min
10 min	**H) Choreografie-Training** (evtl. 1 min Cool-down)	10-20 min

Wie hier und nachfolgend erkennbar, kennzeichnet der graue Bereich das Geheimnis dieses Buches. Zuerst müssen Inhalte langsam, ausführlich, in Einzelschritte unterteilt mit Zeitaufwand erlernt und erarbeitet werden. Dann werden diese zu kürzeren Standardübungen und Ritualen weiterentwickelt (siehe nachfolgend 7., 8. und 9. Stunde), bis sie zu einem vielfältig anwendbaren Prinzip werden (siehe oben A, B und C).

Ablauf einer vollständigen Stunde

A) Allgemein ist es sinnvoll, eine Stunde mit einem Ankommen und kurzem Einstimmen zu beginnen. Im HipHop sind es definitiv das Tanzgefühl und die Stimmung, die der Gruppe helfen (z. B. durch gemeinsames Bouncen zur Musik), sich auf den Unterricht und das Tanzen einzustimmen (ca. 30 s).

B) Der fließende Übergang vom Bouncen ins Warm-up (ins Bouncen eingefügte Schritte bzw. Schritt- und Bewegungskombinationen) folgt im Anschluss und ist sowieso ein MUSS (ca. 4-6 min).

C) Logisch ist hier gleich noch ein leichtes Trainings-Workout und natürlich ein dementsprechendes Stretching hinzuzufügen (5-7 min).

D) Danach ist der Körper warm und flexibel, der Geist im Unterricht anwesend, wach und aufnahmefähig. Dies ist die beste Voraussetzung und der optimale Moment, um neues Material zu lernen und ein Techniktraining zu gestalten (siehe auch Punkt G). Die Zeiteinteilung hierbei hängt sowohl vom Schwierigkeitsgrad als auch vom Umfang des Materials ab (ca. 15 min).

E) Vor der Pause ist eine kurze Erinnerungszeit sinnvoll. Die Schüler haben nun die Möglichkeit, sich die Technik oder den Tanz der letzten Stunde bewegend in Erinnerung zu rufen. Dies sollte man sowohl in selbstständiger Arbeit ohne Musik als auch anschließend mit der ganzen Gruppe gemeinsam zur Musik durchgehen (ca. 3-5 min).

F) Pause. Bei fortgeschrittenen Schülern ist es nicht unbedingt nötig, nach ca. 30 min eine Pause einzulegen, da die Fitness und die Lernfähigkeit schon weit entwickelt sind und je nach Unterrichtsthema eventuell der Fluss der ästhetischen Arbeit dadurch gestört werden könnte. Fortgeschrittene Klassen haben meist das Bedürfnis, nach dem Warm-up und zwischen Technik- und Choreo-Training kurz etwas zu trinken. Für Anfängergruppen ist aus gehirnphysiologischen Gründen eine Pause sinnvoll. Der bis dahin empfangene Unterricht kann sich setzen, und die Verarbeitung des Vorausgegangenen hilft, weiter aufmerksam und aufnahmefähig zu bleiben (max. 5 min).

G) Nach der Pause ist der Schüler wieder frisch und bereit, entweder mit neuem Material zu arbeiten, bekannte Techniken weiter zu trainieren, einen Tanz zu erweitern oder andere konzentrationsbedürftige Arbeit zu leisten, zum Beispiel Improvisation oder Gestaltung. Dies ist auch die Zeit, ästhetische Arbeit zu leisten, bekanntes Material ästhetisch zu verfeinern oder Übungen zum Ausdruck und Tanzgefühl mit spezifischen Bewegungen durchzuführen (15-20 min).

H) Das Ende der Stunde sollte auf jeden Fall mit dem Ausführen, Trainieren und Etablieren einer Choreografie oder eines Tanzes gestaltet werden. Ein „Cool-down" kann man noch anbringen, allerdings setzt man dadurch bei den Schülern den durch das Tanzen erzeugten Enthusiasmus wieder etwas herab. Das ist zwar nicht schlimm, dennoch ist es wertvoll, dem Schüler seine emotionale Verknüpfung mit dem Tanz mit nach Hause nehmen zu lassen. (6-15 min).

Didaktik

Kompass lesen gelernt? Sind die Himmelsrichtungen klar? OK, dann brauchen wir jetzt noch die Karte, um zu wissen, wohin die Reise geht!

3.2.3 Die ersten zehn Stunden „DIE KARTE":

Dieses Kapitel soll als eine Art Karte dienen, auf der die „HipHop-Basics-Wildnis" aufgezeichnet, in Raster eingeteilt und tabellarisch dargestellt ist. Es geht darum, klar zu sehen, wie man per „Luftlinie" gehen müsste, um sinnvoll zu unterrichten. Dieser Weg verläuft aufgrund des sehr unwegsamen Geländes (Faktor „Mensch") niemals geradlinig und nach Plan, da jeder Lehrer und jede Gruppe anders ist. Dazu kommt, dass auch jeder Tag sowie jede Unterrichtsstunde Unterschiedliches mit sich bringt. Die nun folgenden Tabellen dürften jedoch eine gute Übersicht dafür bieten, wie der Idealfall aussehen könnte.

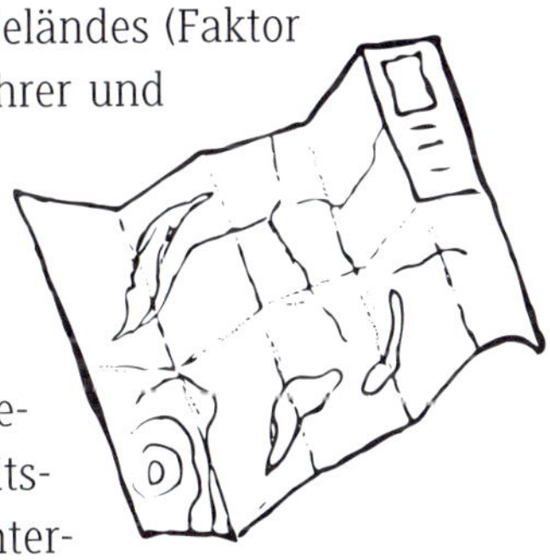

Die ersten zehn Stunden und das darin enthaltene Bewegungsmaterial sind die Grundvoraussetzung, um eine arbeitsfähige Gruppe auf das Lernen und auf das Tanzen von unterschiedlichen HipHop-Styles vorzubereiten. Das Bewusstsein für Körper, Funktion, Bewegung, Richtungen, Rhythmus und Groove muss soweit wie möglich ausgebildet werden, um künftiger Frustration der Schüler wegen unvollständiger Vorbereitung vorzubeugen.

In den darauffolgenden Kapiteln nach der Karte (Karte = zehn Tabellen für die ersten zehn Stunden) wird jeder Arbeitsschritt ausführlich und differenziert erklärt.

Doch nun genieße erst einmal den Blick auf eine mögliche Zehn-Stunden-Struktur:

Stundenablauf 1. Stunde

Gesamtzeit	Inhalt	Zeiteinteilung
	A) **Ankommen:** Vorstellung – Erklärung Was ist HipHop? – Was kommt auf die Schüler zu?	3 min
	B) **Bouncen** (verschiedene Richtungen und Erklärungen)	3-6 min
	C) **Touch Step** (evtl. mit gleichseitigen Armbewegungen, eventuell gleich Double Step)	5-10 min
28 min	D) **Cross Step** (Arme schwingen, vorwärts, rückwärts, Zählen einsetzen)	5-10 min
	Pause	3-4 min
	E) **Touch Step und Cross Step** (kurz wiederholen)	1-2 min
	F) **Richtungsgehen und -drehen** (Erklärung der Anatomie des Fußes)	10 min
60 min	G) **Choreografie zusammensetzen und oft tanzen**	15 min

Stundenablauf 2. Stunde

Gesamtzeit	Inhalt	Zeiteinteilung
	A) Ankommen: Vorstellung – **Bouncen** (verschiedene Richtungen und Erklärungen)	3-4 min
	B) Touch Step (evtl. mit gleichseitigen Armbewegungen, langsamer Double Step, evtl. mit Armen)	6-8 min
	C) Cross Step (Arme nach hinten schwingen und Wrist Roll, vorwärts, rückwärts, zählen einsetzen)	5-10 min
	D) Vor- und zurückgehen (evtl. mit Figuren)	5 min
28 min	**E) Seitliches Gehen** (vorne und hinten kreuzen)	3-4 min
	Pause	2 min
	E) Seitliches Gehen (Wiederholen)	3-4 min
	F) Raute-Schritt und Drehen üben für die Raumwege-Warm-up-Choreografie (Erklärung)	15 min
60 min	**G) Choreografie mehrmals mit Erweiterungen tanzen**	10 min

Stundenablauf 3. Stunde

Gesamtzeit	Inhalt	Zeiteinteilung
	A) Ankommen – Bouncen	3 min
	B) Double Step (alle Armvariationen)	8-10 min
	C) Taktlehre Bodypercussions	5-10 min
30 min	**D) Cross Step** zählen (einsetzen)	5-8 min
	Pause	3-4 min
	E) Vor-zurück-seit-seit-Gehen mit Kick und Raute-Schritt üben (Gegenrichtung)	12 min
60 min	**F) Choreografie mehrmals mit den neuen, vollständigen Erweiterungen tanzen**	12 min

Stundenablauf 4. Stunde

Gesamtzeit	Inhalt	Zeiteinteilung
	A) Ankommen – Bouncen	2 min
	B) Double Step (mit allen Armvariationen)	3 min
	C) Cross Step (die „Einer" erklären und von 8 Schritten bis zu den „Einern" alle Stufen durchgehen 8,4,2,1)	5-10 min
20 min	**D) Einführung in das Workout** (Liegestütze, Sit-ups, Back-ups)	5-7 min
	Pause	2 min
	E) Einführung in das Stretching (Erklärungen, Korrekturen)	30-35 min
60 min	**F) Choreografie mehrmals mit Erweiterungen tanzen**	3-5 min

Stundenablauf 5. Stunde

Gesamtzeit	Inhalt	Zeiteinteilung
	A) Ankommen – Bouncen – Double Step (mit allen Armvariationen)	3 min
	B) Cross Step (mit allen Armvariationen) und **Raumwege-Warm-up-Choreo**	3-5 min
	C) Workout (Liegestütze, Sit-ups, Back-ups)	2-3 min
	D) Stretching	5-7 min
35 min	**E) Einführung in die Bodyworks** (Erklärungen zur Wirbelsäule etc.)	15 min
	Pause	2-3 min
	F) Seitliches Gehen mit Pas de bourrée (genaues Erklären der Durchführung und in die Choreografie einsetzen)	15 min
60 min	**G) Choreografie tanzen** (mehrmals mit allen Erweiterungen durchsprechen, neu arrangieren, korrigieren und tanzen)	10 min

Stundenablauf 6. Stunde

Gesamtzeit	Inhalt	Zeiteinteilung
	A) **Ankommen – Bouncen – Double Step** (mit allen Armvariationen)	3 min
	B) **Cross Step** (mit allen Armvariationen) und **Raumwege-Warm-up-Choreo**	4 min
	C) **Workout** (Liegestütze, Sit-ups, Back-ups)	2 min
	D) **Stretching**	5 min
	E) **Double Step gegengleich** (mit allen Armvariationen und Beinvariationen)	10 min
30 min	F) **Weiterführung der Bodyworks** (mit Erklärungen)	8 min
	Pause	2-3 min
	G) **Seitliches Gehen mit Pas de bourrée** (üben)	5 min
	H) **Taktlehre: Bodypercussions und im seitlichen Gehen**	15-20 min
60 min	I) **Choreografie tanzen** (üben, korrigieren und tanzen)	5 min

Stundenablauf 7. Stunde

Gesamtzeit	Inhalt	Zeiteinteilung
	A) Ankommen – Bouncen (verschiedene Richtungen)	2 min
	B) Double Step + Gegengleich (mit allen Arm- und Beinvariationen)	6 min
	C) Cross Step (mit allen Armvariationen) und **Raumwege-Warm-up-Choreo**	3 min
	D) Bodyworks	4 min
	E) Workout (Liegestütze, Sit-ups, Back-ups)	2 min
	F) Stretching	5 min
26 min	**G) Seitliches Gehen mit Pas de bourrée und Taktlehre** (kurz ansprechen)	3 min
	Pause	3 min
	H) Seitliches Gehen mit Pas de bourrée und Taktlehre (Nochmals erklären und wiederholen und korrigieren)	10 min
	I) Platz für zusätzliche Tanztechnik/ Bewegungen, z. B.: • **aus dem Warm-up** • **Running Man oder Salsa Rock** • **Waves oder Popping** • **Six Step … etc**	12-15 min
60 min	**J) Choreografie tanzen** (neue Teile hinzufügen)	8 min

Stundenablauf 8. Stunde

Gesamtzeit	Inhalt	Zeiteinteilung
	A) Ankommen – Bouncen (verschiedene Richtungen)	2 min
	B) Double Step + Gegengleich (mit allen Arm- und Beinvariationen)	3 min
	C) Cross Step (mit allen Armvariationen) und **Raumwege-Warm-up-Choreo**	3 min
	D) Bodyworks	3 min
	E) Workout (Liegestütze, Sit-ups, Back-ups)	2 min
	F) Stretching	4 min
30 min	**G) Zeit für Wiederholung, Korrektur und Verbesserung von unsauberen oder mangelhaften Warm-up-Übungen**	13 min
	Pause	3 min
	H) Platz für zusätzliche Tanztechnik / Bewegungen z. B.: • **aus dem Warm-up** • **Running Man oder Salsa Rock** • **Waves oder Popping** • **Six Step … etc**	15 min
60 min	**J) Choreografie kreativ erweitern, üben und tanzen** (evtl. neue Aufstellung generieren)	12 min

Stundenablauf 9. Stunde

Gesamtzeit	Inhalt	Zeiteinteilung
	A) Kapitel 5.5.4 Das Finale Warm-up-Programm	12-15 min
30 min	B) Zeit für Wiederholung, Korrektur und Verbesserung von unsauberen oder mangelhaften Warm-up-Übungen oder C) Platz für zusätzliche Tanztechnik/ Bewegungen z. B.: • aus dem Warm-up • Running Man oder Salsa Rock • Waves oder Popping • Six Step … etc	15 min
	Pause	3 min
	B) und C) sind Impulse für das, was nach den ersten zehn Stunden für die Tanzschüler zu erwarten ist, wenn sie den Kurs weiterhin besuchen. Kurz: Der Lehrer muss den Schülern Lust aufs Tanzen machen.	20 min
60 min	D) Choreografie kreativ erweitern, üben und tanzen (evtl. neue Aufstellung generieren)	7 min

Stundenablauf 10. Stunde

Gesamtzeit	Inhalt	Zeiteinteilung
	A) Kapitel V.5.4 **Das finale Warm-up-Programm** **Das ist das Zeitfenster, das für immer als Routine und Ritual zum Trainieren der Tanzgrundlagen und des Grooves bestehen bleibt!**	12-15 min
30 min	**B)** Die zusätzlichen Tanztechniken / Bewegungen üben, wiederholen und differenzieren **Das ist das Zeitfenster, das uns in Zukunft für Tanztechnik, Bewegungslehre und das Lernen von verschiedenen Stilarten zur Verfügung steht!**	15 min
Pause		3 min
		15 min
60 min	**C) Choreografie üben und tanzen** (evtl. schneller und verschiedene Musik ausprobieren) **Das ist das Zeitfenster, das uns in Zukunft für das Zusammensetzen und Üben der Choreografie wie auch für die ästhetische Arbeit dient!**	15 min

Abschließend festgestellt: Es lohnt sich, diese Tabellen genauer zu betrachten und die generelle Zeiteinteilung des Unterrichts hiernach zu gestalten. Die Lerngeschwindigkeit jeder Gruppe ist jedoch anders. Deswegen muss die Menge an Lernstoff dem Lernerfolg der Gruppe angepasst werden. Dies kannst du nur sinnvoll bewerkstelligen, wenn du die Gruppe zur Beobachtung regelmäßig allein arbeiten lässt.

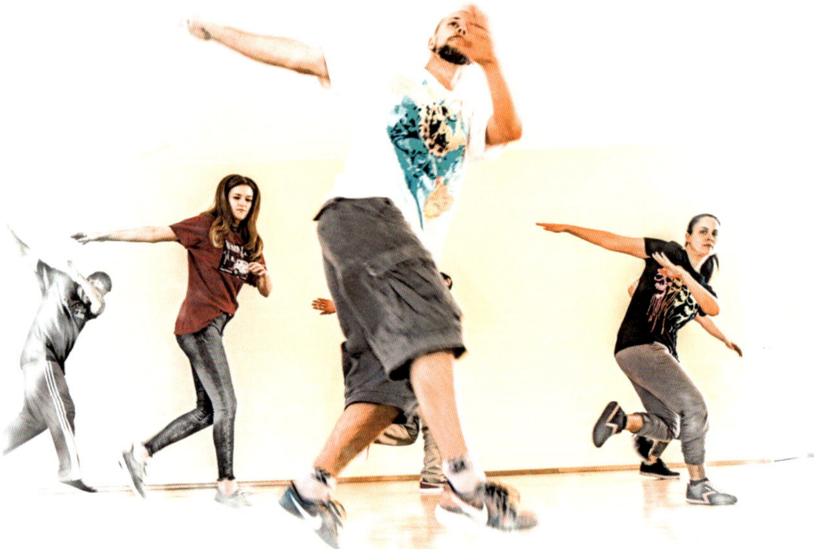

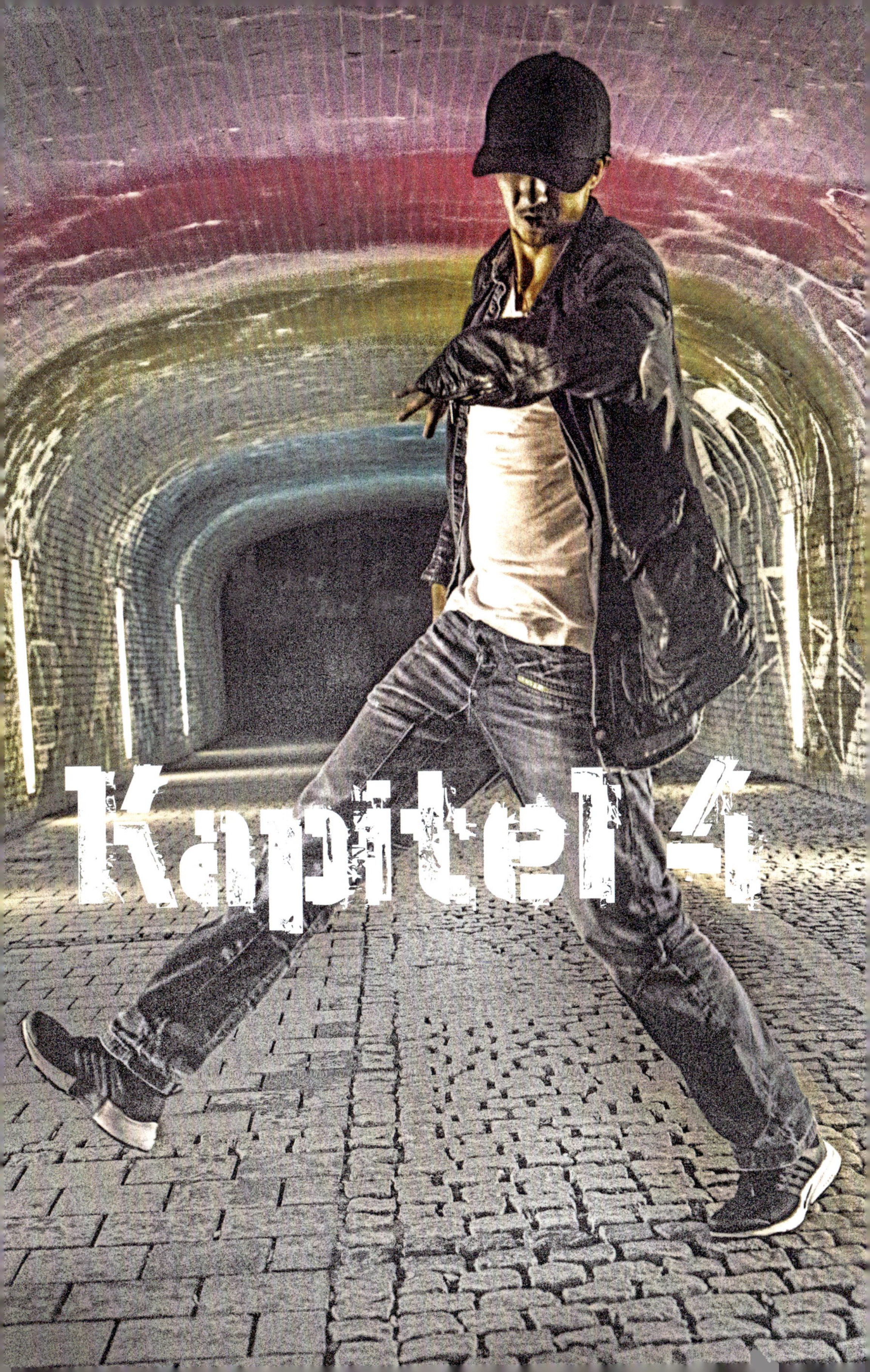
Kapitel 4

4 Die HipHop-Basics

Information

Jeder Lehrer kann seinen Unterricht nach eigenem Ermessen gestalten, allerdings sollte in seinem Kopf stets die Tatsache präsent sein, dass es um die Erweiterung der Fähigkeiten und Fertigkeiten des Schülers und nicht um den Anspruch, den Spaß oder gar die Show des Lehrers geht.

Deshalb erscheinen nun folgenden Tanzbewegungen erst einmal nicht als das „HipHop-Tanzen", das man aus den Medien kennt. Ich habe jedoch schon tausendfach in meinem Unterricht nachgewiesen, dass dieser Zehn-Stunden-Basic-„Drill" den schnellsten und sinnvollsten Einstieg ins urbane Tanzen darstellt, ohne weniger talentierte Menschen oder spezielle Lerntypen auf der Strecke zu lassen!

Ich kann bei Anfängern nicht gleich mit voll ausgearbeitetem Unterrichtsstoff beginnen, auch nicht mit einem voll auschoreografierten Tanz auf eine komplexe Musik. Vielmehr benötigt der Schüler einen sinnvollen Einsteiger-Tanz, der aus aufeinander folgenden Basic-Bewegungen und einer einfachen „Acht-Zähler-pro-Einzelbewegung"-Struktur besteht. Ich muss unbedingt darauf achten, dass ich die Schüler dort abhole, wo sie sind und nicht dort, wo ich sie für den Unterricht gerne hätte. Die Fähigkeiten, mit dem Körper zu arbeiten, Bewegungen aufzugreifen und umzusetzen, Rhythmus- und Tanzgefühl zu empfinden und überhaupt aufnahmefähig zu sein, müssen von ca. 70 % aller Schüler erst gelernt, geübt und etabliert werden.

Um den Schüler neugierig zu halten und auch nicht zu unterfordern, sollten zwar auch Tanztechniken mit etwas höherem technischen Anspruch eingeführt werden, dennoch ist der Zeitpunkt dafür sehr abhängig von der Leistungsbereitschaft des Schülers.

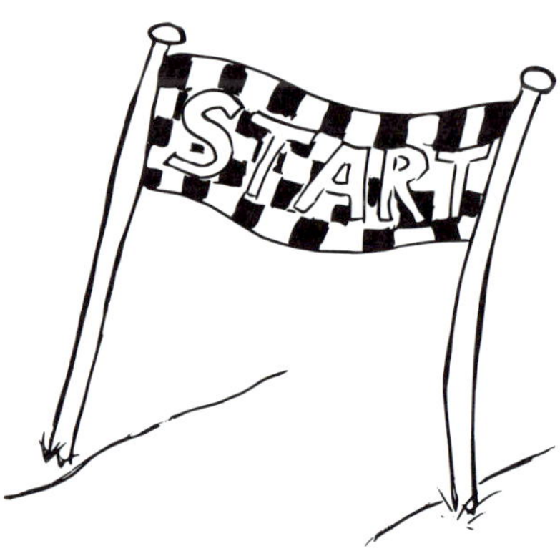

Also zieht die Schnürsenkel fest und schnallt den Rucksack enger, denn jetzt geht's wirklich los.

4.1 Die erste Stunde einer neuen Anfänger-Gruppe „Stehen, Gehen, Drehen und Tanz"

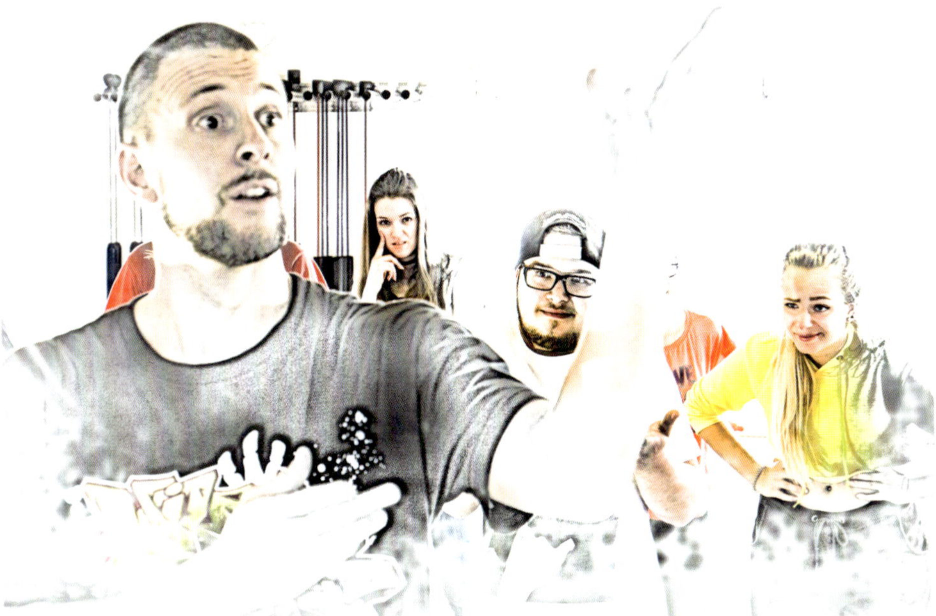

Pädagogischer Tipp

Begrüßung und Vorstellung: Ich empfange die Gruppe mit einer deutlichen Begrüßung, stelle mich kurz vor und schildere meine tänzerische Erfahrung, um das Vertrauen der Schüler zu erlangen. Ich gebe auch einen kleinen Einblick in die Geschichte der HipHop-Kultur, da es vielen Schülern das Gefühl gibt, zukünftig einer Community anzugehören. Eine kurze Bemerkung zur im Kurs verwendeten Musik rundet die Vorstellung und Präsentation meiner Person ab. Durch diese Darbietung zeige ich auch eine gewisse Professionalität, was das positive Klima in der Gruppe und der gesamten Stunde ebenso fördert.

Raum: Nun ist es erforderlich, die Schüler in eine geordnete Tanzklassenaufstellung (alle Schüler stehen in eine Raumrichtung ausgerichtet, siehe Grafik) zu bringen. Hierbei ist darauf zu achten, dass jeder genügend Platz hat und der Raum vollständig genutzt wird. Oft ist es so, dass man die eine oder andere schüchterne Dame noch an der Hand nehmen muss, um diese an einen freien Platz zu stellen, aber dann geht es auch gleich weiter. Bei einem sehr großen Raum empfiehlt es sich, den Arbeitsbereich einzugrenzen. In einer Turnhalle z. B. können die Linien am Boden oder Langbänke als räumliche Begrenzung hilfreich sein. Ist die Gruppe zu weit im Raum verstreut aufgestellt, ist es für den Lehrer anstrengender, die Aufmerksamkeit und Kontrolle über die Gruppe zu behalten.

Pädagogischer Tipp

Es ist sinnvoll, gleich zu Anfang ein Arbeitsbündnis darüber zu schließen, dass ab jetzt alle immer genau in dieser Position den Unterricht beginnen sollten, bis eine Änderung angesagt, besprochen oder gewünscht wird.

Tanzklassenaufstellung „GUT":
Der Platz im Raum ist sinnvoll genutzt, alle können den Lehrer und eventuell sich selbst im Spiegel sehen, und der Lehrer kann alle Schüler sehen.

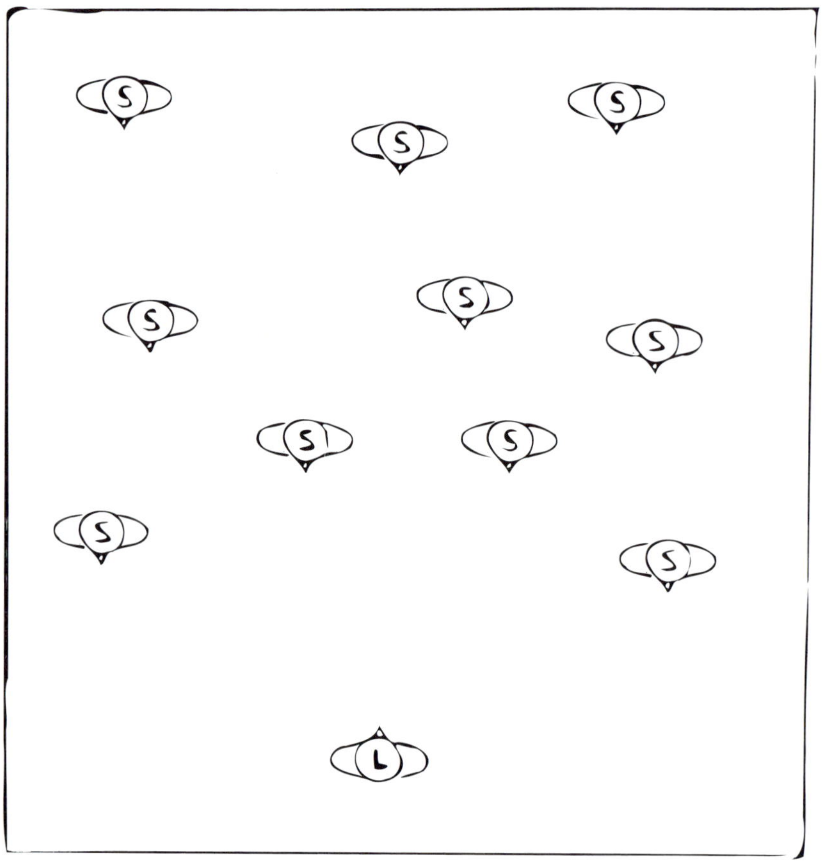

Tanzklassenaufstellung „NICHT SO GUT":

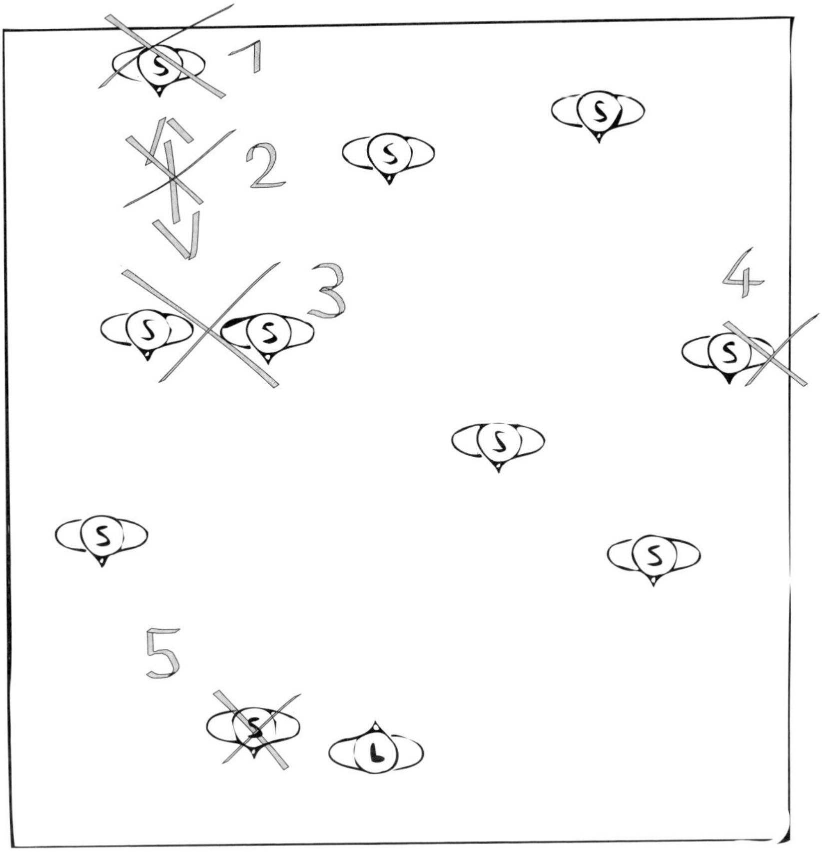

1. Der Schüler steht mit dem Rücken zur Wand, die Bewegungsfreiheit ist eingeschränkt, es besteht Verletzungsgefahr.
2. Die Sicht zum Lehrer ist blockiert, genau wie die Sicht zum Schüler für den Lehrer blockiert ist.
3. Die Schüler stehen zu eng zusammen, die Bewegungsfreiheit ist eingeschränkt, es besteht Verletzungsgefahr.
4. Der Schüler steht seitlich zu nah an der Wand, die Bewegungsfreiheit ist eingeschränkt, es besteht Verletzungsgefahr.
5. Der Schüler steht zu nah am Lehrer, die Bewegungsfreiheit ist eingeschränkt, es besteht Verletzungsgefahr, subtile Untergrabung der Autorität. Vorsicht, das kann ein Anzeichen für ein massives Gruppenproblem sein, das etwas mit der sozialen Stellung des Lehrers zu tun hat, es sollte beachtet und behoben werden!

Wenn alle dann ihren Platz gefunden haben und ich meine Schüler im Raum ordentlich arrangiert habe, kommen folgende Instruktionen:

Methode

Regel Nr. 1:
Als erstes den Körperraum mit vorne (dort, wo das Brustbein ist), hinten, rechts, links, oben, unten benennen.

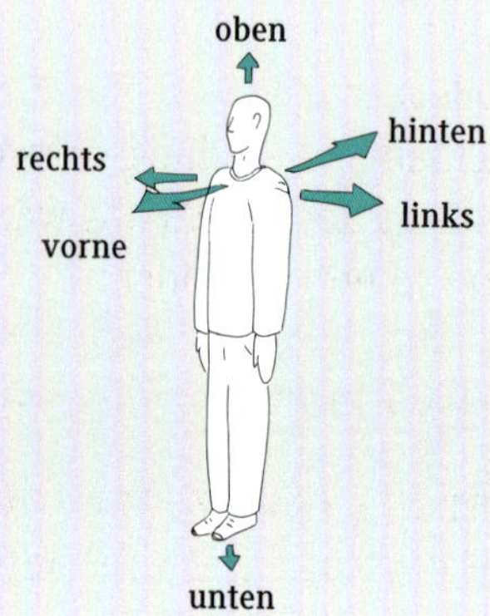

Regel Nr. 2:
Den Unterschied vom Körperraum zu den Raumrichtungen im Tanzsaal (Spiegelseite, Fensterseite, Türseite, Musikseite usw. (Kapitel 2.1.3 Raum) herausarbeiten.

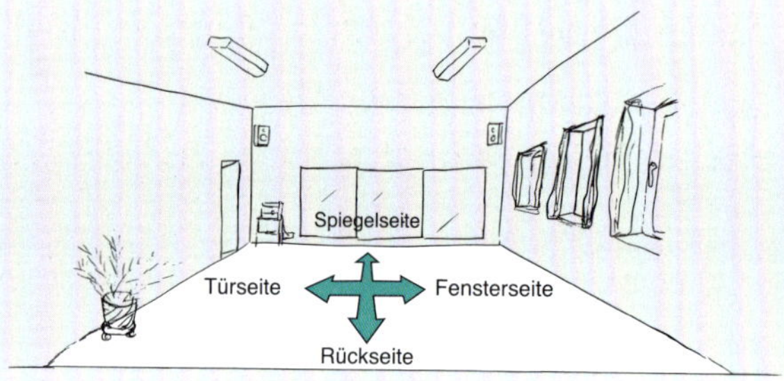

Dies sorgt von Anfang an für Klarheit und hilft ungemein beim weiteren Verlauf des Kurses.

Mögliche Raumaufstellungen sind im Zusatzkapitel 8.1 Raumaufstellungen der Vollständigkeit halber aufgezeichnet. Wohin jeder einzelne Schüler / Tänzer in den jeweiligen Aufstellungen ausgerichtet ist, hängt von der Kreativität des Lehrers und auch vom Leistungslevel der Schüler ab und ist somit variabel.

Nun kommt das Material:
In Bezug auf den Lernstoff sollte das Material leicht genug sein, damit es für den Schüler einfach ist, einzusteigen. Es sollte jedoch so anspruchsvoll sein, dass er ein Gefühl für das Tanzen bekommt. Ebenso soll der Schüler mit einem guten Gefühl aus der Stunde gehen und neugierig auf die nächste Stunde sein. Um diesen Anforderungen gerecht zu werden, beginnt man am besten mit den drei fundamentalen Bestandteilen aller Tänze:

Stehen → Gehen → Drehen

Um die Aufmerksamkeit des Schülers voll und ganz auf sich und den Unterricht zu fokussieren, stelle ich zuallererst eine Frage: „Was ist die wichtigste Bewegung des Menschen?" Hier lautet die richtige Antwort: „Atmen!" (Das Auf und Ab bzw. Heben und Senken des Brustkorbs). Wichtig wäre für mich noch, zwischen der Bauch- und der Brustatmung zu unterscheiden:

Bauchatmung (Zwerchfellatmung):
Das Zwerchfell spannt sich an (kontrahiert), verursacht einen Unterdruck im Brustkorb und zieht somit durch die Atemwege Luft in die Lungen, während es die Organe nach unten drückt. Dies bewirkt eine verstärkte Auswärtswölbung des unteren Bauchbereiches.

Links: Haltung nach dem Einatmen.
Rechts: Haltung im entspannten Zustand nach dem Ausatmen.

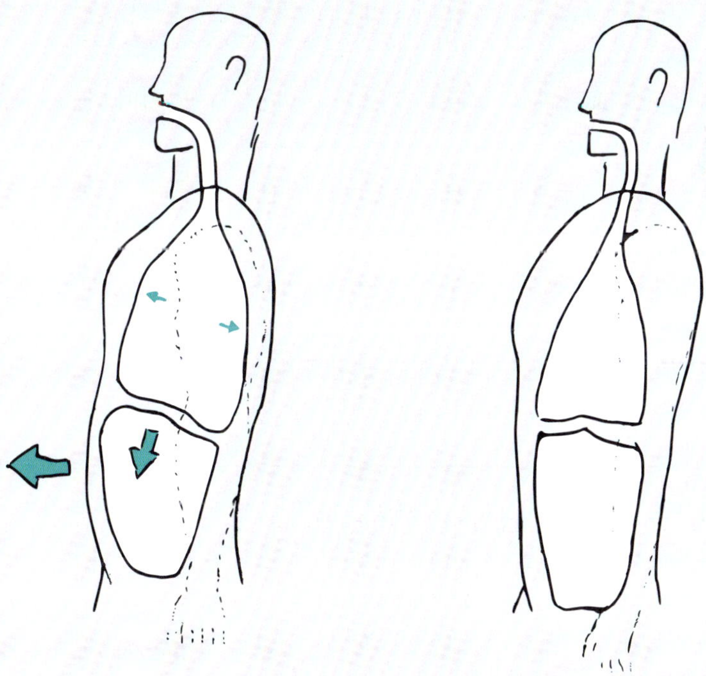

Brustatmung:
Durch das Anheben des Brustbeins, das Weiten und Auffächern der Rippen und das leichte Anheben der Schultern während sich das Zwerchfell anspannt, entsteht ein Unterdruck im Brustkorb. Dieser Unterdruck verursacht das Einfließen der Luft durch die Atemwege, wobei der Bauch unter leichter Spannung steht und den Organen keinen Platz zum Ausweichen gibt.

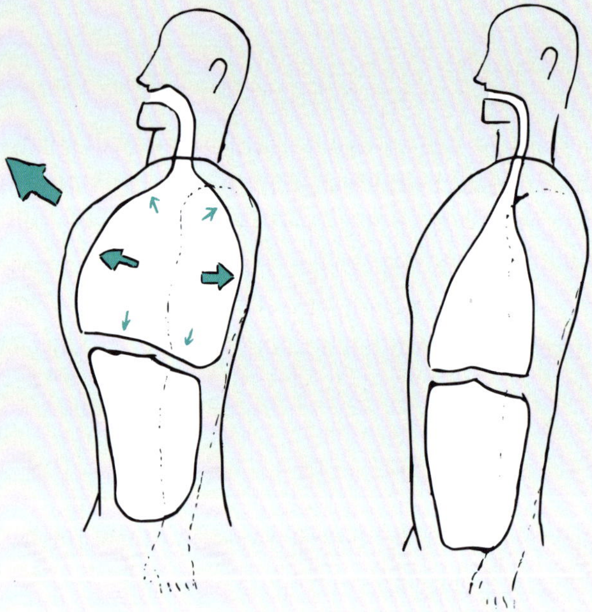

Stehen → Gehen → Drehen

4.1.1 Bounce

Methode

Praktische Arbeitsaufgabe

Dies ist eine praktische Arbeitsaufgabe in Einzelschritten zuerst ohne Musik, dann zur Musik in ¼-Geschwindigkeit, ½-Geschwindigkeit und Originalgeschwindigkeit eines HipHop-Lieds mit deutlicher, aber einfacher Taktstruktur:

- Nun gebe ich den Schülern den Impuls, sich auf die Brustatmung zu konzentrieren und diese Bewegung immer größer und intensiver werden zu lassen.
- Dann erfolgt die Anweisung, beim Ausatmen die Luft richtig auszustoßen, die Gesamtbewegung beim Ausatmen wirklich fallen zu lassen und die Knie beim Sinken leicht zu beugen.
- Beim darauffolgenden Einatmen sollen die Knie wieder gestreckt werden (also aufrichten).
- Nun erkläre ich, dass die Schüler hiermit den Einstieg in den HipHop-typischen „Bounce" gefunden haben.

Information

Im Stehen zu tanzen bedeutet, die Musik zu hören und sich auf die Musik einzustimmen, den Groove der Musik durch Bouncen aufzugreifen (mit dem Kopf, dem Oberkörper im Zusammenspiel mit den Knien und den Schultern sinken und aufsteigen). Zielsetzung hierbei ist es, durch das Einbeziehen des Rumpfes und der Schultern, den Körper und dadurch auch die Stimmung der Schüler zu lockern. Ich gebe die Anweisung, die Hände flach auf die Oberschenkel zu legen (dann sind diese aufgeräumt) und versuche, mit den Schülern gemeinsam nach vorn, hinten und zur Seite zu bouncen. Der Hinweis, den Kopf mitzufedern, soll dem Schüler helfen, sich weiter zu lockern, und das Auf und Ab der Knie rundet dann die Bewegung ab. Die Rhythmik der Musik soll vom Hören ins Spüren übergehen.

4.1.2 Touch Step

Nun erweitere ich das Bouncen mit Schrittkombinationen und Armbewegungen, die je nach Vorankommen der Schüler in der ersten Stunde integriert werden. Damit rege ich die Arme und Beine dazu an, sich ebenfalls rhythmisch zu bewegen und ich habe auch gleich ein Koordinationstraining.

Methode

Standbein / Spielbein:

Zuallererst empfehle ich noch die Begriffe „Standbein" und „Spielbein" zu klären: Wenn ich mein Gewicht auf einen Fuß verlagere, kann ich mit dem anderen Fuß über den Boden gleiten oder ihn gar in die Lüfte schwingen:

- Das Standbein ist das Bein, auf dem das Hauptgewicht des Körpers lagert.
- Das Spielbein ist das Bein, welches durch weniger oder keine Belastung oder vollständiges Anheben mehr Bewegungsfreiheit zum „Spielen" hat als das Standbein.

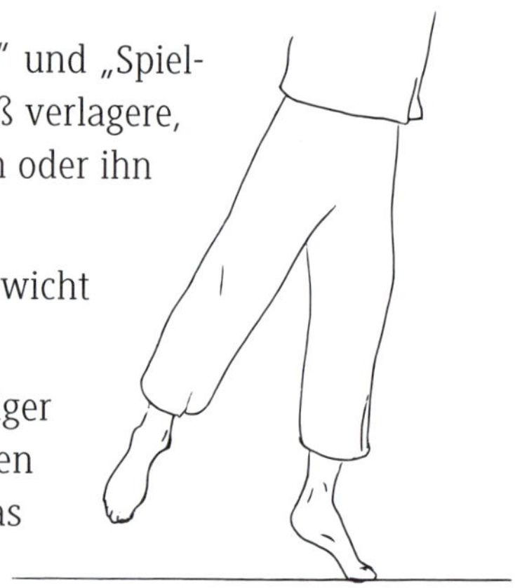

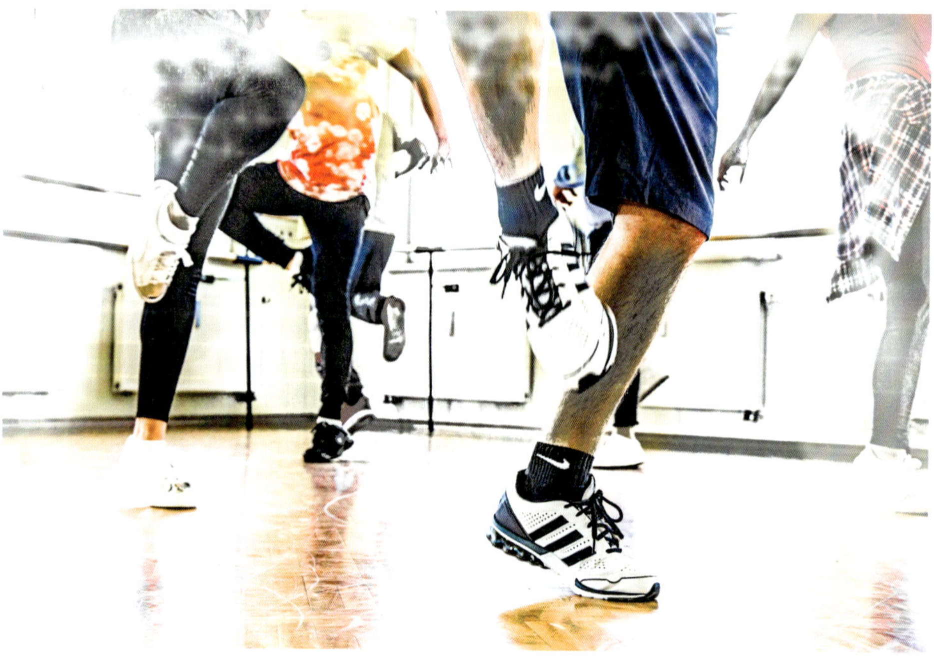

Ausgangsposition / Grundstellung:
Nun kläre ich noch den Begriff der Ausgangsposition: Die Ausgangsposition ist die meist aufrechte Grundstellung für eine Übung. Die Ausgangsposition der Schüler in meinem Unterricht ist ein etwa schulterbreiter Stand. Solange die Hände oder Arme keine Aufgabe haben, werden diese sozusagen auf den Oberschenkeln „geparkt":

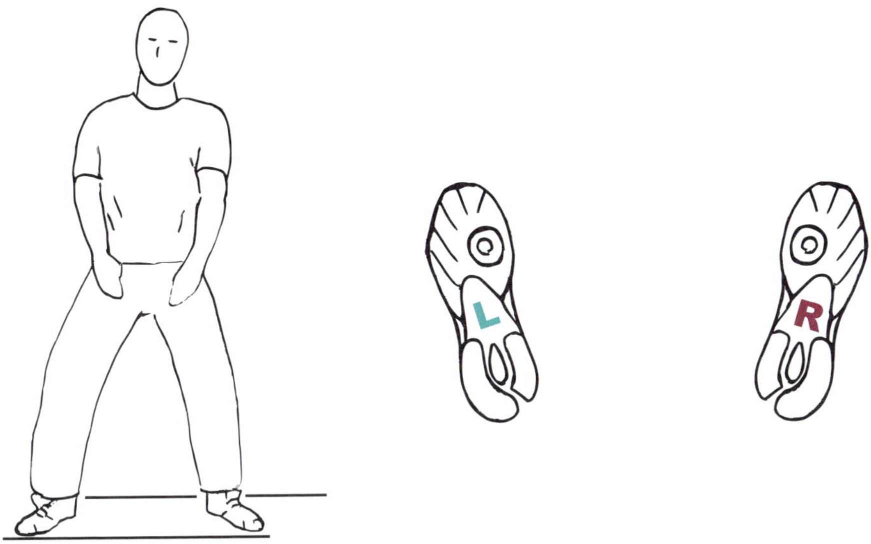

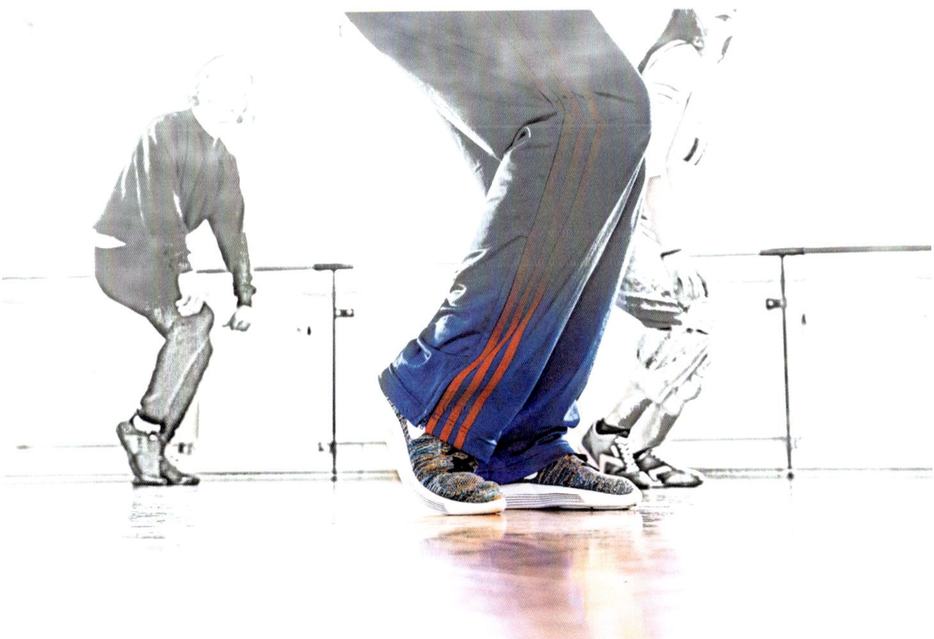

Praktische Arbeitsaufgabe

Touch Step: Dies ist eine praktische Arbeitsaufgabe in Einzelschritten, zuerst ohne Musik, dann zur Musik in ¼-Geschwindigkeit, ½-Geschwindigkeit und Originalgeschwindigkeit eines HipHop-Liedes mit deutlicher, aber einfacher Taktstruktur:

- Wir verlagern uns von der Ausgangsposition aus mit dem Gewicht auf eine Seite (Standbein),
- heben den unbelasteten Fuß (Spielbein),
- bewegen diesen in Richtung des anderen Fußes (von außen nach innen),
- tippen mit dem Fußballen neben der Innenseite des belasteten Fußes auf den Boden
- und stellen ihn zurück in die Ausgangsposition.
- Dasselbe wiederholen wir jetzt mit dem anderen Fuß, also in die andere Richtung und ununterbrochen immer zwischen rechts und links abwechseln.
- Dabei können wir alsbald das Bouncen einbauen.

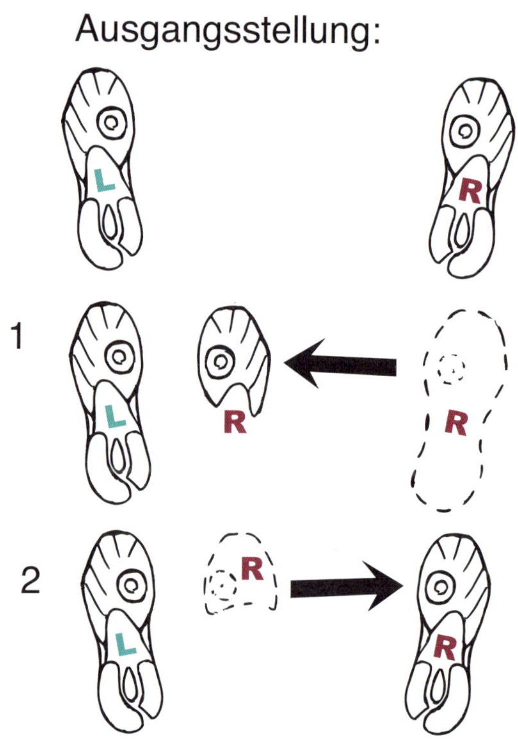

Praktische Arbeitsaufgabe

Variationen der Arme: Beim Touch Step ist die erfahrungsgemäß einfachste Armbewegung das Beugen des Ellbogens:

- Dafür strecken wir beide Arme zu den Seiten, parallel zum Boden.
- Die Handflächen zeigen nach unten.
- Nun beugen wir den Ellbogen auf derselben Seite, auf der die Schrittbewegung nach innen gemacht wird, bis der Daumen (der sich bewegenden Hand) kurz vor dem Brustkorb ankommt.
- Sofort wird der Arm zusammen mit dem Spielbein wieder in die Ausgangsstellung zurückbewegt.

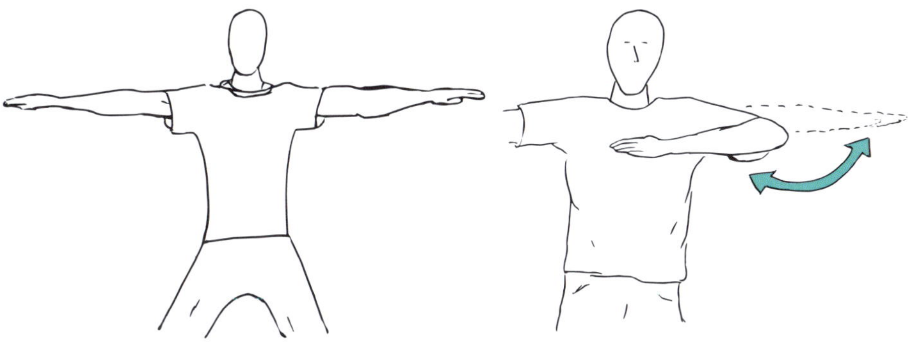

Praktische Arbeitsaufgabe

Variationen der Beine: Ebenso kann ich verschiedene Auftrittsflächen des Fußes verwenden (Ballen, Ferse, ganze Sohle etc.) und das Bein in den Hüften ein- oder ausdrehen. Hier zwei Beispiele:

1. Wir drehen das Knie nach innen und stellen den Fuß auf der Spitze ab.
2. Wir stellen die Ferse nach innen vorn ab, während wir das Knie nach außen drehen.

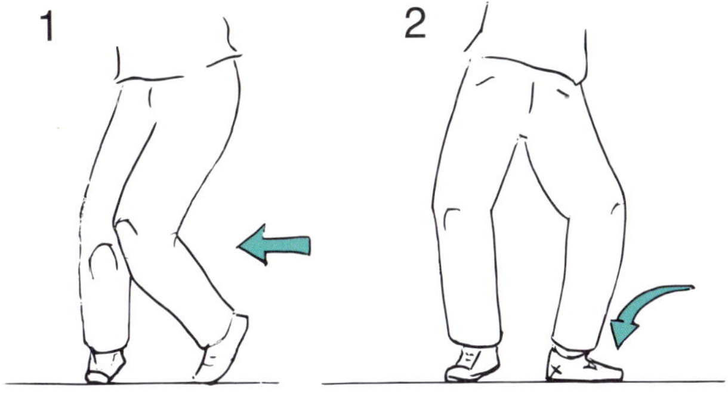

Praktische Arbeitsaufgabe

Variationen zur Rhythmik: der Time Step => Double Step: Der Time Step ist ein Bewegungsrhythmus, bei dem im Takt auf die Drei und die Vier – genau wie auf die Sieben und die Acht – eine Bewegung (der Schritt, die Armbewegung, der Bounce etc.) doppelt ausgeführt wird. Nach den aufgezeigten Varianten dieser Bewegungsform kann man den Touch Step weiter ausdifferenzieren und den „Time Step" einführen. Der Touch Step, als Time Step ausgeführt, sieht folgendermaßen aus:

- Wenn wir mit dem rechten Fuß begonnen haben, wird das Gewicht bei den Zählern Drei und Vier auf dem linken Bein gehalten, auf den Zählern Sieben und Acht auf dem rechten Bein.
- Der rechte Fuß (auf Sieben und Acht der linke Fuß) wird zweimal nach innen getippt und wieder nach außen gestellt.
- Als Mantra auf „Eins, Zwo, Drei, Vier, Fünf, Sechs, Sieben, Acht." gesprochen: „Rechts, links, rechts, rechts, links, rechts, links, links."

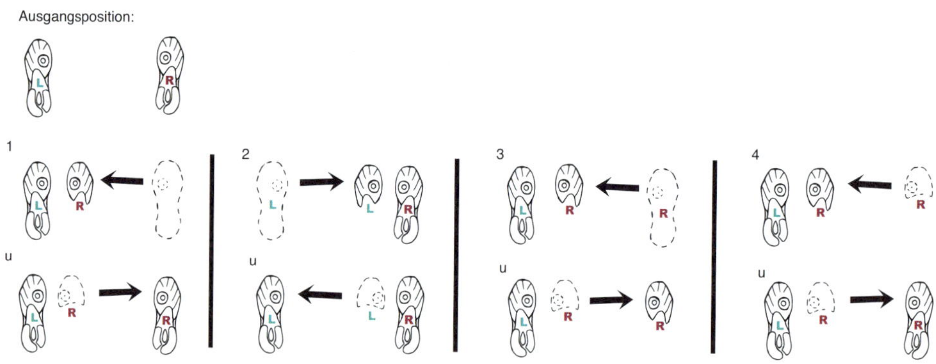

Information

Den Time Step kann ich für alle möglichen Bewegungskombinationen verwenden. Den Time Step in Verbindung mit dem Touch Step nenne ich dann „Double Step". Sollte der Double Step von der Mehrheit der Schüler in der ersten Stunde noch nicht ausgeführt werden können, bleibe ich besser erst mal beim Touch Step, um den Fluss der Stunde beizubehalten und nicht zu viel Zeit zu verbrauchen. Auch könnte es hilfreich sein, zuerst die Taktlehre (4.1.4 Rhythmus und Taktlehre) anzusprechen, bevor ich den Touch Step zum Double Step erweitere.

4.1.3 Cross Step

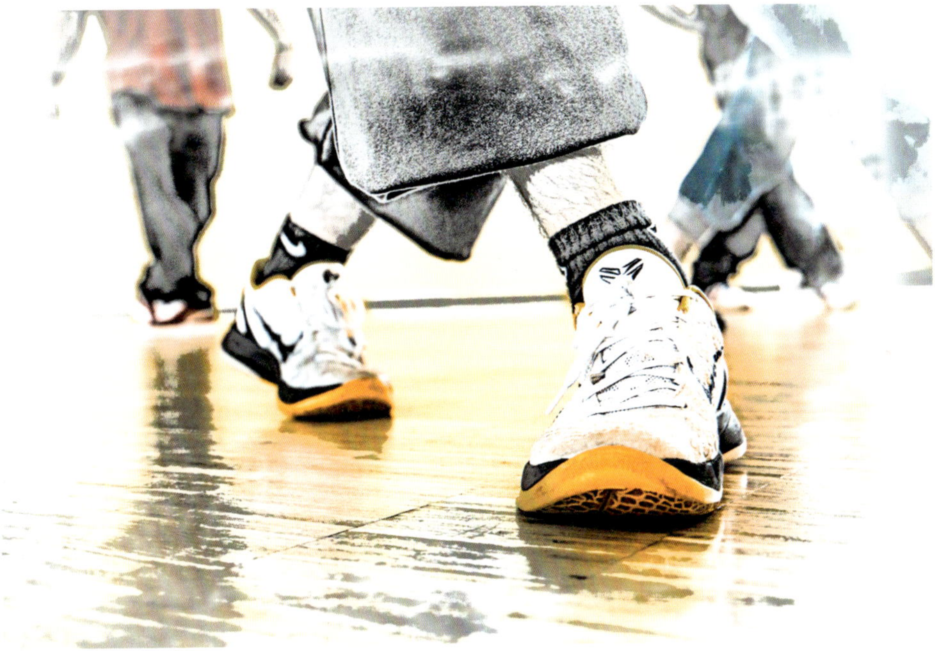

Sobald die Schüler sich mit der Rhythmik und dem Touch Step angefreundet haben, kann ich mit dem „Cross Step" gleich wieder Abwechslung in die Stunde bringen. Dieser Schritt wird beim B-Boying auch als Indian Step bezeichnet und verstärkt nun die Ganzkörpererfahrung beim Bewegen zur Musik.

Praktische Arbeitsaufgabe

Nach vorn: Dies ist eine praktische Arbeitsaufgabe in Einzelschritten, zuerst ohne Musik, dann zur Musik in ¼-Geschwindigkeit, ½-Geschwindigkeit und Originalgeschwindigkeit eines HipHop-Liedes mit deutlicher und einfacher Taktstruktur:

- Aus der Ausgangsposition verlagern wir unser Gewicht nach seitlich vorne, sodass ein Bein zum Standbein wird, um das andere Bein vom Boden abzuheben.
- Das hierbei entstandene Spielbein stellen wir schräg vor das Standbein auf den Fußballen, wobei der Oberkörper sich leicht in die Gegenrichtung diagonal nach hinten beugt.

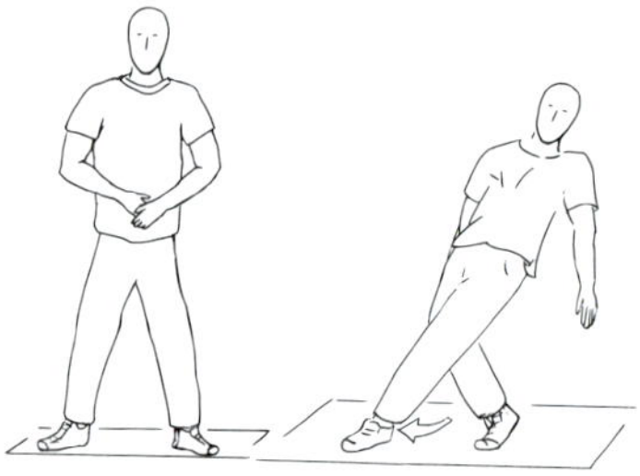

- Beim Abstellen verlagert sich das Gewicht für einen kurzen Moment auf beide Füße, wonach sich das nach vorn gestellte Bein mit einem plötzlichen Abstoßen wieder vom Boden entfernt.
- Nun führen wir das Spielbein wieder an seinen Ausgangspunkt zurück und wiederholen das gleiche „Spiel" in die andere Richtung mit dem anderen Bein.

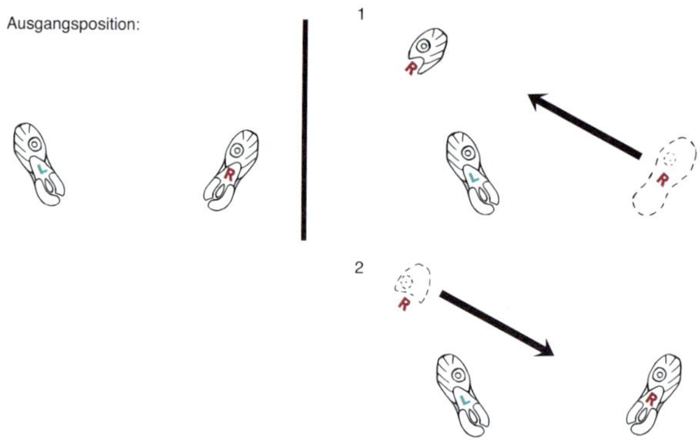

Nach hinten:

- Der Aufbau des Schrittes ist natürlich der gleiche wie beim Cross Step nach vorne, nur stellen wir jetzt das Spielbein schräg hinter das Standbein und verlagern das Gewicht nach seitlich hinten.
- Ebenso beugen wir den Oberkörper leicht diagonal nach vorn und verlagern das Gewicht für einen kurzen Moment auf beide Füße.
- Den nach hinten gestellten Fuß heben wir im Anschluss wieder durch Abstoßen an und setzen ihn in die Ausgangsposition zurück.

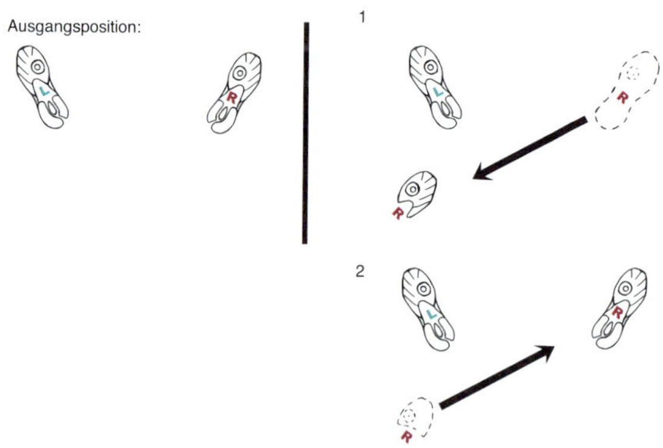

Information

Die erfahrungsgemäß einfachste Bewegung beim Cross Step ist, die Arme im Stehen mit parallelen Beinen an den Händen oder Handgelenken zu kreuzen und beim Kreuzen der Beine zu öffnen, um die Arme seitlich am Körper vorbei nach hinten schwingen zu lassen. Ich bringe dann die Arme natürlich wieder zurück in die Ausgangsposition mit parallel gestellten Beinen und gekreuzten Armen oder Händen (siehe Grafiken Cross Step). Wenn ich den Cross Step in Originalgeschwindigkeit zum Takt durchführe, stelle ich fest, dass hier eine gewünschte Dynamik entsteht. Ein Federn in den Sprunggelenken und Knien sowie der Aufwärtsimpuls des Bounces lassen das erwähnte Tanzgefühl beim Ausführen entstehen.

Methode

4.1.4 Rhythmus und Taktlehre

(siehe Kapitel 2.1.4 Zeit)

Bevor man mit weiterem Bewegungsmaterial im Unterricht fortfährt, sollten noch einige Worte über das Zählen von Takt und die Verwendung des Zählens im Unterricht fallen. Um das Thema anzusprechen und die Sympathie und Aufmerksamkeit der Gruppe zu wecken, frage ich zunächst, ob jemand im Raum ein Instrument spielt oder gespielt hat. Die nächste Frage ist, ob diesen Schülern der Viervierteltakt ein Begriff ist. Ich gebe dafür kurz Zeit und warte auf Rückmeldungen. Im Anschluss erkläre ich allen, dass es in der Musik einen Viervierteltakt gibt und dass wir im Tanz nicht nur bis vier zählen – wie in der Musik –, sondern generell von EINS bis ACHT.

Ich erläutere weiter, dass dies unter anderem daran liegt, dass im HipHop zu 99 % der Viervierteltakt verwendet wird. Die Melodiebögen von vielen Liedern passen meist auf zwei Viervierteltakte – also acht Zähler –, außerdem ist die Merkfähigkeit des Kurzzeitgedächtnisses für zusammenhängende Bewegungsabläufe in der Größenordnung von acht Zählern optimal. Deshalb nehmen wir zwei Viervierteltakte zu einem vollständigen „Achter" zusammen.

Zum Einstieg in das Zählen hier noch ein wenig genauer aufgezeichnet wie Takt allgemein als Achter gezählt wird und funktioniert:

TG00

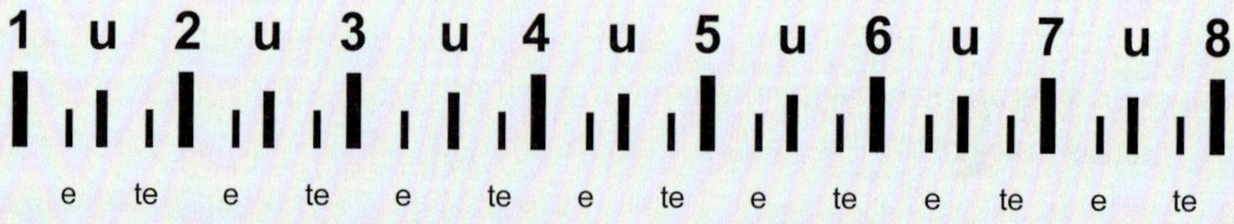

Die Zähler sind: 1,2,3,4,5,6,7,8.
Genau zwischen den ganzen Zählern ist das UND (u).
Zwischen den Zählern und dem UND sind weitere UNDs (das „e" und das „te"). Diesen Takt mit allen UNDs zählt man dann gesprochen: Eins – e – und – te, Zwei – e – und – te, Drei – e – und – te-... usw., was eine 16tel-Taktung wäre. Alles zusammen von 1 bis 8 nennt man im Tanz einen Takt oder einen Achter.

Information

Ich empfehle jedem, der mit Schülern einen vom Takt abhängigen Tanz erarbeiten möchte, dies selbst so zu üben und praktizieren zu können, damit man dies auch ausführlicher mit den Schülern besprechen kann (in etwa so wie hier beschrieben). Es ist schlichtweg eine der sinnvollsten Methoden, Tänze und Choreografien schnell und sicher zu erarbeiten!

Didaktik

Übungen zum Takt durch Bodypercussion:
Um die Einführung der Taktlehre noch abzurunden, empfehle ich, gleich in den ersten Stunden mit Bodypercussions ein kurzes Rhythmustraining durchzuführen. Hierbei geht es lediglich darum, gemeinsam im Takt ohne Musik zu stampfen (Stampfen = Base Drum) und in die Hände zu klatschen (Klatschen = Snare Drum). Die folgende Grafik eines Drum-Sets soll aufzeigen, welches Teil des Instruments für die jeweiligen Töne zuständig ist und wie ich mit den Bodypercussions die jeweiligen Instrumente nachahmen kann:

Base Drum = Stampfen, Snare Drum = Klatschen.

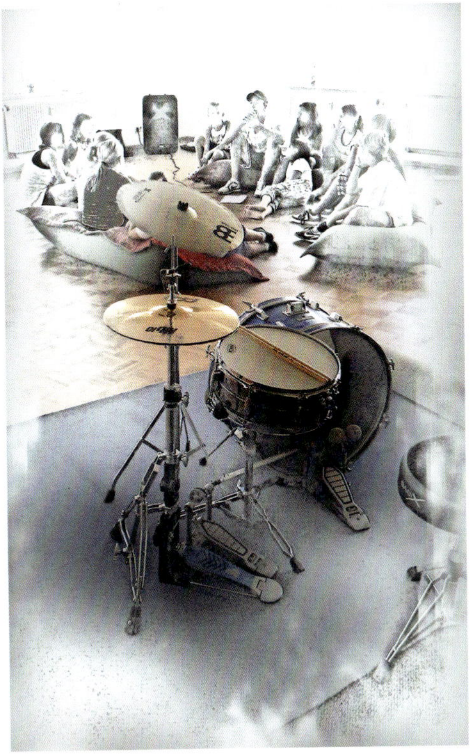

Hier drei relativ einfache Taktübungen für die erste Stunde:

Legende

B = Base (Base Drum)
=> Stampfen = St

S = Snare (Snare Drum)
=> Klatschen = Kl

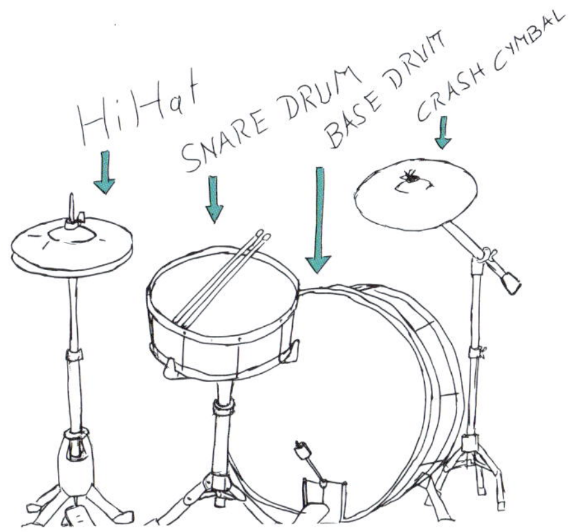

Praktische Arbeitsaufgabe

Basic Takt 1:
Die Aufgabe für die Schüler ist hierbei, die genauen Zeitabstände zwischen den Schlägen und eine konstante Geschwindigkeit gleichbleibend zu halten.

TG07

1	u	2	u	3	u	4	u	5	u	6	u	7	u	8
B	S	B	S	B	S	B	S	B	S	B	S	B	S	B
St	Kl	St	Kl	St	Kl	St	Kl	St	Kl	St	Kl	St	Kl	St

Base – Snare, Base – Snare, …
Stampf (R) – Klatsch – Stampf (L) – Klatsch – Stampf (R) – Klatsch – Stampf (L), …

Basic Takt 2:
Die Aufgabe für den Schüler ist hierbei, die zeitlichen Abstände genau zu halten, eine konstante Geschwindigkeit zu halten und die Pause exakt abzuwarten.

TG08

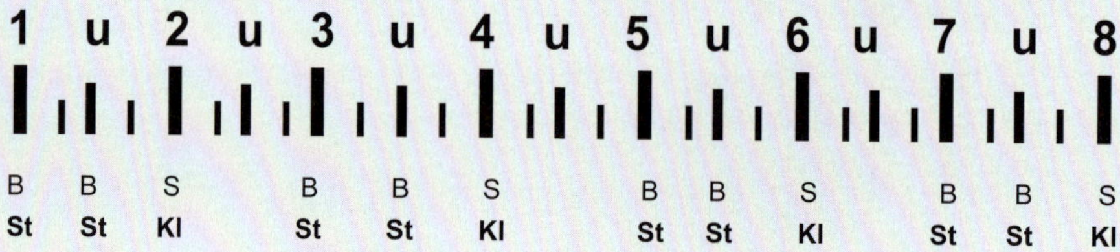

Base – Base – Snare – Pause, Base – Base – Snare – Pause, …
Stampf (R) – Stampf (L) – Klatsch – Pause, Stampf (R) – Stampf (L) – Klatsch – Pause, …

Basic Takt 3:
Die Aufgabe für den Schüler ist hierbei, die zeitlichen Abstände ebenso genau zu halten, eine konstante Geschwindigkeit gleichbleibend zu halten und die Pause exakt einzuhalten. Die Herausforderung besteht im synkopisch gesetzten zweiten Stampfer auf das „te" im Takt.

TG09

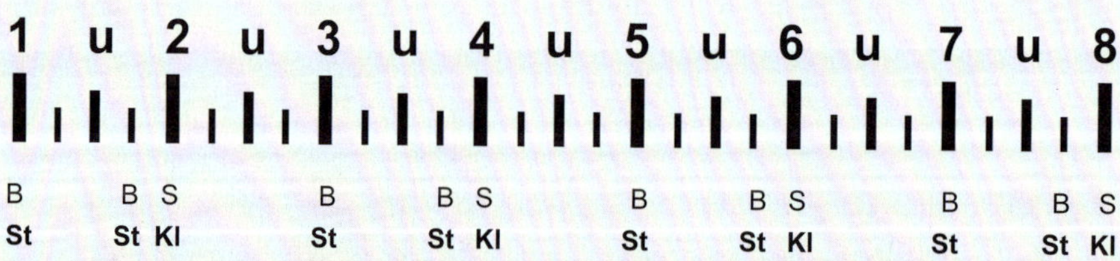

Base -- Base Snare Pause, Base -- Base Snare Pause, …
Stampf (R) – Stampf (L) Klatsch Pause, Stampf (R) – Stampf (L) Klatsch Pause, …
Diese Übungen kann ich auch anschließend zu einer geeigneten Musik durchführen.

Pädagogischer Tipp

Sollte ich hierbei feststellen, dass der Rhythmus der verwendeten Musik wesentlich aufwendiger ist als die vorausgehenden Taktübungen, muss ich meine Unterrichtsplanung nochmals überdenken. Für den Einsteigerunterricht sollte immer strukturierte und rhythmisch leicht zu verstehende Musik verwendet werden. Zu komplexe Takte und ständig wechselnde Rhythmen innerhalb des Liedes verwirren den Schüler und sind daher nicht für den Anfängerunterricht geeignet.

Information

Übrigens ist die Maßeinheit der Musikgeschwindigkeit „bpm" = beats per minute (deutsch: Schläge pro Minute). Man kann die „bpm" zählen, indem man die Sekundenanzeige des CD-Spielers oder Mediaplayers beobachtet und zählt, wie viele Schläge oder Achter in einer Minute vorkommen. Zum Beispiel genau zwölf Achter in einer Minute sind 96 bpm.

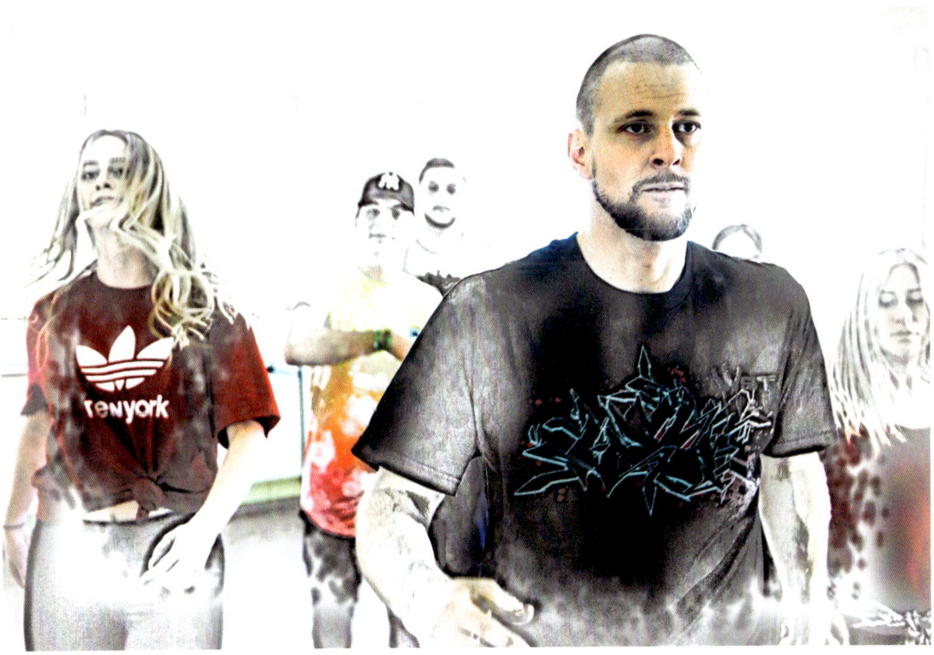

Stehen → Gehen → Drehen

4.1.5 Das Vor-zurück-seit-seit-Gehen

Didaktik

Um die Raumwege nun körperlich erlebbar zu machen, erarbeite ich mit dem Schüler als nächstes das Vorwärtsgehen, Rückwärtsgehen, seitlich zur einen Seite und seitlich zur anderen Seite gehen, zu einer Kombination. Empfehlenswert ist hierbei eine Musik, die nicht schneller ist als 90 bpm.

4.1.5.1 Das Vor-zurück-Gehen

Praktische Arbeitsaufgabe

Dies ist eine praktische Arbeitsaufgabe in Einzelschritten, zuerst ohne Musik, dann zur Musik in ¼-Geschwindigkeit, ½-Geschwindigkeit und Originalgeschwindigkeit eines HipHop-Liedes mit deutlicher und einfacher Taktstruktur:

- Wir beginnen ohne Musik, zählen erst einmal ganz langsam einen Zähler pro Schritt und gehen mit einem Bein beginnend vier Schritte vorwärts (1-2-3-4 vorwärts)
- und anschließend wieder vier Schritte zurück (5-6-7-8 rückwärts).
- Dasselbe vollziehen wir dann nochmals, allerdings mit der Ansage, mit dem rechten Bein nach vorn und dann mit dem linken Bein nach hinten zu starten.
- Ein kurzer Hinweis auf das „Anzählen": „fünf, sechs, sieben, acht", und los geht´s auf die „Eins". Dies dient für die Bewegung als Startsignal, um auf die „Eins" zu starten, es vertieft das Verständnis für Takt und bringt einen positiven Nutzen für den gesamten Unterricht.

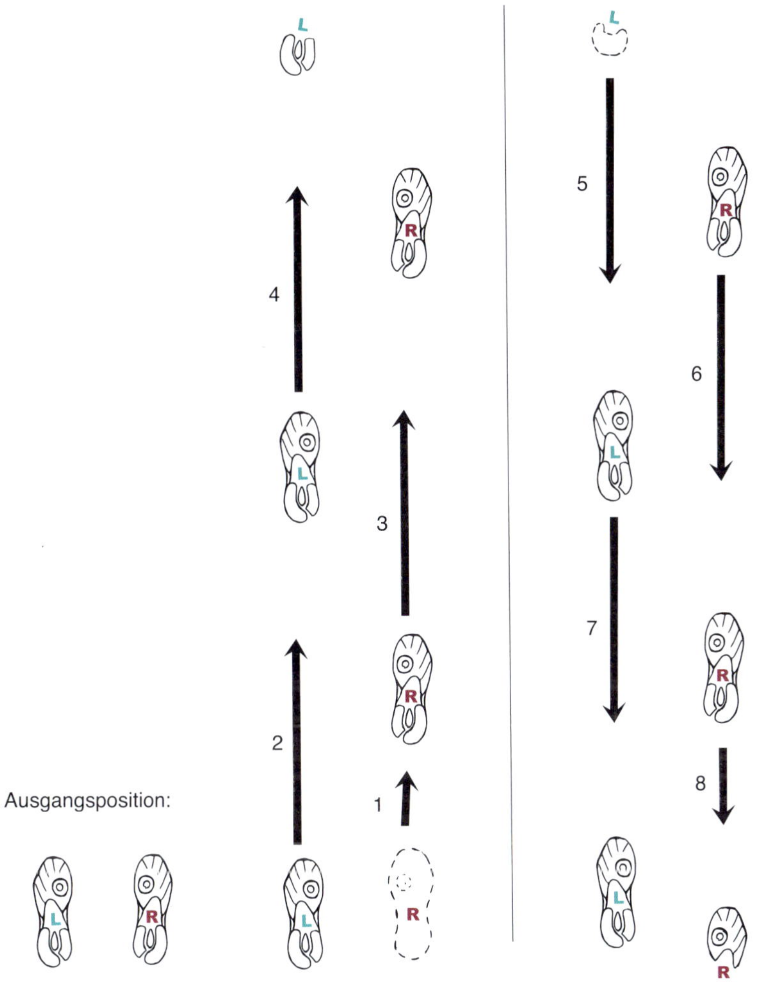

- Sobald das für alle Schüler umsetzbar ist, versuchen wir es zur Musik mehrmals zu wiederholen
- und steigern die Geschwindigkeit stufenweise bis zur Endgeschwindigkeit des Taktes, der Originalgeschwindigkeit der verwendeten Musik.
- Im weiteren Verlauf wechseln wir natürlich auch das Startbein, beginnen also mit dem linken Bein nach vorn.

Diese Übung schult das Rhythmusgefühl und hilft dem Schüler zu lernen, Bewegungen auf den Takt abzustimmen. An dieser Stelle ist es wichtig, nicht ungeduldig mit den Schülern zu werden und diese ebenso anzuhalten, nicht ungeduldig mit dem Unterrichtsstoff und sich selbst zu sein.

Um die Aufgabe etwas interessanter und dynamischer zu gestalten, füge ich auf den vierten Schritt vorwärts (also auf die Vier) noch ein Öffnen und Zurücklehnen des Brustkorbes hinzu, indem die Arme nach außen hinten geschwungen werden, wobei die Handflächen nach vorn zeigen.

Auf den vierten Schritt beim Zurücklaufen (also auf die Acht) vollziehe ich einen etwas verlängerten Schritt nach hinten, beuge den Oberkörper nach vorn (Abducken) und stütze mich mit der Hand auf der Seite des nach hinten gestellten Beins am Boden ab. Wenn also mit rechts nach vorn begonnen wurde, dann stützt man sich auf die Acht mit der rechten Hand am Boden ab.

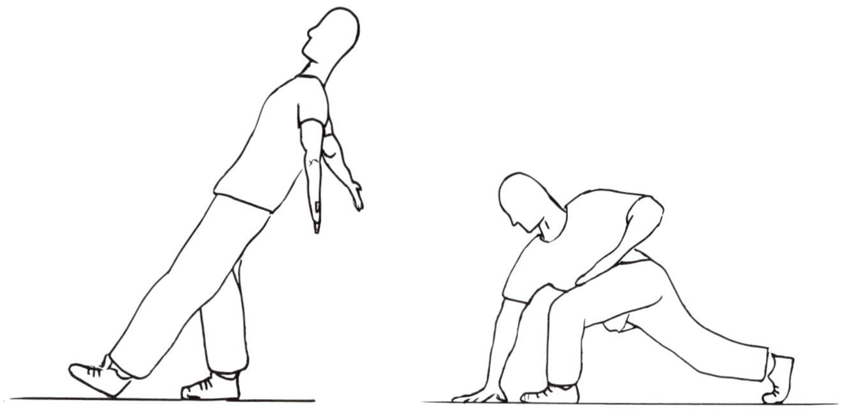

Information

Dies ist auch eine für HipHop typische Artikulation des „Angriffs" und der „Verteidigung" in Bezug auf ein Battle oder die Herausforderung des Publikums. Für diese Übung sollte eine einfach strukturierte Musik (klare Struktur im Takt, nicht zu viele Instrumente, gleichbleibende Rhythmik) verwendet werden, damit es leichter für die Schüler ist, Taktsicherheit und Rhythmusgefühl zu entwickeln. Dabei zeigt sich auch schnell, welcher Schüler ein Gespür für Takt mitbringt und welcher noch daran zu arbeiten hat.

4.1.5.2 Das seitliche Gehen

Didaktik

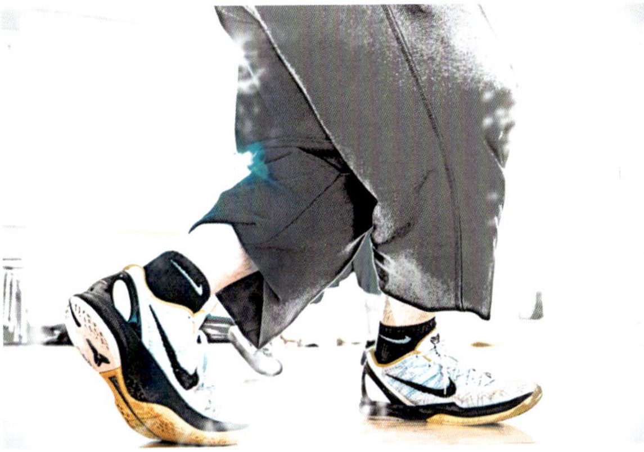

Sobald das Verständnis für das Vor- und Zurückgehen geschaffen ist und die gesamte Klasse problemlos verschiedene Geschwindigkeiten und kleinere zusätzliche Bewegungsaufgaben meistern kann, ist es an der Zeit, das seitliche Gehen einzuführen. Hierbei ist ebenso jeder Schritt ein ganzer Zähler. Dies ist eine praktische Arbeitsaufgabe in Einzelschritten, zuerst ohne Musik, dann zur Musik in ¼-Geschwindigkeit, ½-Geschwindigkeit und Originalgeschwindigkeit eines HipHop-Liedes mit deutlicher und einfacher Taktstruktur:

Praktische Arbeitsaufgabe

- Wir stehen in der Ausgangsposition (siehe Grafik) und beginnen damit, das Gewicht auf ein Bein zu verlagern, damit wir das andere anheben können.
- Wir überkreuzen dann mit dem Spielbein über vorne das Standbein (siehe Grafik).
- Hierbei dreht sich das Standbein ein wenig und wir heben die Ferse durch ein leichtes Beugen im Knie von Boden ab.
- Wir stellen das Spielbein in einem von Abstand etwa 20-35 cm neben der Fußaußenseite des Standbeins auf den Zähler Eins wieder ab.
- Dann verlagern wir das Gewicht auf das vorn überkreuzende Bein und heben das nun hintere Bein hinter dem neuen Standbein hervor.
- Das neue Spielbein stellen wir dann in etwa schulterbreit neben dem Standbein wieder in der Ausgangsstellung (allerdings ca. einen halben Meter weiter links) auf den Zähler Zwei ab.

- Wir wiederholen den bisherigen Ablauf noch einmal, um auf den Zähler Vier im Takt in der Ausgangsposition zu stoppen.
- Dieser Stopp hilft uns, umzukehren und den Ablauf in die Gegenrichtung ebenso zweimal zu wiederholen,
- um auf den Zähler Acht des Taktes wieder auf den ursprünglichen Ort im Raum in der Ausgangsstellung zurückzukommen.

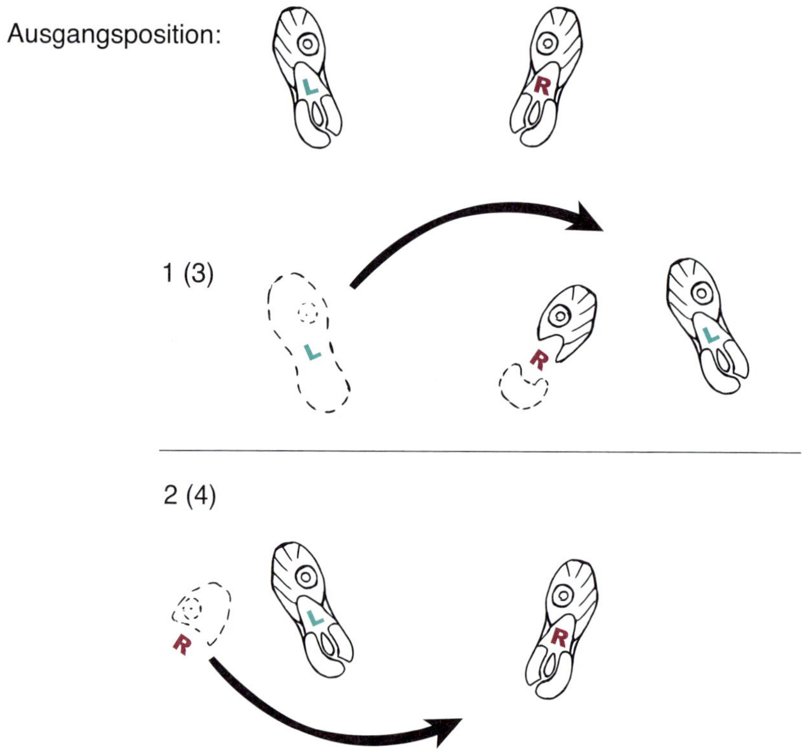

Information

Um die Übung abwechslungsreicher zu gestalten, kann man die Beine auch über hinten kreuzen – also das Spielbein hinter das Standbein stellen – oder zwischen vorne kreuzen und hinten kreuzen abwechseln.

4.1.5.3 Der Vor-zurück-seit-seit-Übergang

Didaktik

Um die beiden Richtungen nun sinnvoll miteinander zu verbinden, braucht es einen einfachen und schlüssigen Übergang zwischen dem Vor-zurück-Gehen und dem Seitlich-Gehen. Dazu sehen wir uns die Position des Vor-zurück-Gehens an, in welcher wir uns bei Zähler Acht befinden, wenn wir mit dem rechten Bein begonnen haben:

Praktische Arbeitsaufgabe

- Nun heben wir das rechte Bein und bewegen es im Kreis (um das Standbein herum) zum ersten seitlichen Kreuzschritt nach links auf die Eins des Folgetaktes.
- Hierbei dreht sich das Standbein ein wenig, und wir heben die Ferse durch ein leichtes Beugen im Knie vom Boden ab, um dem ersten Kreuzschritt Raum zu geben.
- Das gilt natürlich genauso in die Gegenrichtung, allerdings mit dem linken Bein.

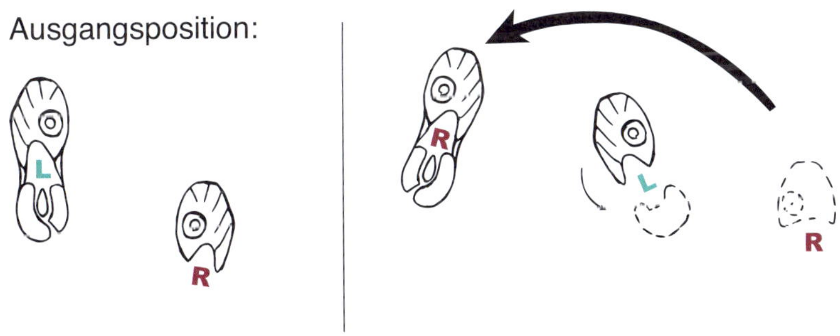

Diese Bewegungsübung beginnt zwar harmlos, kann jedoch bis ins Unendliche ausdifferenziert werden. Sie hilft mir, im fortgeschrittenen Stadium Wege durch den Raum und Positionswechsel ohne weiteres unterrichten zu können.

Um daraus nun eine wiederholbare Kombination im Loop (engl. Loop = Schleife: mehrfach wiederholte Reihenfolge) ausführen zu können, brauche ich noch einen sinnvollen, aber auch tänzerisch interessanten Übergang. Schön und logisch ist an dieser Stelle nun das Drehen.

Stehen → Gehen → Drehen

4.1.6 Drehen

Methode

Ich unterscheide generell zwischen beidbeinigem Drehen, bei dem beide Füße an Ort und Stelle stehen bleiben, einbeinigen Drehungen (Standbein/Spielbein) und gesprungenen Drehungen. Ich würde zu Beginn beim Einüben der Drehrichtungen mit dem beidbeinigen Drehen anfangen – bei dem natürlich nur 180°-Drehungen möglich sind – und dann mit dem einbeinigen Drehen fortfahren.

Pädagogischer Tipp

Drehrichtungen: Nachdem ich die Schüler nochmals an die Richtungsbegriffe von Körper und Raum erinnert habe, erkläre ich noch die Drehrichtungen mit „Uhrzeigersinn", „Gegenuhrzeigersinn" oder „über die rechte/linke Schulter". Die Begriffe Standbein und Spielbein sind ja schon geklärt.
Erfahrungswerte machten deutlich, dass Anweisungen wie „rechts ist Standbein, links ist Spielbein, nach links drehen" oder „Standbein links, Spielbein rechts, nach rechts drehen" zu mittelschweren Verwirrungen beim Schüler führen können, da die Begriffe „rechts" und „links" für eine klare Kommunikation zu oft vorkommen. Im normalen Unterrichtsalltag mit lauter Musik und eventueller Unruhe in der Gruppe haben sich in meinem Unterricht die Begriffe „Uhrzeigersinn" und „Gegenuhrzeigersinn" durchgesetzt.

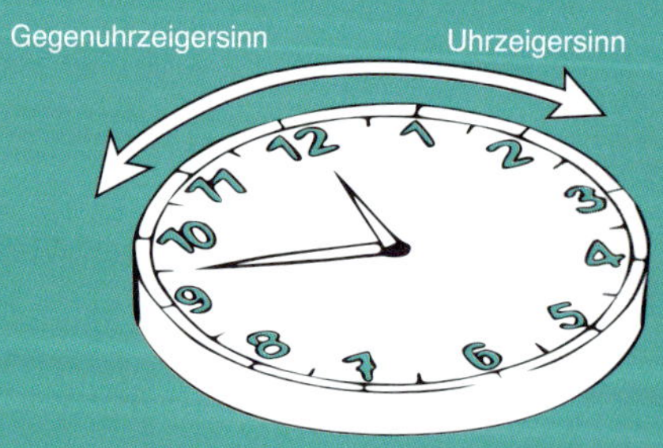

Du musst herausfinden, womit du und deine Schüler am besten klarkommen und bei dieser Bezeichnung bleiben. Der Begriff „Spot" (das Anvisieren eines Punktes in Augenhöhe, der bei Drehungen mit verzögerter Kopfbewegung immer wieder mit dem Blick und der Richtung des Kopfes angepeilt wird) kann erarbeitet werden, ist aber im HipHop-Bereich nicht von großer Bedeutung, da keine langen oder aufwendigen Drehsequenzen wie Pirouetten vorkommen.

Methode

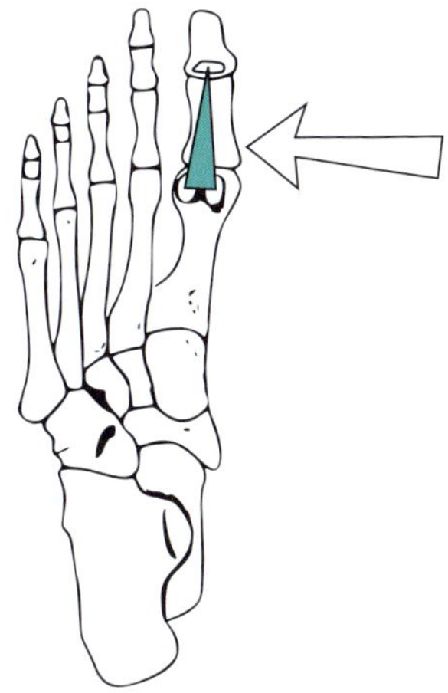

Anatomie & Haltung: Die Auflageflächen des Fußes, auf denen man dreht, können verschiedene sein. Sinnvoll ist allerdings mit der gebräuchlichsten Version zu beginnen. Die übliche Auflagefläche des Stand- oder auch Drehbeins ist der Fußballen.

Zuallererst sollte man für das Drehen die Anatomie des Fußes und des Fußgelenks im Zusammenhang mit dem gesamten Bein und der Hüfte klären, nicht nur, um die Vorstellung und das Gespür für den eigenen Körper zu fördern, sondern um sich beim Tanzen anatomisch richtig zu bewegen. In der Grafik kann man die Sesamknöchelchen am zweiten Knochen der großen Zehe erkennen. Diese bilden mit dem vordersten Knochen des großen Zehs eine stabile dreieckige Auflagefläche:

Diese Auflagefläche ist bei richtiger Haltung genau auf einer Linie mit dem Kniegelenk und dem Hüftgelenk:

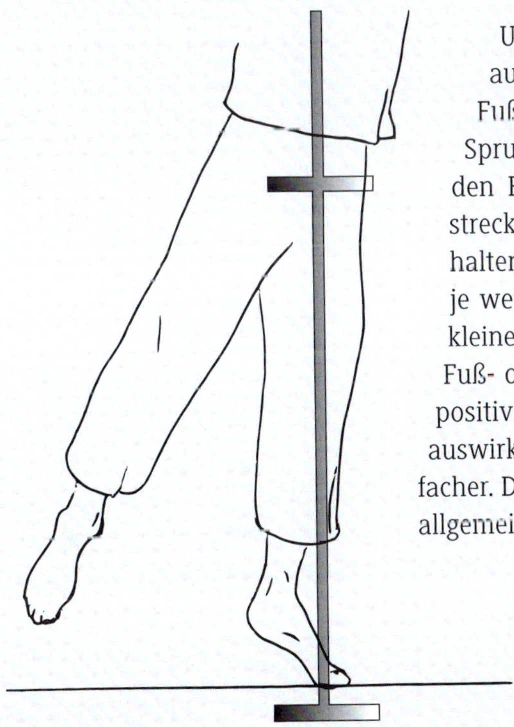

Um den Fuß wie in der Streckung auszurichten, muss man auf die Fußballen gehen, die Fersen und Sprunggelenke nach innen drücken, den Fuß in dieser Spannung weiter strecken und so ausgerichtet gestreckt halten. Je höher man aufsteigt und je weiter man den Fuß streckt, desto kleiner wird auch die Auflagefläche der Fuß- oder Schuhsohle, was sich meist positiv auf den Reibungswiderstand auswirkt, das heißt, das Drehen geht einfacher. Diese Haltung nennt man im Tanz allgemein „Relevé".

Eine anatomisch fehlerhafte und damit ungesunde Haltung des Fußes (linkes Bild) kann langfristig negative Folgen für die Bänder und die knöcherne Struktur des Fußgelenks, des Knies oder der Hüfte haben. Insbesondere beim HipHop ist die Gefahr von Zerrungen, Bänderrissen und Verstauchungen sehr hoch, da viele Sneakers gut haftende und somit rutschfeste Sohlen haben. Dies ist beim Drehen auf rutschfesten Böden (z. B. spezielle Ballett-Tanzböden, die in manchen Studios fest verlegt sind) von Nachteil, da eine, durch starke Reibung und den damit einhergehenden Widerstand, starke Verwindungskräfte auf das Fußgelenk wirken. Auch eine aufrecht ausgerichtete Wirbelsäule macht es dem Tanzanfänger leichter, beim Drehen die Kontrolle und Übersicht zu behalten.

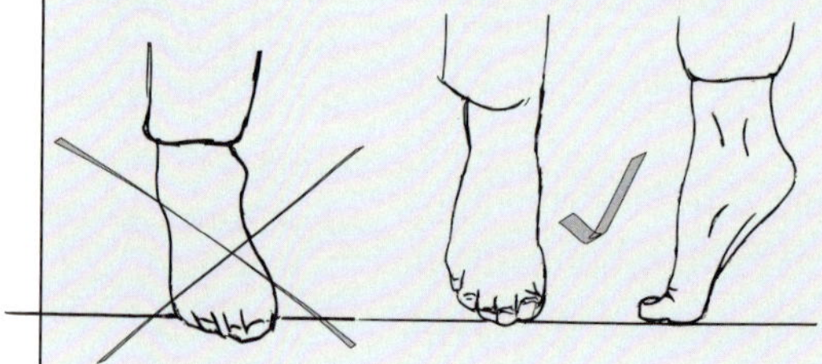

Schwungelemente: Als Schwungelemente können verschiedene Körperteile dienlich sein. Am üblichsten ist es, mit den Armen Schwung aus der Gegenrichtung der geplanten Drehung zu holen. Beim Schwungholen ist meist noch das ganze Spielbein oder nur das Knie des Spielbeins behilflich. Nun kann man beginnen, in verschiedene Richtungen mit verschiedenen Beinen und Schwungelementen das Drehen zu üben.

- Standbein rechts, Spielbein links, im Uhrzeigersinn drehen
- Standbein rechts, Spielbein links, im Gegenuhrzeigersinn drehen
- Standbein links, Spielbein rechts, im Uhrzeigersinn drehen
- Standbein links, Spielbein rechts, im Gegenuhrzeigersinn drehen

Dabei werden fast alle Schüler feststellen, dass es eine Drehrichtung gibt, in der es leichter dreht. Diese wird im deutschen Volksmund auch als „Schokoladenseite" bezeichnet.

Pädagogischer Tipp

Es empfiehlt sich hierbei, mit den Schülern positiv und motivierend zu kommunizieren und nennt die andere Seite oder Drehrichtung einfach liebevoll „Vanilleseite", die sie ein bisschen mehr trainieren müssen.

Information

Da nun die Grundprinzipien Stehen, Gehen und Drehen geklärt, geübt und tänzerisch vorbereitet sind, ist es ein MUSS, am Ende der ersten Stunde einen Tanz zusammenzustellen, in dem alle Elemente der Stunde enthalten sind.

Tanzen

4.1.7 Tanz

» In jeder Tanz-Unterrichtsstunde ist es ein MUSS zu tanzen. «

Alle angesprochenen und auch erarbeiteten Elemente des vorausgehenden Unterrichts, können zu einer klaren, einfachen und gut überschaubaren Kombination zusammengefügt werden. Die einfachste Struktur ist, jede Einzelbewegung (z. B. Bouncen) einen Achter lang zu wiederholen und beim Wechsel vom letzten Zähler (Acht) auf den ersten Zähler des nächsten Taktes (Eins) eine neue Bewegung hinzuzufügen oder mit einem einfachen Übergang zu einer anderen Bewegung zu wechseln. Die Liedgeschwindigkeit sollte dabei langsam sein und 90 bpm nicht überschreiten.

Didaktik

Ein Beispiel:

- Wir stehen in der schulterbreiten Ausgangsposition.
- Musik an, anzählen (fünf, sechs, sieben, acht)
- Ab der Eins des nächsten Taktes bouncen wir gemeinsam einen Achter.
- Beim nächsten Achter erweitern wir den Bounce mit einer leichten Schrittkombination (Touch Step).
- Beim darauffolgenden Achter nehmen wir die Arme dazu.
- Bei der nächsten Acht differenzieren wir dann die Schrittkombination zum Double Step aus.
- Zum Taktwechsel führen wir einen Achter Cross Step nach vorn aus.
- Beim nächsten Achter machen wir den Cross Step nach hinten.

- Dann hängen wir mit dem nächsten Achter eine Vor-zurück-Kombination an.
- Beim folgenden Achter wechseln wir, wie zuvor beschrieben, zum seitlichen Gehen.
- Am Schluss führen wir noch eine Drehung im Uhrzeigersinn bis zum Zähler Vier aus,
- zum Schluss kommt eine Drehung im Gegenuhrzeigersinn zum Stand, und fertig sind **12 Achter in ca. 1 Minute.**

Diesen Tanz sollte man vor dem „Zur-Musik-Tanzen" ohne Musik (auch genannt „Trockenübung") langsam und deutlich erklären, und nach 2-3 x durchtanzen noch mal langsam und differenziert durchsprechen und durchzählen, um alle Schüler ins flüssige Tanzen zu bringen. Wenn alle einigermaßen mitkommen, macht es HipHop-Tanzeinsteigern am meisten Spaß, den Tanz zur Musik bis zum Ende der Stunde mehrmals zu wiederholen. Sollten die Schüler sich leichttun und noch Zeitreserven bleiben, habe ich als Lehrer die Möglichkeiten, den Tanz sofort um motivierende Kleinigkeiten zu erweitern oder erarbeitete Bewegungen weiter auszudifferenzieren.

Pädagogischer Tipp

Ich finde es wichtig, dass ich die Schüler zu diesem Zeitpunkt nicht zu sehr fordere und sie mit einem guten Gefühl aus dem Unterricht entlasse. Denn letzten Endes kommen sie nächste Stunde wieder, weil es Spaß gemacht hat und nicht, weil es so schwierig war.

Also gut, wir streifen nun durch die Wildnis … Sind wir noch auf dem richtigen Weg? Zück mal den Kompass und die Karte, bitte …

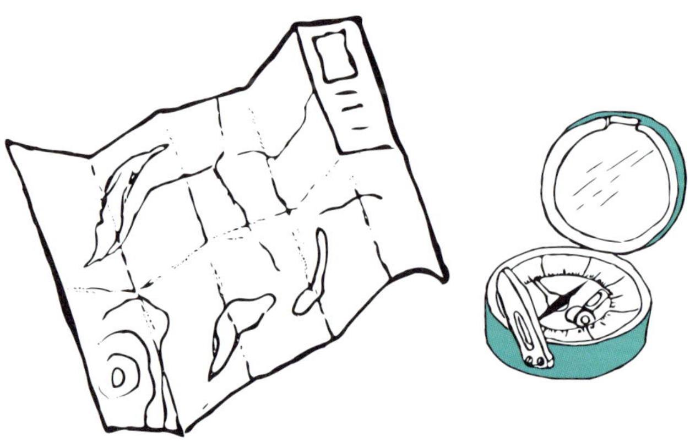

4.2 Kontrolle

Während des Unterrichts bin ich als Lehrer meist sehr damit beschäftigt, die Bewegungen sauber vorzumachen, verständlich zu erklären, mitzuzählen und den Spaß am Tanzen vorzuleben. Ich stehe also mitten im Geschehen, es herrscht gute Energie, die Mehrheit der Klasse kommt einigermaßen mit, und deswegen habe ich Spaß. Ebenso bin ich froh, die Klasse in Bewegung gebracht, die Stimmung aufgelockert zu haben und einen gewissen „Flow" ins Unterrichten hineingebracht zu haben. Meine Erfahrung zeigt allerdings, dass die technische Kontrolle und die Aufmerksamkeit des Lehrers für die Fehler der Schüler dabei stark abnimmt oder gar vergessen wird.

Es ist aber wichtig, dass ich mir klarmache, egal, wie viel Spaß die Gruppe gerade hat und egal, wie toll und schnell einige Schüler lernen, dass ich als Lehrer die Verantwortung für das Lernen **ALLER** Schüler im Raum trage.

Selbst wenn ich im Unterricht die Möglichkeit habe, während des Arbeitens über den Spiegel oder frontal zu kontrollieren, werde ich doch noch einiges übersehen. Das bedeutet, ich muss mich regelmäßig daran erinnern, zurückzutreten und die Schüler alleine arbeiten zu lassen. Nur so kann ich beobachten, was vom Lernstoff tatsächlich gut umgesetzt wird und was nicht. Das ist wie beim Wandern durch die Wildnis: Ich sollte immer wieder die Position mit Karte und Kompass kontrollieren, um die Richtung nicht zu verlieren. Es geht auch darum, die schüchternen oder schwächeren Schüler (diese stehen meist weiter hinten im Raum) durch persönliche Aufmerksamkeit zu motivieren. Positive Ansprache und zusätzliches Erklären hilft ihnen, den Anschluss zum Rest der Gruppe zu finden. Dadurch werden sie sicherer, und ihr Vertrauen zu sich selbst und zu mir als Lehrer wird gesteigert. Nur so ist es auf längere Sicht möglich, eine relativ homogene Gruppe mit fast gleichwertigen Schülern zu erarbeiten.

Ich wiederhole hier gerne noch einmal, was ich anfangs bereits erwähnte:

Information

Beim Unterrichten geht es um die Fähigkeiten und Fertigkeiten des Schülers und nicht um den Anspruch, den Spaß oder gar die Show des Lehrers!

Wir halten jetzt irgendwo in der Wildnis an, es wird bald dunkel, und wir schlagen unser Lager auf. Wir müssen noch nachschauen, wohin wir morgen gehen wollen …

4.3 Reflexion (Nachüberlegung) des eigenen Unterrichts

Bei der Unterrichtsvorbereitung versuche ich mir einen Weg zu erarbeiten, auf dem die Unterrichtsinhalte am besten zum Schüler transportiert werden können. Voraussetzung dafür ist vor allem eine möglichst transparente Methodik und Didaktik zur Verfügung zu haben. Woran kann ich nun erkennen, ob mein Unterricht erfolgreich war?

Um diese Frage beantworten zu können, muss ich im Unterricht aufmerksam sein, wie gerade dargelegt, ich muss die Schüler im Auge behalten und eine differenzierte Unterrichtsvorbereitung gestaltet haben. Woher sollte ich sonst wissen, wo genau ich mich gerade in der Wildnis befinde, wenn ich nicht mehr weiß, von wo aus ich gestartet bin, oder wenn ich mir keinen Zielpunkt gesetzt hatte?

Methode

Es ist also an der Zeit, zu reflektieren, was der Ausgangspunkt war, welchen Weg ich genommen habe, wo ich ankommen wollte, und wo ich tatsächlich gelandet bin. Diese sogenannte **Reflexion** (Nachüberlegung) ist grundlegend für eine Verbesserung des Unterrichts und hilft mir, herauszufinden, welche Fähigkeiten ich mir noch aneignen sollte.

4.3.1 Mögliche Fragen einer allgemeinen Reflexion (nach der Unterrichtsstunde)

- Bin ich mit der Unterrichtsstunde allgemein zufrieden?
- Ist es mir gelungen, auf die Schüler einzugehen?
- Habe ich meine Unterrichtsziele erreicht? Oder andere Ziele? Und woran wird dies deutlich?
- Welche Schwierigkeiten oder Störungen sind aufgetaucht, und was könnten die Gründe dafür sein?
- Konnte ich meinen Unterrichtsplan umsetzen? Warum? Warum nicht?
- Wie war die Reaktion und das Verhalten der Gruppe?
- Welche Wirkung meiner Person konnte ich bei den Schülern beobachten?

4.3.2 Mögliche Fragen einer persönlichen Reflexion

- Habe ich den Überblick behalten?
- Sind meine Entscheidungen in irgendeiner Form durch die Schüler beeinflusst worden?
- Wurden Gruppensituationen oder Bedürfnisse der Schüler von mir aufgegriffen?
- Habe ich genügend Hilfestellung gegeben?
- Habe ich Schüler bevorzugt oder benachteiligt?
- Habe ich Flexibilität gezeigt? Wenn ja, wobei? Wenn nein, warum nicht?
- War ich ein angemessenes Vorbild und Beispiel für die Schüler? Habe ich das, was ich erreichen wollte, auch selbst vorgelebt?
- Wie ging es mir selbst dabei?
- Wie habe ich meine Vorbereitungen, meine Sprache, mein Verhalten den Schülern gegenüber empfunden?
- Konnte ich Kontakt zur Gruppe herstellen oder nicht?
- Welche Auswirkungen hatten mein Befinden oder mein Verhalten auf den Verlauf der Stunde und auf die Schüler?

4.3.3 Folgen & Konsequenzen

Die vorausgehenden Fragen sollte ich am besten schriftlich beantworten, um die Gedanken nachvollziehbar zu machen. Beim anschließenden Durchlesen der Antworten erhalte ich einen objektiveren Blick auf den gesamten Verlauf der Dinge. Dabei darf es dann natürlich nicht bleiben, sondern es ist notwendig, Schlussfolgerungen zu ziehen.

- Was sollte ich in Zukunft, aufgrund meiner Beobachtungen und Nachüberlegungen (Reflexionen), bei weiteren Unterrichtsstunden beachten?
- Was nehme ich mir persönlich vor?

Bei der Reflexion und der Arbeit mit Gruppen geht es immer um:

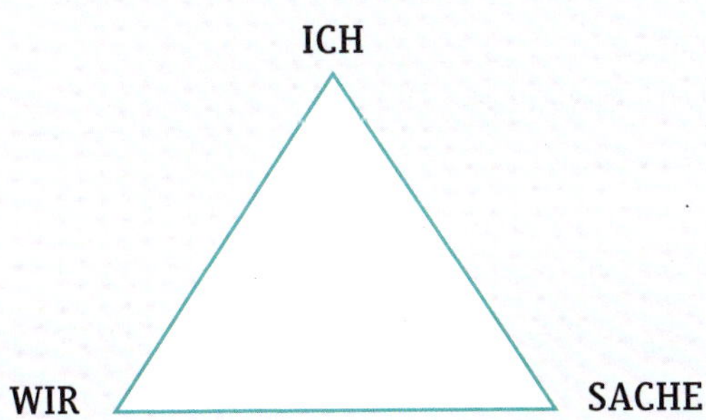

Wenn ich bereit bin, meine Arbeit mit einem fragenden und kritischen Blick zu betrachten, werde ich feststellen, dass es immer etwas zu tun gibt. Niemand ist perfekt, und das ist auch gar nicht wichtig. Allein die Sicht aus verschiedenen Blickwinkeln eröffnet mir schon Chancen, etwas dazuzulernen. Die Informationen, die ich durch die Reflexion mit den Schülern erhalte, sind nicht nur für deren Persönlichkeitsbildung hilfreich, sondern helfen mir persönlich bei der Vorbereitung weiterer Unterrichtsstunden und der Erweiterung meiner Kompetenz als Lehrer.

i Information

Wenn ich nicht bereit bin, meinen Unterricht kritisch zu reflektieren und immer wieder zu verbessern, werde ich über kurz oder lang immer nur Anfängergruppen gegenüberstehen. Fortgeschrittene Gruppen bleiben mir nämlich nur langfristig erhalten, wenn sich mein Unterricht ständig MIT den Schülern weiterentwickelt und FÜR die Schüler interessant bleibt.

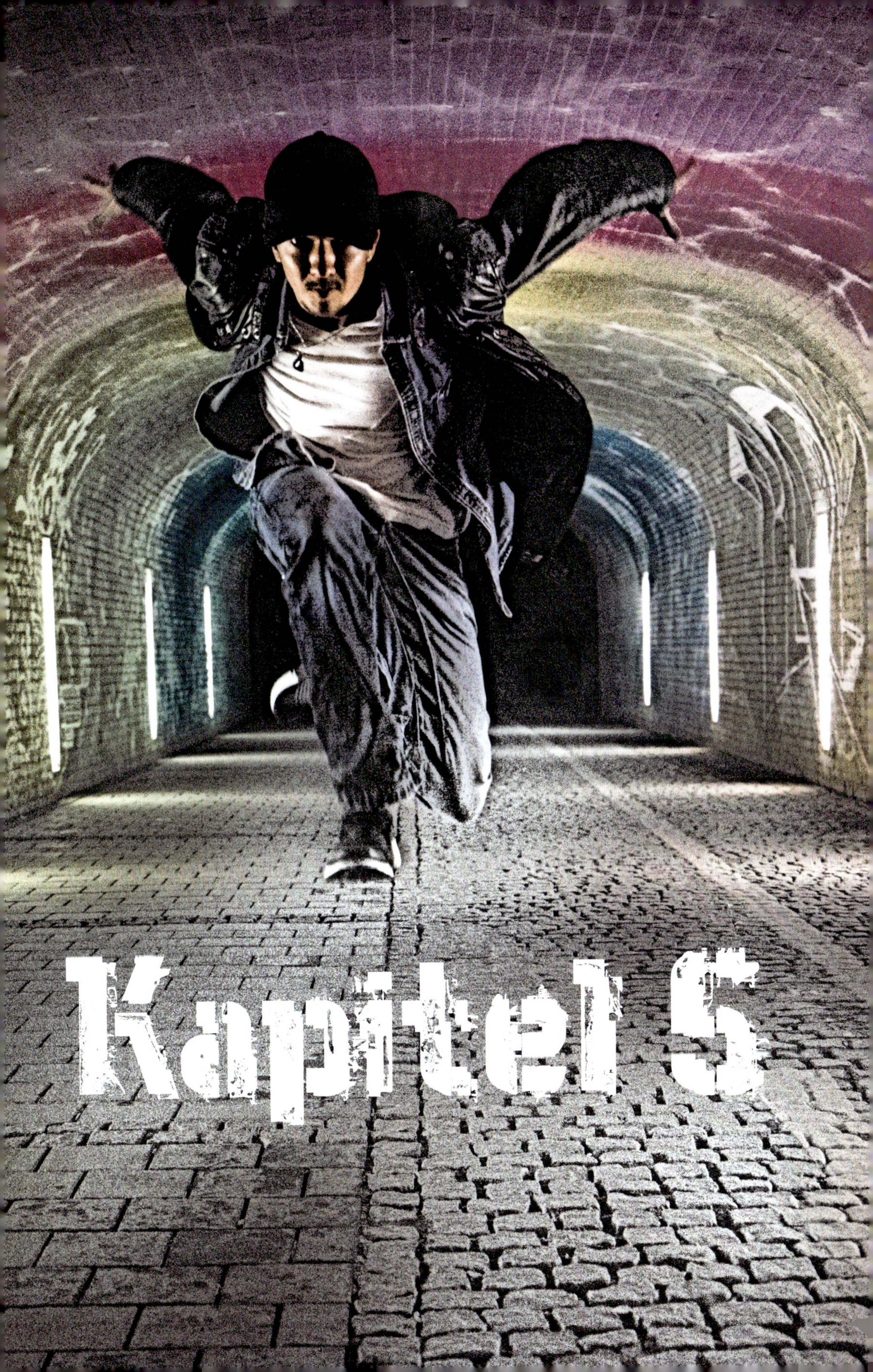
Kapitel 5

5 HipHop-Erweiterungen

Erweiterungen der Basics durch Differenzierungen, Bodyworks (Körperarbeit), Training & Groove

Nachdem die erste Einheit des Stehens – der Bounce zur Musik inklusive Touch Step und Double Step – das Gehen (Vor-zurück-seit-seit-Gehen), das Drehen und der daraus resultierende Tanz in der ersten Stunde erarbeitet wurden, greife ich alles wieder auf und fange in der zweiten Stunde noch einmal von vorne an. Ich wiederhole die schon vorgefertigten Grundübungen, als hätte die erste Stunde gar nicht stattgefunden.

Das ist deswegen so essenziell, weil die Fähigkeiten der Schüler gerade erst geweckt wurden und noch lange nicht etabliert sind. Um in den nächsten 10-20 Stunden kontinuierlich die nun folgenden HipHop-Erweiterungen umzusetzen, brauche ich mit Anfängergruppen viel Übungszeit, anders als bei fortgeschrittenen und erfahrenen Schülern.

Didaktik

Der ersten Unterrichtsstunde folgt natürlich neben dem Wiederholen und Üben die Erweiterung des schon erarbeiteten Bewegungsmaterials. Das Differenzieren der Übungs- und Trainings-Sequenzen ist notwendig, um die zum Tanzen benötigten Fähigkeiten vollständig auszubilden. Hier eine Übersicht zum folgenden Kapitel:

5.1 Differenzierungen zweite und dritte Stunde
Wir wiederholen vorhandene Techniken, üben sie ein und führen sie weiter.

5.2 Fortgeschrittene Differenzierungen ab der dritten Stunde
Wir integrieren zusätzliche Bewegungen in die erarbeiten Techniken, wir erweitern sie zu komplexen Bewegungsmustern und gestalten sie tänzerisch aus.

5.3 Bodyworks
Wir machen Körperarbeit, Isolationen und erarbeiten ein Körpergefühl.

5.4 Training
Wir trainieren Koordination, Kraft, Ausdauer, Flexibilität.

5.5 Das vollständige Warm-up
Vorschlag, wie die Schüler sinnvoll ins Bewegen geführt werden.

5.6 Groove
Wir erarbeiten das Tanzgefühl.

Der weitere Verlauf der ersten zehn Stunden einer Anfänger-Gruppe
Die Übungen des vorausgegangenen Kapitels sind nur der Einstieg und angedeutetes HipHop-Tanzen, daher bedarf es der nun folgenden Differenzierungen des grundlegenden Bewegungsmaterials als Vorbereitung auf einen langfristig fortschreitenden HipHop-Unterricht. Das Lernen von Bewegung allgemein ist im Anfangsstadium definitiv kein emotionaler Vorgang. Style, Feeling und Ausdruck machen die Bewegung zwar zum Tanz, jedoch kommt die Schulung der Körperfunktion und Bewegungsfähigkeit weit vor jeglicher ästhetischen Arbeit.

Das Bewusstmachen und Integrieren von zusätzlichem Bewegungsmaterial in die schon vorhandene Bewegung (Ausdifferenzieren) mithilfe verschiedener Schrittvariationen sowie Arm- und Oberkörperbewegungen ist notwendig, um die Koordination zu aktivieren und für genügend Abwechslung zu sorgen. Ist die hier besprochene Basistechnik nicht vorhanden, empfinden die meisten Schüler den Unterricht oft als frustrierend.

i Information

Allgemeine Zielsetzung nach den ersten zehn Stunden:

1. Der Schüler sollte in das Arbeiten mit Rhythmus und Musik eingeführt werden und die Grundlage für das Hören und Zählen von Takt in verschiedenen Geschwindigkeiten sollte gelegt sein.
2. Körperlich sollte der Schüler einen Begriff davon haben, wie sich Bodyworks anfühlen, und er sollte in der Lage sein, das Workout vollständig zu meistern.
3. Ebenso sollten Fähigkeiten wie die rechts / links-Unterscheidung und die gleichzeitige Bewegung zweier oder mehrerer Körperteile erlangt worden sein.
4. Tänzerisch sollte die Merkfähigkeit für längere Bewegungsabläufe bei den Schülern so etabliert sein, dass sie in der Lage sind, eine einfache Choreografie nach einer gewissen Übungszeit selbstständig zur Musik zu tanzen.

Definiere: Nach ca. zehn Einheiten sollte eine körperliche und mentale Grundlage für ein zukünftiges, sinnvolles und anatomisch richtiges Erarbeiten verschiedenster Schritt- und Bewegungskombinationen (Arme und Beine gleichzeitig), im HipHop-Feeling, gelegt sein.

5.1 Differenzierungen zweite und dritte Stunde

Um in der zweiten Stunde nicht vollkommen bei Null anzufangen, muss ich natürlich nicht alles noch einmal haarklein genauso erklären wie in der ersten Stunde. Vielmehr werde ich feststellen, dass die Schüler die Anweisungen nun wesentlich besser verstehen und schneller umsetzen können. Somit entsteht hier der Raum, um weitere Differenzierungen einzusetzen. Dies fordert die Schüler, ohne sie zu überfordern, und hilft mir als Lehrer, den Stoff der ersten Stunde zu wiederholen, ohne die Schüler zu langweilen.

Information

Es ist trotzdem wichtig, auf der Hut zu sein und genau darauf zu achten, wie schwer es den Schülern trotzdem noch fällt, auszuführen, was in der letzten Stunde erarbeitet wurde. Das liegt auch am zeitlichen Abstand einer Stunde zur nächsten in der darauffolgenden Woche. Dieser Zeitraum von sechs Tagen ist für gehirnphysiologisch sinnvolles Lernen zu lang. Eventuell muss ich die eine oder andere Differenzierung auf die dritte oder vierte Stunde verschieben. Bei erfahrenen Einsteigern kann es jedoch auch sein, dass ich schnell vorankomme und mit weiterführenden Differenzierungen beginnen kann.

5.1.1 Touch-Step-Differenzierungen

Ich gehe davon aus, dass die Basis des Touch Step und Double Step langsam, aber fehlerfrei vom Schüler umgesetzt werden kann.

BEINE (Erweiterungen zu Kapitel 4.1.2)

Beine 1) und 2) sind im Kapitel 4.1.2 Touch Step schon aufgezeigt worden. Hier nur zur Erinnerung:

Praktische Arbeitsaufgabe

Beine 1) Knie: Eindrehen der Hüfte des Spielbeins, um den Touch auf dem Fußballen aufzusetzen + Double Step:

Bei dieser Variation drehen wir bei jedem Schritt zurück zur Ausgangsposition (schulterbreiter Stand) das Knie des Spielbeins in der Hüfte wieder gerade nach vorn. So entsteht beim Double Step eine schöne Dynamik.

Beine 2) Ferse: Ausdrehen der Hüfte des Spielbeins um den Touch auf der Ferse aufzusetzen + Double Step:
Bei dieser Variation bleiben wir mit dem Fußballen/der Fußspitze des Spielbeins den ganzen Vorgang lang am Boden stehen und heben nur die Ferse vom Boden ab. Dabei dreht sich das gesamte Bein im Hüftgelenk aus und wieder ein.

- Wir heben die Ferse vom Boden ab.
- Wir drehen das Bein mit der Ferseninnenseite voran in der Hüfte,
- tippen mit der Ferse kurz auf den Boden,
- heben sie wieder ab, um sie dann – das Bein in die Ausgangsstellung zurückgedreht – wieder auf den Boden zu stellen.

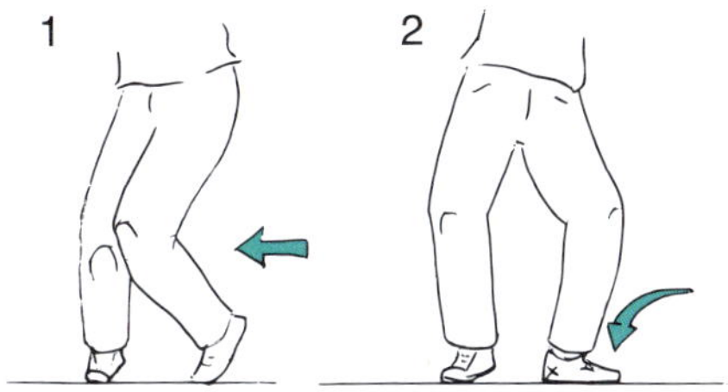

Praktische Arbeitsaufgabe

Beine 3) Wir drehen den gesamten Körper in Richtung des Standbeins um 45°. Wir verwenden die Variation wie bei Beine 1) und bewegen den gesamten Körper mit dem Spielbein in Richtung Standbein.

+ Double Step:

- Bei dieser Variation bleiben wir mit dem Körper auf die Zähler Drei-und-Vier sowie auf die Zähler Sieben-und-Acht um ca. 45°-90° im Raum zum Standbein gedreht, ohne den Körper beim Zurückstellen des Spielbeins wieder nach vorn auszurichten.
- Das Standbein bleibt dabei unverändert fest am Boden stehen.
- Dabei stellen wir das Spielbein auf die Zähler Drei-und-Vier und auf die Zähler Sieben-und-Acht jeweils „vor-rück-vor"*,
- um dann auf den Zähler „und" zwischen den Zählern Vier-und-Fünf (bzw. Zähler Acht-und-Eins) den Körper in die Ausgangsposition zurückzudrehen.

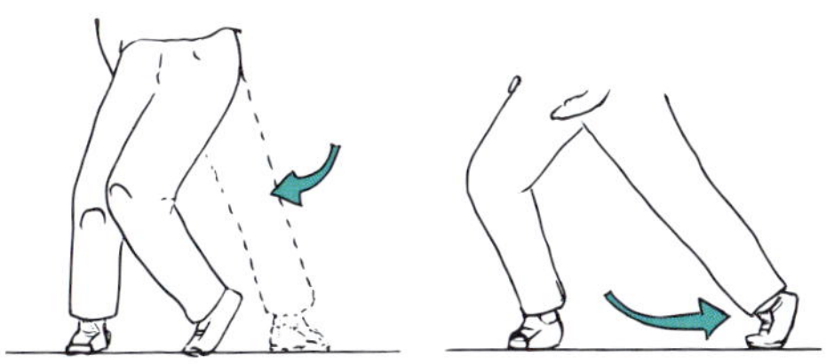

Grafik zu Beine 3)

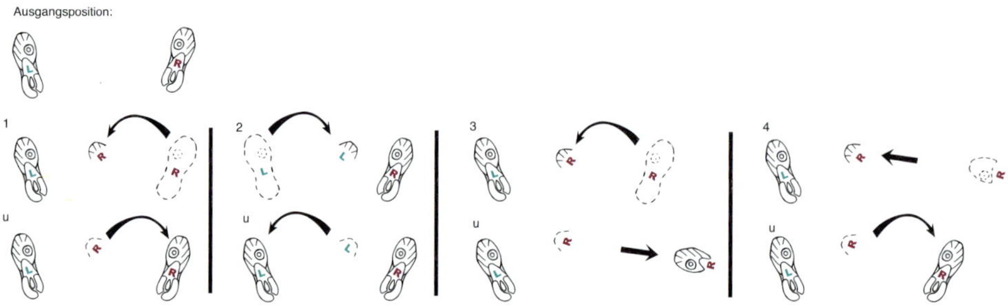

Information

*(Erinnerung: Körperrichtungen bleiben in Bezug zum Körper (Brustbein ist vorn) immer gleich. Drehen wir uns also im Raum im breitbeinigen Stand mit Hüfte und Oberkörper, ohne die Füße vom Boden abzuheben, ändert sich die Richtungsbezeichnung beider Beine, ohne dass sie von der Stelle bewegt wurden. Wenn wir uns also mit Hüfte und Oberkörper um 90° im Uhrzeigersinn drehen und die Füße in der schulterbreiten Ausgangsposition mitdrehen, aber am Boden stehen lassen, ändert sich die Richtungsbezeichnung des linken Beines von „Links" auf „Hinten" da es ja dann vom Körper ausgehend hinten steht. Ähnlich verhält es sich mit dem rechten Bein, das bei derselben Drehrichtung die Richtungsbezeichnung von „Rechts" auf „Vorne" wechselt, da es ja dann ausgehend vom Körper vorne steht.)

Praktische Arbeitsaufgabe

Beine 4) Touch Step nach außen: Die folgende Differenzierung 1 des Touch Step ist eine gute Brücke, um Zugang zu weiterem Schrittmaterial und differenzierten Raumrichtungen zu bekommen.

Hierbei handelt es sich übrigens um die Basis, die sich in der weiteren Ausdifferenzierung (einsetzen von Kicks und leichtem Hüpfen, hier nicht beschrieben) zu einer HipHop-Schritttechnik entwickelt, die als „Salsa-Rock“ bekannt ist:

Differenzierung 1

Und:

- Wir stehen aufrecht mit geschlossenen Beinen und beginnen, den Körperschwerpunkt durch das Beugen der Knie abzusenken.
- Der Körper beugt sich währenddessen ebenfalls leicht nach vorn in einen kleinen Bounce und wir verlagern das Gewicht auf das linke Bein.
- Dabei heben wir das rechte Bein durch weiteres Beugen von Hüftgelenk und Knie des Spielbeins (rechtes Bein) an, damit es sich vom Boden abhebt.

Ausgangsposition:

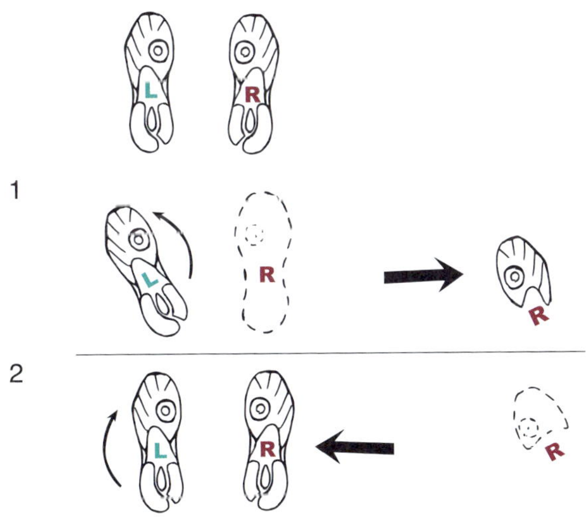

Eins:

- Aus dieser leichten Abwärts-Bounce-Bewegung heraus lehnen wir uns leicht zur Seite des Standbeins (linkes Bein), rotieren sanft im Hüftgelenk des Standbeins (linkes Bein) nach links zum Standbein und strecken das Spielbein (rechtes Bein) nach rechts zur Seite aus.
- Dabei vollziehen wir einen leichten Rebounce im Oberkörper.

- Sobald das Spielbein (rechts) dann so gut wie ausgestreckt ca. 80 cm vom Standbein den Boden berührt, wird es sogleich mit viel Gewicht unter voller Spannung am Boden abgestellt, während sich zur gleichen Zeit über dem gebeugten Standbein (links) der Oberkörper im Bounce diagonal aufrichtet. Dabei verlagern wir das Gewicht schnell auf das rechte Bein zum „Wiederabstoßen".

Und:

- Die Abwärts-Bounce-Bewegung (Beugen des Oberkörpers) führen wir dann zum nachfolgenden Anheben (nach dem Abstoßen) des Spielbeins (rechts) wieder aus, um es zurück an seinen Platz parallel zum Standbein abzustellen.

Zwei:

- Wir richten den Oberkörper beim Abstellen wieder auf, um anschließend in der aufrechten, parallelen Ausgangsposition anzukommen.
- Derselbe Bewegungsablauf erfolgt dann zur anderen Seite.

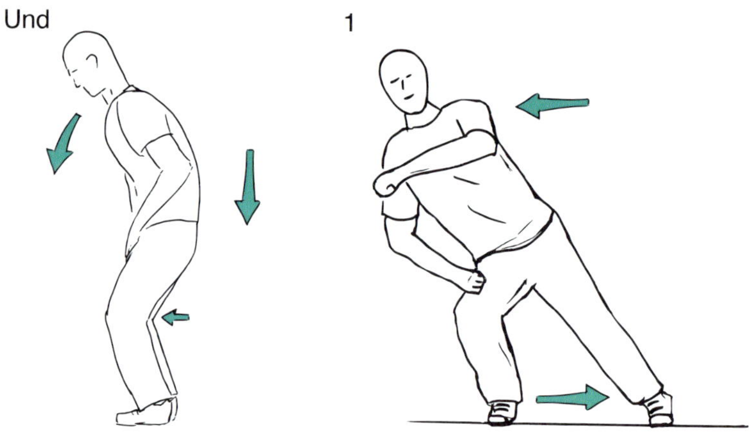

Differenzierung 2: Genauso ist es hierbei möglich, den Time Step (auf Zähler Drei-und-Vier und Sieben-und-Acht) mit Doppelschritt einzusetzen (also das Spielbein zweimal rein- und rausstellen), sozusagen den Double Step nach außen (sowohl zur Seite und/oder nach vorn und hinten, siehe Differenzierung 3).

Differenzierung 3: Ebenso kann dies im Raum zum Spiegel oder nach hinten vom Spiegel weg ausgeführt werden, indem wir uns beim Abheben des Spielbeins aus dem Parallelstand mit dem gesamten Körper jeweils 90° im Raum drehen, um den Auswärtsschritt auszuführen und uns dann mit dem Körper wieder zur Spiegelseite zurückdrehen. Das Ganze dann natürlich auch andersherum.

Differenzierung 4: Der in der Mitte stattfindende Standbeinwechsel – von einem Bein außen abgestellt zum anderen Bein außen abgestellt – kann auch schnell und mit einem kleinen Hüpfen gestaltet werden. Dabei stellen wir während des Hüpfens – praktisch in der Luft – das eine Bein von außen herein, und beim Ankommen des hereingezogenen Beins wechseln wir das Standbein, wobei das andere Bein zur entgegengesetzten Seite hinausgestellt wird. Dieser Schritt kann dann natürlich auch wieder durch die Double-Step-Differenzierung erweitert werden.

ARME (Erweiterungen zu Kapitel 4.1.2)

Praktische Arbeitsaufgabe

Arme A) Schulter: Beim Schritt nach innen ziehen wir die Schulter an der Seite des Spielbeins hoch. Dabei strecken wir den Arm der angehobenen Schulter locker nach unten und formen die Hand zu einer entspannten Faust.

Arme B) Arme parallel (Erinnerung)**:** Die Arme werden parallel zum Boden nach rechts und links bis in die Fingerspitzen ausgestreckt und gemeinsam mit dem Bein derselben Seite – jeweils synchron zum Schritt nach innen – am Ellbogen gebeugt. Die Hand des aktiven Arms wird dabei bis zur Schulter nach innen geführt (4.1.2 Touch Step, Grafik: Touch-Step-Armbewegung).

Arme C) Arme kreisen: Wir bilden lockere Fäuste und beugen die Arme neben dem Körper im Ellbogengelenk mit einer kreisenden Bewegung – jeweils synchron zum Schritt – nach rechts und links vorne-oben und schwingen sie über unten kreisend hin und her. Sollte dies gut klappen, können wir dann auch die Arme zum Double Step einmal komplett um 540° zur anderen Seite kreisen. Dabei schwingen wir beim Einzelschritt (wie zuvor beschrieben) hin und her und vollziehen beim Doppelschritt den kompletten Kreis bis zur anderen Seite.

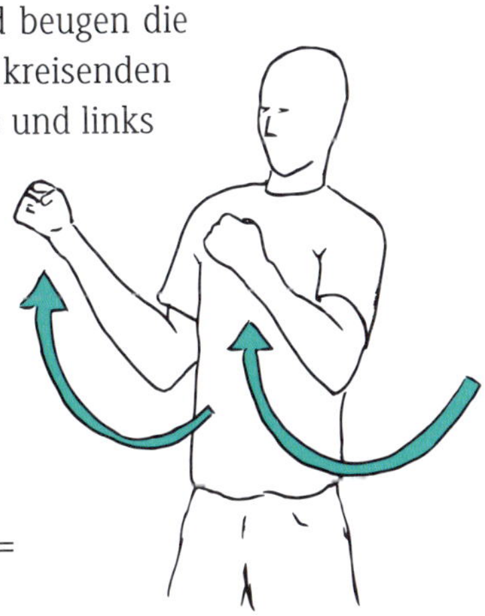

Arme synchron zum Double Step mit dem rechten Bein = Uhrzeigersinn.

Arme synchron zum Double Step mit dem linken Bein = Gegenuhrzeigersinn.

5.1.2 Cross-Step-Differenzierungen

Wenn ich sehe, dass die Basis des Cross Steps mit seitlich schwingenden Armen langsam, aber fehlerfrei vom Schüler umgesetzt werden kann, kann ich die Übung um folgende Differenzierungen erweitern.

Didaktik

BEINE (Erweiterungen zu Kapitel 4.1.3)

Praktische Arbeitsaufgabe

Beine 1) Zählen:

Hierbei geht es darum, die Schüler zum Mitzählen aufzufordern. Dies ist der erste Ansatz, das selbstständige Zählen von Takt und Bewegungen als Aufgabe in den Übungsvorgang einzubauen. Der erste und einfachere Fokus liegt zuerst auf dem Zählen der Schritte, was später zum Zählen von Achtern erweitert werden sollte:

- Wir stellen die Beine zuerst 8 Schritte (zwei Achter) nach vorne, dann 8 Schritte (zwei Achter) nach hinten (je Bein 4 x abwechselnd).
- Darauf folgt der Cross Step jeweils 4 Schritte (ein Achter) nach vorne und 4 Schritte (ein Achter) nach hinten (je Bein 2 x abwechselnd).
- Dann 2 Schritte (vier Zähler) nach vorne und 2 Schritte (vier Zähler) nach hinten (je Bein ein Schritt).

Beine 2) Sprung:

Beim Schritt zurück zur Ausgangsstellung (parallel stehende Beine, schulterbreit) fügen wir ein leichtes Springen mit beiden Beinen hinzu (beide Füße heben dabei kurzfristig vom Boden ab). Dies bringt eine energetischere Dynamik in die Übung und wird dann auch gleich etwas anstrengender.

ARME (Erweiterungen zu Kapitel 4.1.3)

Praktische Arbeitsaufgabe

Arme A) Schwingend kreuzen: Die Arme (wie zuvor am Ende des Kapitels 4.1.3 schon beschrieben) mit parallelen Beinen an den Händen oder Handgelenken kreuzen. Beim Schritt quer nach vorn (die Beine kreuzen) öffnen sich die Arme und schwingen seitlich am Körper nach hinten. Das Ganze natürlich dann wieder zurück in die Ausgangsposition. Diese Armbewegung führen wir ebenso beim Cross Step nach hinten aus.

Arme B) Wrist Roll:

- Beim Schritt nach vorne verhalten sich die Arme wie bei „Arme A)" beschrieben.
- Beim Übergang zum Schritt nach hinten wandern die Hände in die Ruheposition und werden auf dem Hüftbereich der Oberschenkel abgelegt.
- Während des Schrittes zurück heben wir den Arm der Spielbein-Seite im Ellbogengelenk mit der Handfläche nach unten / hinten an.
- Dabei vollzieht das Handgelenk während des Anhebens eine kleine horizontale Kreisbewegung über innen nach oben.
- Am höchsten Punkt des Anhebens (etwa auf der Höhe des Brustbeins) beginnen wir damit, den Arm abzusenken und das Handgelenk nach unten-vorne zu beugen. Dabei zeigt die Handfläche nach oben.
- Im Moment, in dem das Spielbein hinten gekreuzt am Boden ankommt, bilden wir eine lockere Faust, die im Handgelenk locker nach unten hängt (die Finger

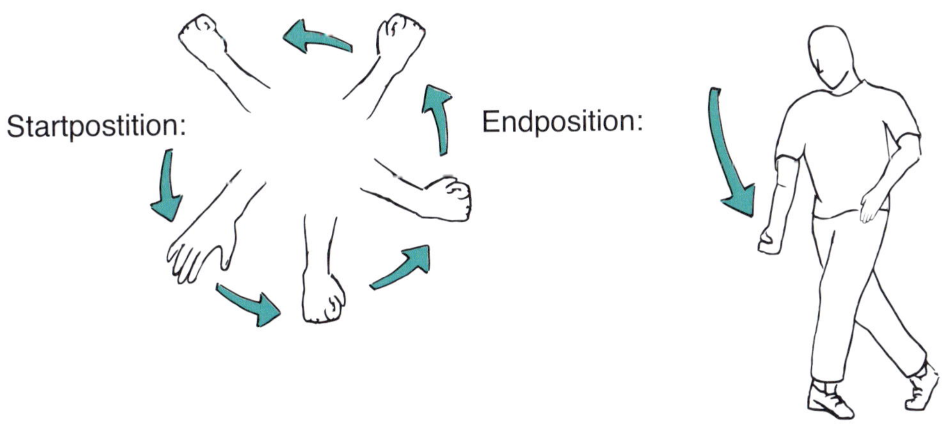

fallen in die Handfläche). Die Bewegung kann man sich in etwa so vorstellen, wie wenn man eine zugedeckte Karte vom Tisch zieht und durch das Drehen im Handgelenk aufdeckt und sie dann jemand anderem unter dem Tisch hindurch zur Ansicht hinhält.

- Von dieser Haltung aus gehen wir mit den Beinen wieder in die schulterbreite Ausgangsposition und vollführen den kompletten Arm- und Handbewegungsablauf rückwärts zurück zur Ruheposition auf dem Oberschenkel.
- Die ganze Übung führen wir dann auch zur anderen Seite aus.

5.1.3 Erweiterungen zur Tanzkombination

Praktische Arbeitsaufgabe

(Erweiterungen des Kapitels 4.1.7)

Vor-zurück-Gehen (Erweiterung zu Kapitel 4.1.5.1)

Ich gehe davon aus, dass die Basis des Vor-zurück-Gehens als Einzelübung langsam, aber fehlerfrei vom Schüler umgesetzt werden kann. Punkte A) und B) sind im Kapitel 4.1.5.1 schon beschrieben, hier nur nochmals der Vollständigkeit halber:

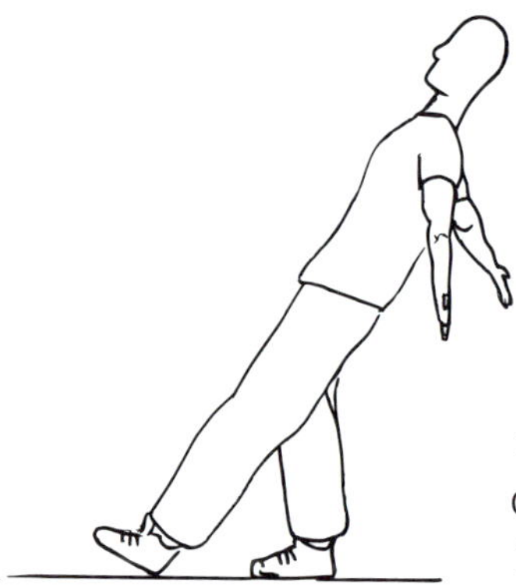

A) Offensiver Ausdruck: Beim Verlauf des vierten Schrittes (nach Zähler Drei) verlagere ich das Gewicht des Oberkörpers nach hinten auf das Standbein, hebe das Kinn ein wenig, ziehe die Schultern hinter den Brustkorb und öffne die Arme, Hände und Finger zur Seite, als wollte ich sagen: „Und … was ist jetzt?" Dabei stoppe ich abrupt auf den Zähler Vier mit einem festeren Abdruck der Ferse vom Boden und wechsle damit die Richtung zum Nach-hinten-Gehen auf den Zähler Fünf.

B) Defensive: Beim Zähler Acht (vierter Schritt zurück) verlängere ich den letzten Schritt um ca. 70 cm weiter nach hinten, indem ich das Standbein und den Oberkörper nach unten beuge. In dieser Art „Start-Position" stütze ich den Oberkörper mit der dem Standbein gegenüberliegenden Hand, indem ich diese mit den Fingerspitzen seitlich vom Körper am Boden abstelle.

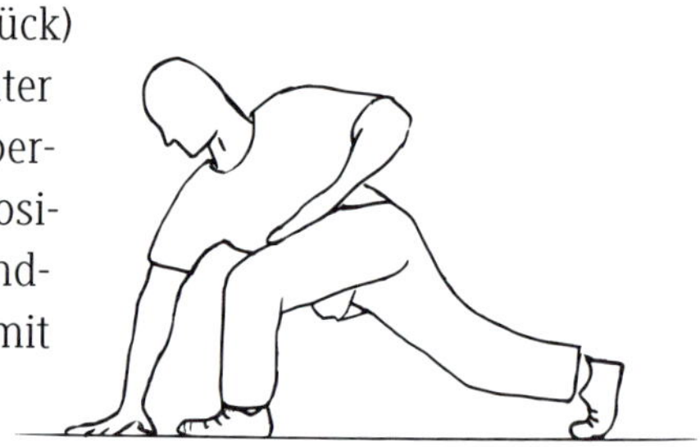

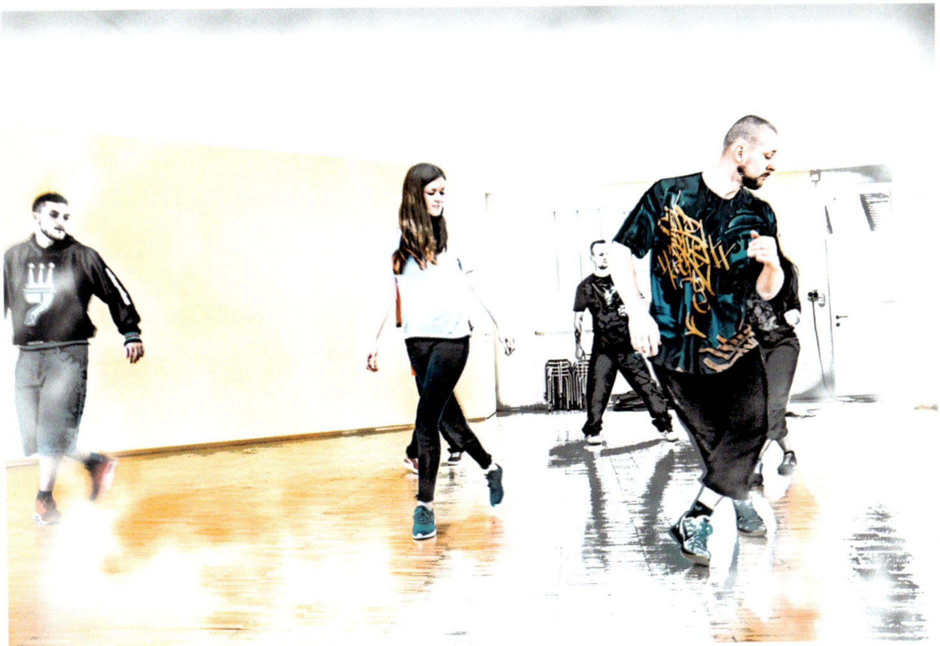

Seitwärtsgehen (Erweiterung zu Kapitel 4.1.5.2)
Ich gehe davon aus, dass die Basis des Seitwärtsgehens als Einzelübung langsam, aber fehlerfrei vom Schüler umgesetzt werden kann.

Kreuzen: Die einfachste Version, das Seitwärtsgehen zu erweitern ist, die Beine sowohl über vorne als auch über hinten zu kreuzen. Man kann das Kreuzen bei der Einzelübung des Seitwärtsgehens folgendermaßen variieren:

1. Im Loop immer wieder den ersten Achter nur über vorne kreuzen und den zweiten Achter nur über hinten.
2. Im Loop eine Richtung vier Zähler über vorne kreuzen und nach dem Richtungswechsel vier Zähler über hinten kreuzen.
3. Eine sehr natürliche und sinnvolle Version ist, dass wir auf Zähler Eins – beim ersten kreuzenden Schritt – über vorne kreuzen, auf Zähler Zwei den nächsten Schritt so stellen, dass wir wieder parallel stehen und anschließend auf Zähler Drei den Schritt über hinten kreuzen, um auf den Zähler Vier den Stopp zum Richtungswechsel vorzunehmen.
4. Der Vollständigkeit halber sei noch erwähnt, dass die vorausgehende Version 3. natürlich auch zuerst mit dem Bein über hinten und dem zweiten Kreuzschritt über vorne gekreuzt werden kann.

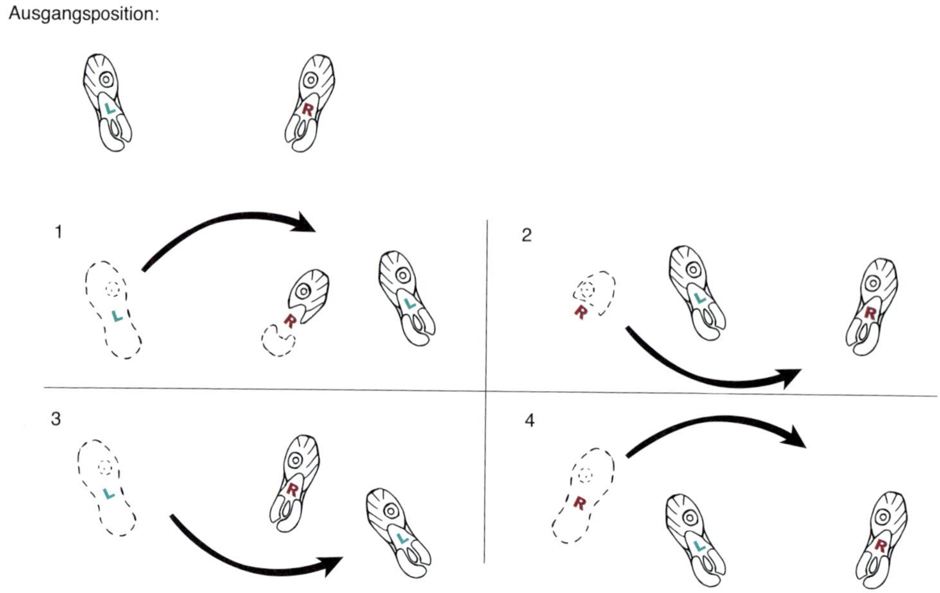

Als zukünftig festgelegte Kreuzschrittvariation, die in den Tanz fest integriert wird, empfehle ich Version 3.

Die Arme haben bei den Grundlagen des Seitwärtsgehens eine eher untergeordnete Funktion. Ich empfehle, die Arme wie beim normalen Gehen während der Schrittbewegung in einer etwas intensiveren „Marschbewegung" neben und vor dem Körper mit gebeugtem Ellbogen vor- und zurückzuschwingen.

Information

Fazit der ersten 3-4 Stunden:

Normalerweise sollte sich die Gruppe nach 3-4 Stunden einigermaßen gefunden haben. Man hat die unerfahreneren Schüler dort abgeholt, wo sie wirklich standen, und die Erfahreneren dort hingebracht, wo der gemeinsame, etwas entspanntere Weg durch die „Wildnis" beginnt. Als Lehrer sollte man nun ein differenzierteres Bild davon haben, welche Leistungsfähigkeit in der Gruppe herrscht, wie schnell die Gruppe lernt, welche Musik der Gruppe gefällt und wo ganz allgemein die Stärken und Schwächen liegen. Das ist nun die ideale Voraussetzung, um in fortgeschritteneres Material einzusteigen. Die zeitliche Einteilung ist dabei von der Lerngeschwindigkeit und Motivation der Schüler abhängig.

5.2 Fortgeschrittene Differenzierungen

Die nun folgenden Erweiterungen des Tanzes führe ich nun einzeln als Technik-, Koordinations- und Zählübung im Technikteil des Unterrichts ein (siehe „DER KOMPASS" Kapitel: 3.2.2 Stundenaufbau). Erst wenn diese Übungen etabliert sind, ist es möglich, die differenzierten Tanzbewegungen im Choreografieteil des Unterrichts in den Tanz zu integrieren.

Didaktik

Folgende Fähigkeiten und Basistechniken sollten für die Schüler so etabliert sein, dass sie zur Musik umgesetzt werden können:

- Bouncen
- Double Step
- Cross Step
- Vor-zurück-Gehen
- Seitwärtsgehen
- Drehen
- Zählen
- Rechts-links-Sicherheit

Tipp: Die nun folgende Reihenfolge ist mein Vorschlag, eine sinnvolle Didaktik für den HipHop-Unterricht mit Einsteigern in den ersten 20 Stunden beispielhaft anzuwenden!

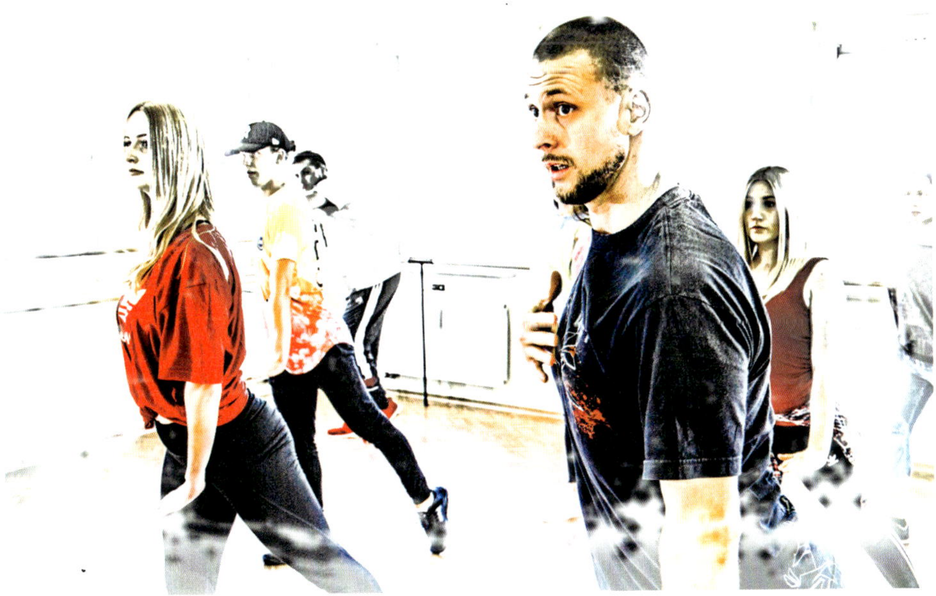

5.2.1 Fortgeschrittene Differenzierungen Touch Step

Praktische Arbeitsaufgabe

Nun kann man die fortgeschrittene und aufwendigste Armvariation des Double Step erarbeiten:

Arme D) lange Arme:

- Die Hände ruhen in Hüfthöhe auf den Oberschenkeln (Ruheposition).
- Wir führen die Bewegung „Beine C) Drehen des gesamten Körpers in Richtung des Standbeins um 45°" aus.
- Beim vollen Eindrehen des Beins und des Körpers auf den Zähler Eins ziehen wir zum Schritt den gestreckten Arm aus der Schulter heraus, über seitlich-außen parallel zum Boden nach vorn.
- Auf dem Weg beschleunigen wir den Arm durch die Körperbewegung und schleudern diesen mit gestrecktem Ellbogen über vorne mit der Hand vor die Schulter (Grafik Zähler 3), wobei wir den Arm im Ellbogen gegen Ende der Bewegung beugen.
- Die Körperrichtung in dieser Zwischenposition ist 45° zum Standbein gedreht. Die Finger sind geschlossen und gestreckt. Die Handfläche ist parallel zum Boden nach unten gerichtet.
- Dies vollziehen wir dann mit dem zweiten Schritt auf den Zähler Zwei noch mal zur anderen Seite, während die erste Hand wieder in die Ruheposition nach unten wandert.
- Beim anschließenden Doppelschritt (Spielbein vor-rück-vor auf Zähler Drei-und-Vier) auf der rechten Seite, zieht man den rechten Arm auf den Zähler Drei wieder über außen zur Schulter, während das rechte Bein den Schritt nach innen (vor) vollzieht (Grafik Zähler 3).

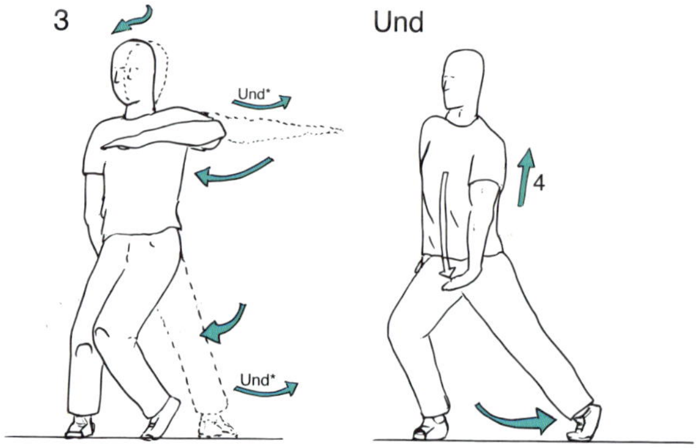

- Auf den Zähler „und" zwischen den Zählern Drei-und-Vier stoßen wir mit der Handfläche nach unten und strecken den Arm senkrecht zum Boden, während das rechte Bein nach hinten gestellt wird (Handgelenk 90° zum gestreckten Arm) (Grafik Zähler „und").
- Auf Zähler Vier ziehen wir die Hand wieder nach oben zur Schulter, während wir mit dem rechten Bein den Schritt nach vorn/innen machen (Grafik Zähler 4).
- Und das Bein auf den Zähler „und" zwischen den Zählern Vier und Fünf zurück zum Parallel-Stand stellen (Grafik Zähler „und"*). Dabei drehen wir gleichzeitig den Oberkörper wieder nach vorn zur Spiegelseite, während die gerade aktive rechte Hand in die Ruheposition auf den Oberschenkel zurückwandert.
- Danach folgt der Seitenwechsel von Zähler Fünf bis „Acht und".

Information

Diese Übung ist sehr dynamisch, und man sollte unbedingt darauf achten, dass alle Schüler den Arm von hinten, über die Weite, ganz außen an der Peripherie entlang nach vorn schleudern. So kann man gleich das Führen der Schulter üben und Dynamik wahrnehmbar machen.

5.2.2 Fortgeschrittene Differenzierung Cross Step

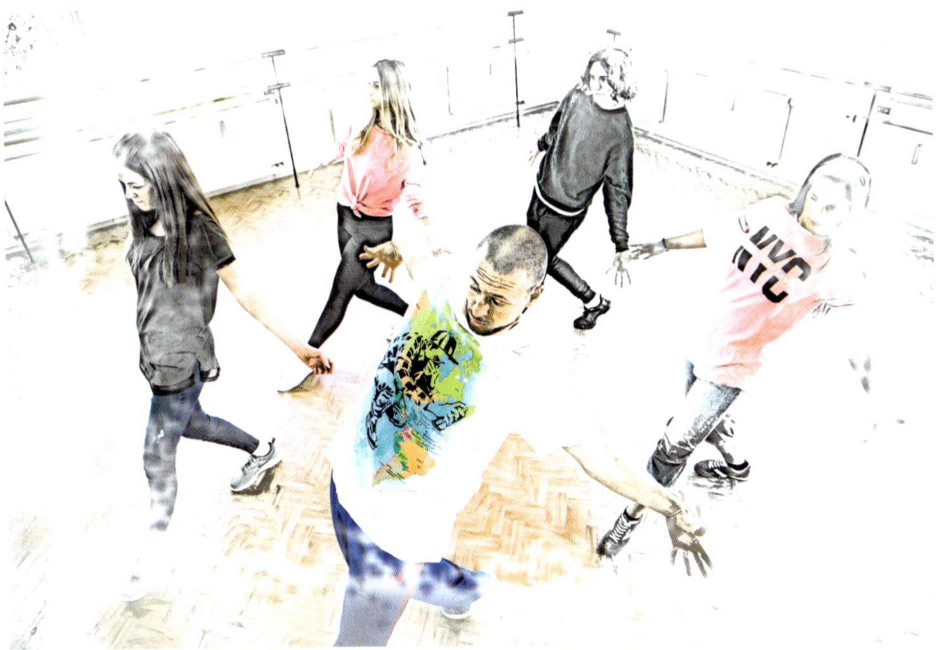

Beine 3) Ständiger Wechsel:

Praktische Arbeitsaufgabe

- Zähler Eins: Ein Schritt mit dem rechten Bein quer nach links vorn (normaler Cross Step).
- Zähler Zwei: Das Spielbein (rechts) wieder zurück zu einem engeren Parallelstand (der Körper ist dabei nun ca. 45° zum Standbein ausgerichtet).
- Zähler Drei: Das Standbein wechselt, und wir machen mit dem linken Bein einen Schritt quer nach rechts hinten.
- Zähler Vier: Das nun hinten stehende Spielbein (links) wird wieder zum schulterbreiten Parallelstand hinbewegt, der Körper wird mit der Blickrichtung nach vorn im Raum (zum Spiegel) ausgerichtet und dabei so über das Standbein (rechts) gelehnt, dass das Spielbein (links) eine Verlängerung der Körperlinie diagonal von unten nach oben darstellt.
- Wir bringen kurz volles Gewicht zum Abstoßen auf diesen *Zwischenschritt und beginnen direkt denselben Ablauf zur anderen Seite mit dem nun abgestoßenen Spielbein (links) auf den Zähler Fünf.

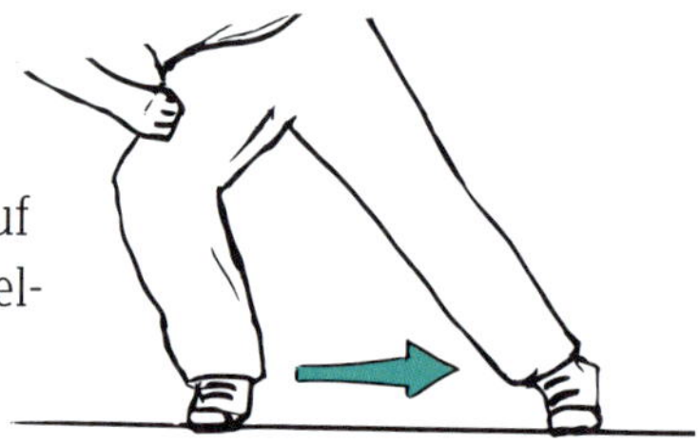

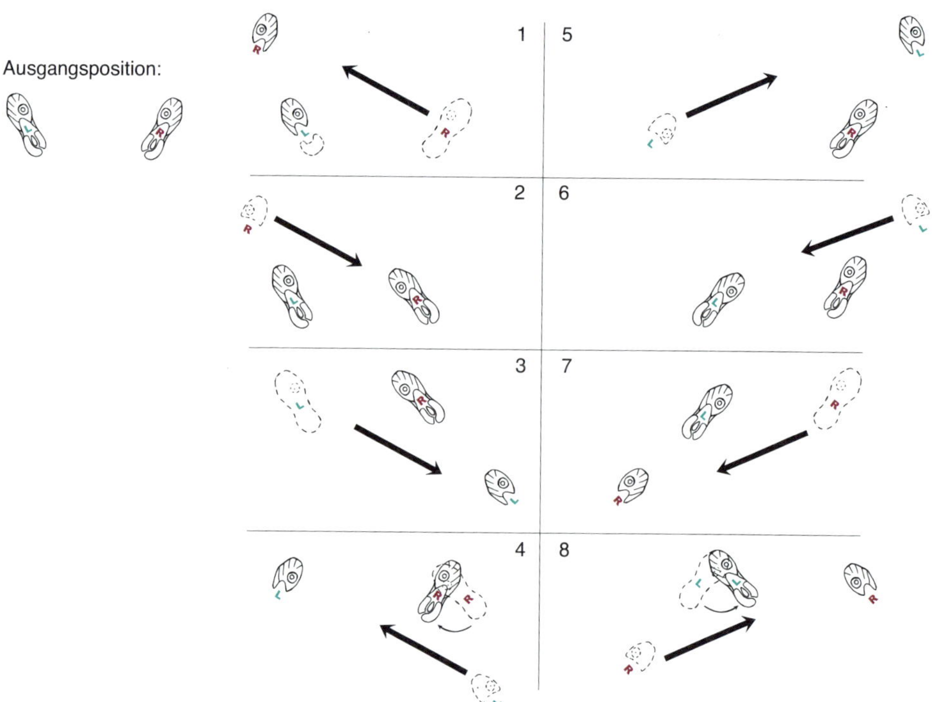

Praktische Arbeitsaufgabe

Arme C) Push beim Zwischenschritt:

Bei „Beine 3)" versehen wir den Zwischenschritt beim Wechsel der Seiten mit einem Push aus der Schulter heraus:

- Der Ellbogen beugt sich, während der Arm im Schultergelenk nach außen angehoben wird. Das Handgelenk bewegt sich so, dass sowohl die Handfläche als auch die Ellbogenspitze auf Schulterhöhe nach außen zeigen.
- Im dem Moment, wo der Fußballen des Spielbeins den Boden berührt, stoßen wir den gesamten Arm mit der Handfläche (im 90°-Winkel zum gestreckten Arm) nach außen seitlich weg.

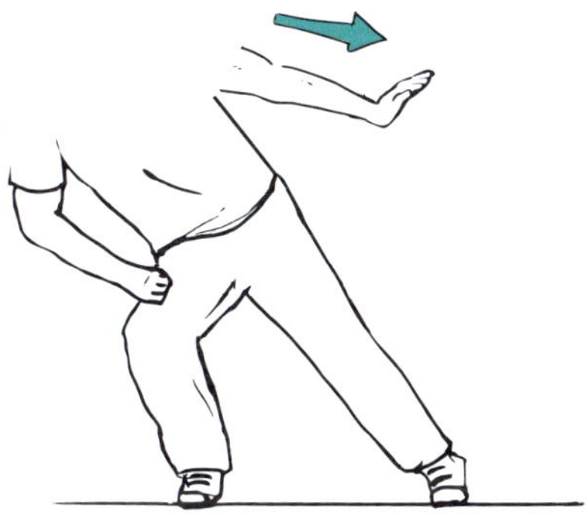

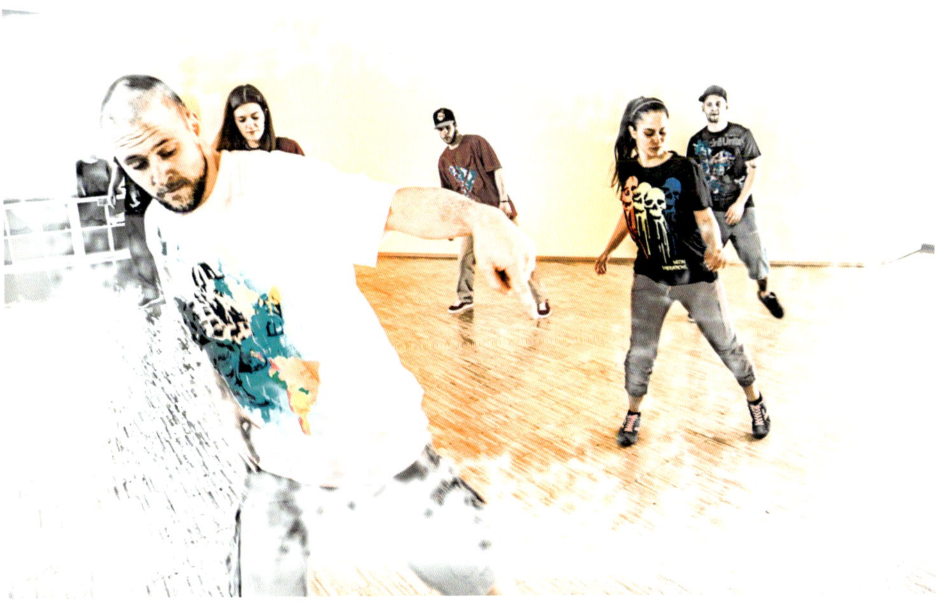

5.2.3 Erweiterung Tanz: Kick

Praktische Arbeitsaufgabe

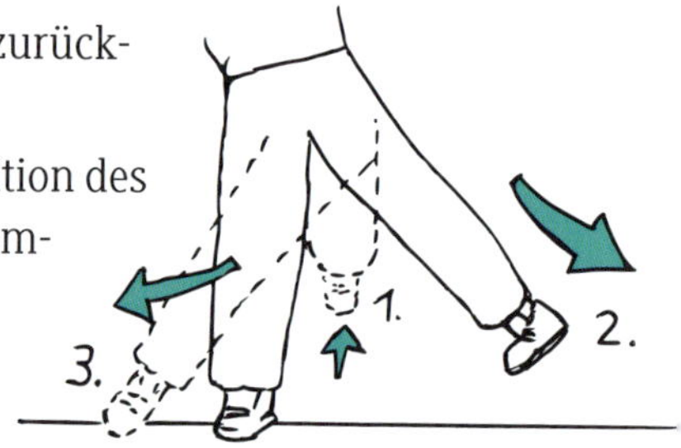

Das ist die Erweiterung der Verbindung vom Vor-zurück-Gehen zum Seitwärtsgehen:

- Wir befinden uns bei Zähler Acht in der Endposition des Rückwärtslaufens (5.1.4 Erweiterungen Tanzkombination B) Defensive), rechtes Bein hinten.
- Dann stoßen wir uns mit dem hinteren rechten Bein etwas ab und richten uns auf.
- Nun verzögern wir das Aufstehen, wobei wir bei Zähler Eins im Aufrichten das Knie des Spielbeins (rechts) im gleichen Zuge nach vorne oben ziehen
- Auf Zähler Zwei kicken wir dann blitzartig mit der Sohle des von hinten kommenden Spielbeins (rechts) aus der Hüfte und dem Knie heraus diagonal nach rechts außen zur Seite und führen die Bewegung dann direkt zum ersten vorne kreuzenden Seitschritt nach links auf Zähler Drei.
- Beim Kick vor dem ersten kreuzenden Schritt lassen wir uns mit dem Gewicht des Oberkörpers in die Richtung des Standbeins (links) fallen, um den Kreuzschritt aus dem Fallen heraus ansetzen zu können.
- Dieser Ablauf ist dann natürlich andersherum, wenn wir mit dem linken Bein begonnen haben, vorwärts zu laufen.

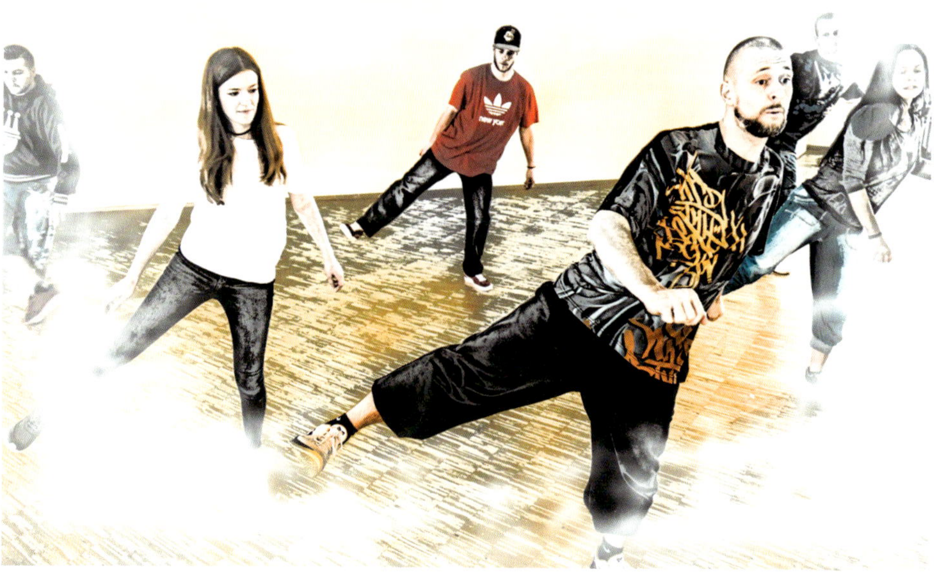

5.2.4 Erweiterung Tanz: Wechselschritt (Pas de bourrée)

Praktische Arbeitsaufgabe

Das ist die Erweiterung beim Stopp des Seitwärtsgehens zum Richtungswechsel von rechts nach links oder links nach rechts:

Beim Stopp an den Seiten auf Zähler Vier und Acht fühlt es sich bei schnellerer Musik etwas abrupt und hart an, einfach zu stoppen und die Richtung zu wechseln. Hier habe ich beobachtet, dass einige Schüler schon von Natur aus einen Wechselschritt einsetzen. Dieser „automatisch" aufkommende Schritt ist ein im Ballett bekannter Wechselschritt, der sogenannte **Pas de bourrée** (gesprochen: pa de burê). Dieser „Kreuzschritt mit Standbeinwechsel" funktioniert folgendermaßen:

- Beschreibung für die Stoppsituation auf Zähler Vier, auf der linken Seite, mit dem linken Bein, wenn das rechte Bein zuerst nach links auf Zähler Eins über vorne zu kreuzen begonnen hat.
- Im Moment des letzten Schrittes – das linke Bein stoppt auf Zähler Vier im parallelen Stand – verlagern wir das volle Gewicht auf das linke Bein, sodass das rechte Bein leicht angehoben werden kann. Dabei bleiben wir mit dem Körper leicht nach rechts geneigt, um das durch die Neigung erreichte Fallen (off-balance) für die Fortbewegung in die Gegenrichtung nutzen zu können.
- In dieser leicht schwebenden Situation ziehen wir den angehobenen rechten Fuß etwas nach hinten, um diesen auf den Zähler „und" zwischen Zähler Vier und Fünf im Takt auf ungefähr der gleichen Stelle, von der man ihn abgehoben hat, nur etwas weiter hinten, abzustellen.
- Dabei verlagern wir dann sofort das komplette Gewicht auf den hinten abgestellten rechten Fuß, um gleich anschließend das linke Bein auf Zähler Fünf zum ersten Kreuzschritt in die Gegenrichtung nach rechts anzusetzen.
- Dieser Ablauf erfolgt natürlich auf der anderen Seite andersherum.

Pas = Kreuzschritt auf Zähler Drei mit dem rechten Bein
de = Schritt zum Parallelstand auf Zähler Vier mit dem linken Fuß
bou- = **Der Wechselschritt (WSR)** Zurückziehen des rechten Fußes zum Wechsel auf das und zwischen Zähler Vier und Fünf
-rrée = Kreuzschritt auf Zähler Fünf mit dem linken Bein

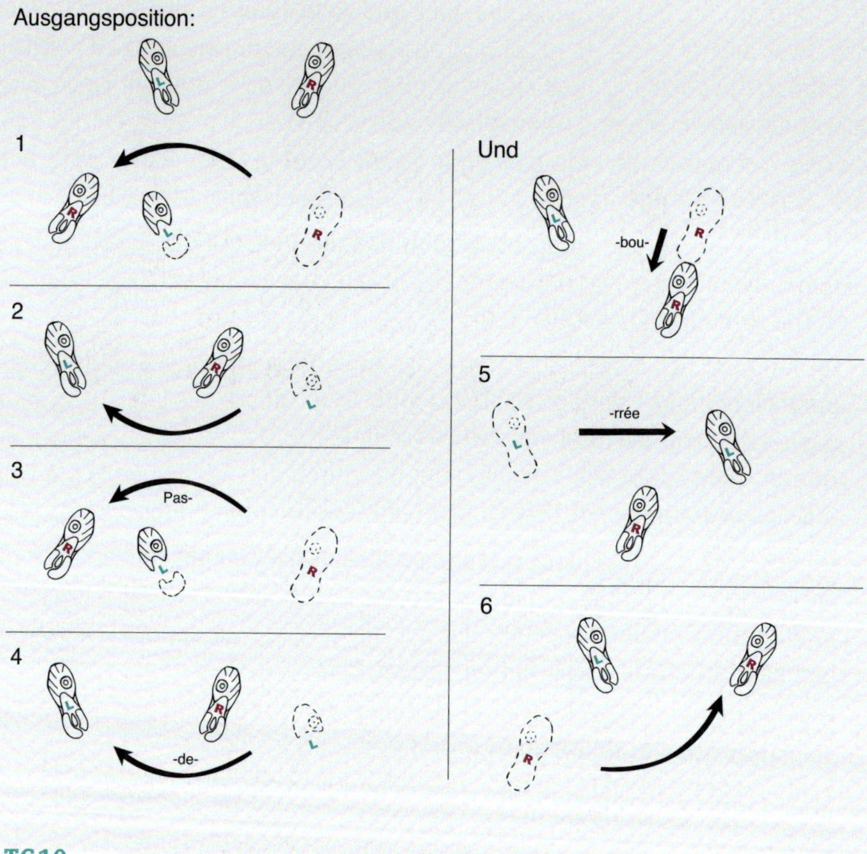

TG10

1	2	3	4	u	5	6	7	8
R	L	R	L	WS	R	L	R	L
		Pas	de		bou-	-rrée		

5.2.5 Erweiterung Tanz: Vorwärtsgehen

Praktische Arbeitsaufgabe

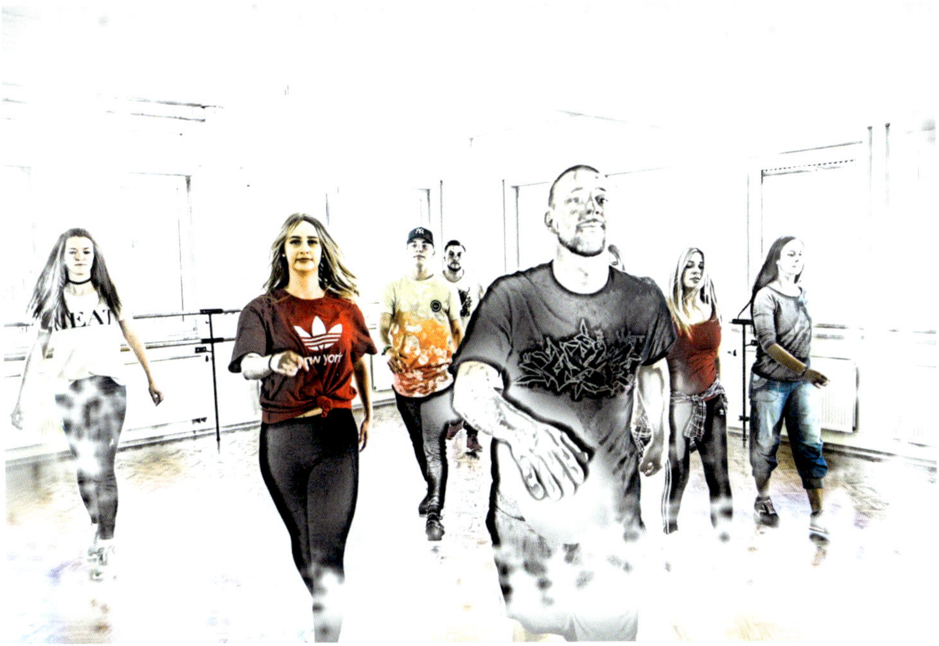

- Beim dritten Schritt des mit dem rechten Bein begonnenen Vorwärtslaufens auf den Zähler Drei öffnen wir die Arme zu den Seiten parallel zum Boden auf Schulterhöhe. Der rechte Ellbogen ist dabei um 90° nach oben gebeugt und der linke Arm gestreckt, wobei beide Hände zu lockeren Fäusten geschlossen werden (**Zwischenhaltung siehe Grafik).
- ***Beim „und" (zwischen Zähler Drei und Vier), dem Übergang von Schritt drei zu Schritt vier, bringen wir beide Unterarme vor dem Oberkörper auf Höhe der Schultern durch das Schließen der Arme in den Schultergelenken zusammen. Das linke Knie wird zusätzlich vorne hochgezogen.
- Genau auf den Zähler Vier öffnen wir die Arme gleichzeitig zurück zur **Zwischenhaltung und tippen im selben Moment mit der Ferse des linken Beins kurz vorne auf den Boden (5.1.4 Vorwärts-Gehen Erweiterungen: Version A) Offensiver Ausdruck),

**Zwischenposition

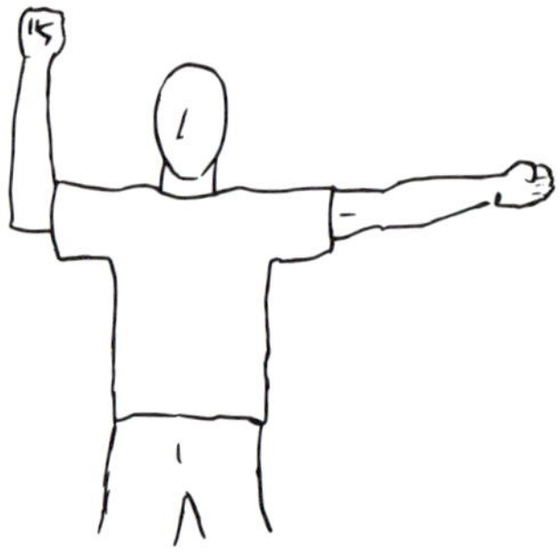

***Und-Position

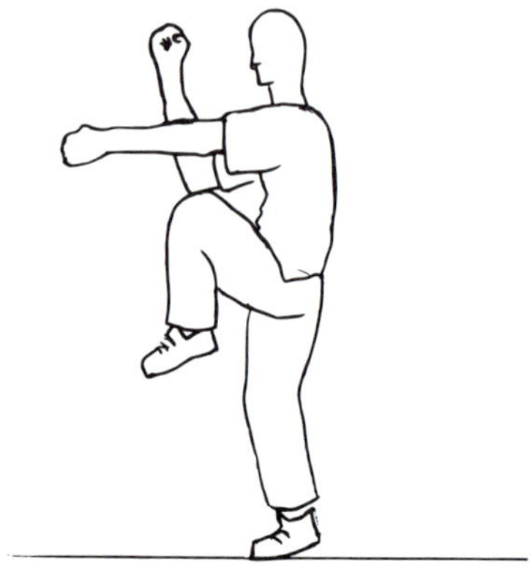

- um dann sofort wieder auf den Zähler „und" zwischen Zähler Vier und Fünf zurück zur vorherigen **„UND-Position" (siehe Grafik) zu kommen.
- Danach alles auflösen und den Schritt in bekannterweise zu Ende führen.
- Die gesamte Schrittfolge mit Armbewegung erfolgt dann natürlich auch auf der anderen Seite andersherum.

5.2.6 Erweiterung Tanz: Rückwärtsgehen Arme

Praktische Arbeitsaufgabe

Beschreibung, wenn man mit dem rechten Bein auf den Zähler Eins begonnen hat:

- Vor dem letzten Schritt, auf den Zähler Acht nach hinten (5.1.4 Vorwärtsgehen Erweiterungen: Version B) Defensive) vergrößern wir die Armbewegung nach unten zum Stützen auf die Hand, indem wir zuerst den linken Arm auf Zähler Sieben wie beim Kraulen im Wasser von der Schulter aus in einem Bogen nach vorn stoßen.

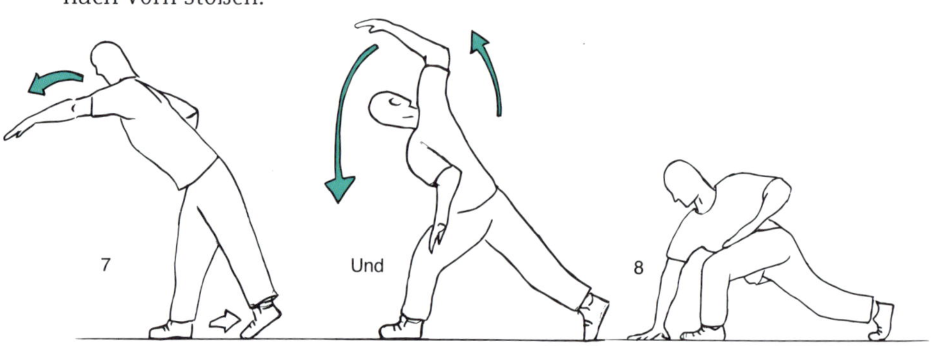

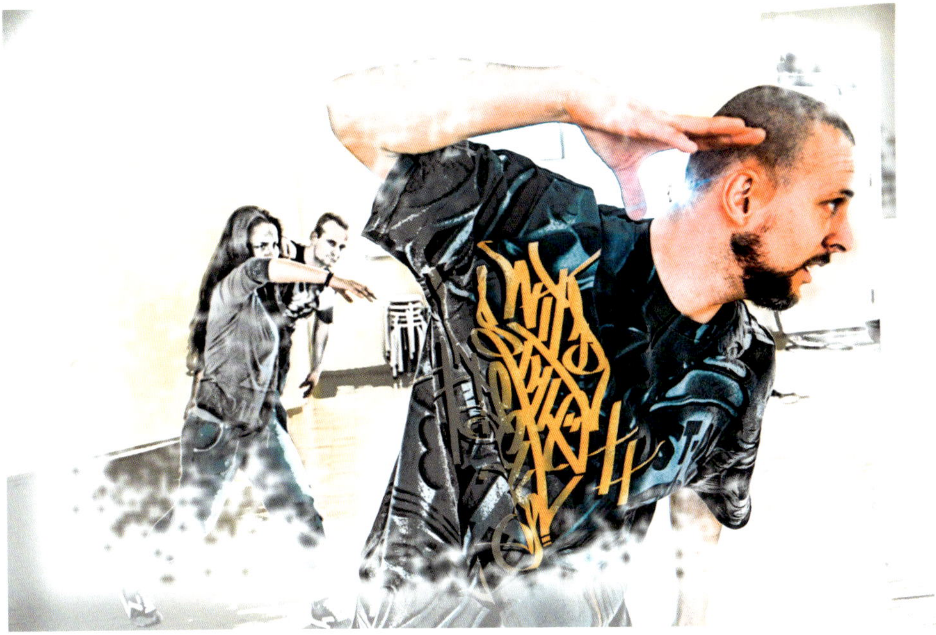

- Während der linke Arm die Kraulbewegung ausführt, ziehen wir die rechte Hand auf das „und" zwischen Zähler Sieben und Acht kurz zur Schulter hoch.
- Auf das „te" zwischen den Zählern „und" und Acht (siehe Kapitel: 4.1.4 Rhythmus und Taktlehre) bewegt sich nun der rechte Arm in einer Vorwärtskreisbewegung über oben (Gegenuhrzeigersinn in der Sagittalebene) so in Richtung Boden, dass es aussieht, als würde man mit gespreizten Fingern einen Basketball unter die Wasseroberfläche drücken. Dazu heben wir den Ellbogen über die Schulterebene.
- Auf Zähler Acht stellen wir den rechten Arm – zur gleichen Zeit wie das rechte Bein – aus der Kreisbewegung heraus, mit den Fingerspitzen am Boden. Währenddessen wird der linke Ellbogen gebeugt über den Rücken hinaus mit dem Arm eng am Körper liegend nach hinten oben gezogen.
- Dieser Bewegungsablauf erfolgt dann auf der anderen Seite andersherum.

5.2.7 Erweiterung Tanz: Wechselschritt (Pas de bourrée) mit kleinem Sprung

Beine C) Beim „Pas de bourrée" kann dann zusätzlich noch ein kleiner Sprung, also ein leichtes Hüpfen vor dem Schritt zum Parallelstand zum Zähler Vier bzw. Acht im Takt eingesetzt werden. Dies ist hilfreich, um den Schritt interessanter zu gestalten und im Anschlusskapitel (5.2.9 Vertiefung der Taktlehre mit dem ausdifferenzierten Seitlich-Gehen) bei der Vertiefung der Taktlehre gut ansetzen zu können.

5.2.8 Erweiterung Tanz: Raumwege-Erweiterung Rauteschritt

Damit man die Übung zu einem tänzerischen Raumwege-Koordinations-Training vollenden kann, veredelt man sie noch mit einer kleinen Erweiterung und einem schlüssigen Übergang zwischen den beiden Seiten / Richtungen.

Information

ACHTUNG:
Durch den Kick **(5.2.3 Erweiterung Tanz: Kick)** verschiebt sich die gesamte Zählzeit des weiteren Ablaufs um zwei Zähler nach hinten!!

→ Das bedeutet für die Rauteschritt-Erweiterung Folgendes: Wenn wir mit dem rechten Bein begonnen haben, nach vorn zu gehen, wird der erste kreuzende Schritt mit dem rechten Bein nach dem seitlichen Kick beim Zähler Drei angesetzt. Im weiteren Verlauf kommen wir beim zweiten „Pas de bourrée“ auf der rechten Seite bei „Eins-und-Zwei“ an.

R = Rechtes Bein
L = Linkes Bein
Pas = Kreuzen
de = Schritt zum Parallelstand
bourrée = Bein zurückziehen

TG01

3	4	5 u 6	7	8	1 u 2
R Kreuzen	L parallel	Pas de bourrée – Wechselschritt –	L kreuzen	R parallel	Pas de bourrée – Wechselschritt –

Die folgende Erklärung für die Verbindung der Richtungen wird hier in dem Moment eingesetzt, an dem wir den zweiten Pas de bourrée des Seitlich-Gehens auf der rechten Seite abgeschlossen und auf der rechten Seite das linke Bein im Pas de bourrée nach hinten gestellt haben:

R = Rechtes Bein

L = Linkes Bein

TG02

2	u	3	4	5	u	6	u	7	8	1
L	Knie-R	R	R	R	R-L	L	R-Standbein			L
bourrée	hoch	rück	vor-	seit –	Wechsel –	seit –	Schwung holen –	drehen	→ vorwärts	

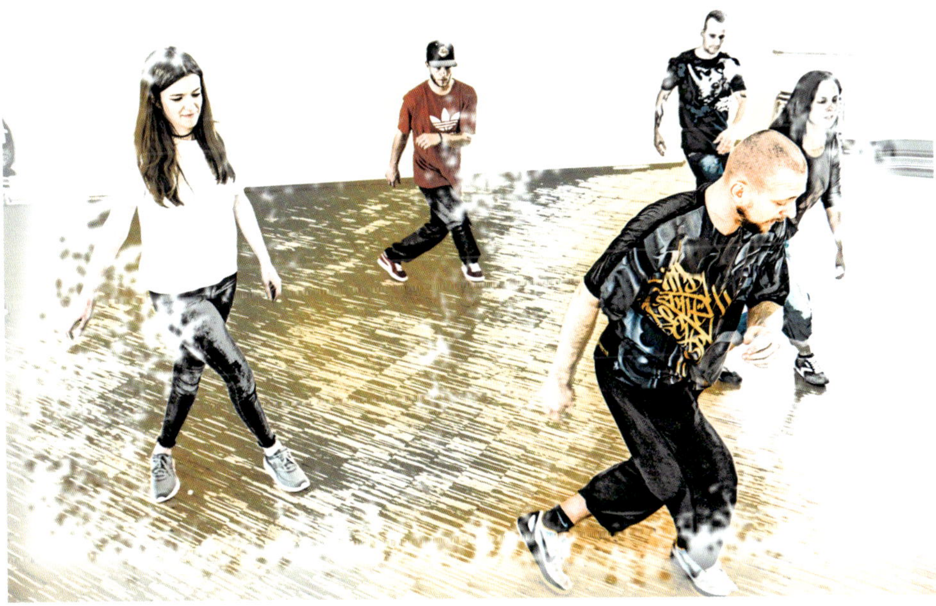

- **UND:** Nachdem wir den „Pas de bourrée" rechts ausgeführt haben, ziehen wir auf den Zähler „und" zwischen Zähler Drei und Vier das Spielbein (rechts) zum kreuzenden Schritt auf Wadenhöhe nach oben. Dabei stabilisieren wir unseren Stand auf dem linken Bein (Standbein) und beugen uns mit dem Oberkörper leicht nach vorn.
- **DREI:** Nun strecken wir auf den Zähler Drei das rechte Bein (Spielbein) nach hinten und stellen es kurz ab.
- **VIER:** Sofort heben wir das rechte Bein wieder vom Boden ab, lehnen den Oberkörper nach hinten und stellen das Spielbein mit gestrecktem Knie auf die Vier mit dem Fußballen nach vorne ab.
- **FÜNF:** Sofort heben wir das Bein wieder vom Boden ab, lehnen den Oberkörper nach links und stellen das Spielbein mit gestrecktem Knie auf die Fünf mit dem Fußballen zur rechten Seite am Boden ab.
- **UND-SECHS:** Sofort heben wir das Bein wieder vom Boden ab und drücken uns mit einem leichten Hüpfen mit dem Standbein (links) vom Boden ab, um mit einem raschen Wechsel das Spielbein (rechts) auf dem Punkt abzustellen, wo das Standbein vorher war. Dabei wechselt das rechte Spielbein zum Standbein und der Oberkörper lehnt sich nach rechts. Das linke Bein wird dabei direkt zur linken Seite ausgestreckt und ebenso mit gestrecktem Knie auf den Zähler Sechs mit dem Fußballen am Boden abgestellt (genau wie im Kapitel „5.1.1 Touch-Step-Differenzierungen, Beine D) Touch Step nach außen, Differenzierung 4" beschrieben).
- Dabei wird die Ferse des rechten Standbeins angehoben, und die Arme winden sich zur rechten Seite um den Körper herum, um den Schwung für eine Drehung im Gegenuhrzeigersinn zu holen.
- **SIEBEN ACHT:** Während der Drehung ist das linke Bein am rechten Bein angelegt in der Luft, der Oberkörper richtet sich zur vertikalen Drehachse auf.
- **EINS:** Nach einer 360°-Drehung auf die Zähler Sieben und Acht stellen wir auf den Zähler Acht die Ferse des rechten Standbeins zum Bremsen der Drehung am Boden ab, bewegen durch das Strecken im linken Knie das linke Bein nach vorn und können dann auf den darauffolgenden Zähler Eins zum Vorwärts-Gehen mit dem linken Bein als Startbein übergehen.
- Daraufhin folgt der komplette Ablauf mit der anderen Seite.

Ausgangsposition:

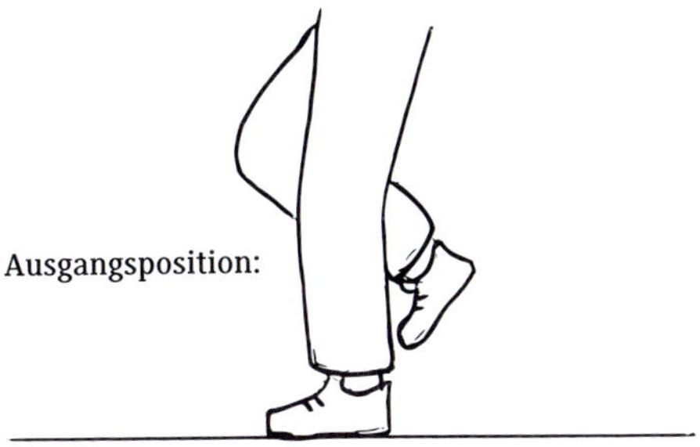

Rauteschritt:

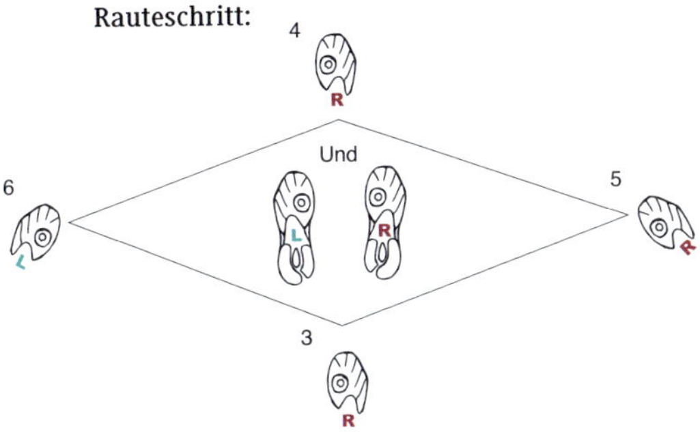

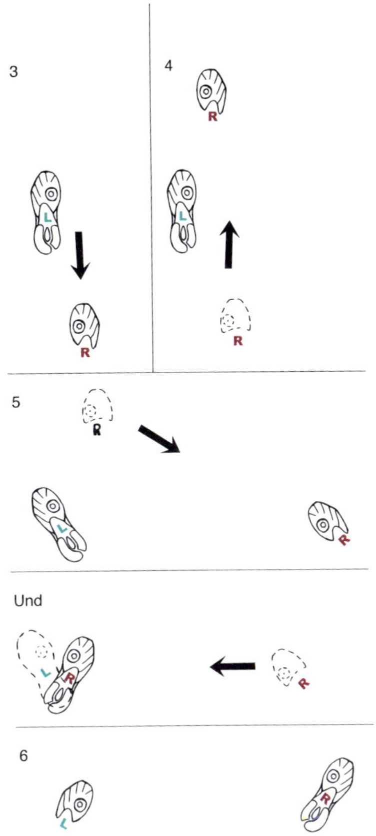

5.2.9 Die finale Warm-up-Choreo

Didaktik

Methode

Der fertige Tanz mit allen Differenzierungen kann dann im Loop unendlich oft aneinandergehängt in beide Richtungen wiederholt werden. Diesen Tanz nenne ich liebevoll **„Warm-up-Choreo"**, er ist hier noch mal in Einzelschritten mit in Klammer stehendem Zählhinweis dargestellt:

→ Vorwärts-Gehen (Eins-Zwo)
\+ Arme auf / zu / auf / zu (Drei-und-Vier-und)
\+ Rückwärts-Gehen (Fünf-Sechs)
\+ Kraulen-tiefgehen (Sieben-Acht)
\+ Aufstehen-Kick (Eins-Zwo)
\+ Seitwärtsgehen nach links (Drei-Vier)
\+ Pas de bourrée (Fünf-und-Sechs)
\+ Seitwärtsgehen nach rechts (Sieben-Acht)
\+ Pas de bourrée (Eins-und-Zwo)
\+ Rauteschritt-Wechsel (Drei-Vier-Fünf-und-Sechs)
\+ Drehen im Uhrzeigersinn (Sieben-Acht)
→ und mit der anderen Seite wieder von vorn.

Information

Der Sinn eines Warm-ups besteht darin, den Körper und den Geist des Schülers so umfassend wie möglich auf den Unterricht vorzubereiten. Diese Tanz-Kombination erfüllt einen sehr großen Teil dieses Anspruchs. Ich empfehle, diese Choreo immerzu in das Warm-up-Programm zu integrieren. Es ist einfach die schlüssigste Zusammenfassung aller Raumrichtungen in bewegter Form.

5.2.10 Vertiefung der Taktlehre mit dem ausdifferenzierten Seitlichgehen

Didaktik

Um den Schülern mehr Sicherheit beim Arbeiten mit Rhythmus, Takt und Zählen zu geben, erkläre ich ihnen die Grundlagen der Taktlehre nochmals so wie in der ersten Stunde und setze sie dann mit einer Übung praktisch um. Gerade beim Unterrichten von Choreografien und Tanzabläufen ist es von großer Bedeutung, dass die Schüler nicht nur um das Zählen wissen, sondern es selbst auch während des Bewegens anwenden können, damit sie die Rhythmusinstruktionen des Lehrers verstehen. Deshalb hier nun die Taktlehre integriert in die Seitwärtsgehen-Erweiterungen in vier Teilschritten:

ACHTUNG: Für diese Übung und den weiteren Ablauf beginnen wir mit dem Seitschritt über vorn bei Zähler Eins.

Information

Die unter Kapitel **5.2.7 Erweiterung Tanz: Wechselschritt (Pas de bourrée) mit kleinem Sprung** aufgeführte Beschreibung ist Grundlage für die nun aufgeführten Taktlehre-Übungen. Die Schuler müssen den „Pas de bourrée" uneingeschränkt verstehen und umsetzen können, was nicht unbedingt innerhalb der ersten zehn Stunden möglich ist. Daher ist die Vertiefung der Taktlehre nicht zwingend Teil der ersten zehn Stunden. Wenn die Mehrheit der Schüler noch Probleme mit den Differenzierungen des Seitwärtsgehen hat, sollte man diese erst komplett erarbeiten, bevor man weiter voranschreitet.

Praktische Arbeitsaufgabe

R = Rechtes Bein
L = Linkes Bein
H = Hüpfen (die Zeit in der Luft)
WSL = Wechselschritt links (den Fuß nach hinten stellen)
WSR = Wechselschritt rechts (den Fuß nach hinten stellen)

Teilschritt 1: Ich erinnere hierbei nun an das Hüpfen vor dem letzten Seitschritt zum Parallelstand auf Zähler Vier bzw. Zähler Acht und an das Kreuzen abwechselnd vorn und hinten (5.1.3 Erweiterungen zur Tanzkombination – Seitwärtsgehen – Version 3).

TG03

1	2	3		4	u	5	6	7		8	u
R	L	R	H	L	WSR	L	R	L	H	R	WSL

↑ = vorne kreuzen ↑ = hinten kreuzen ↑ = vorne kreuzen ↑ = hinten kreuzen

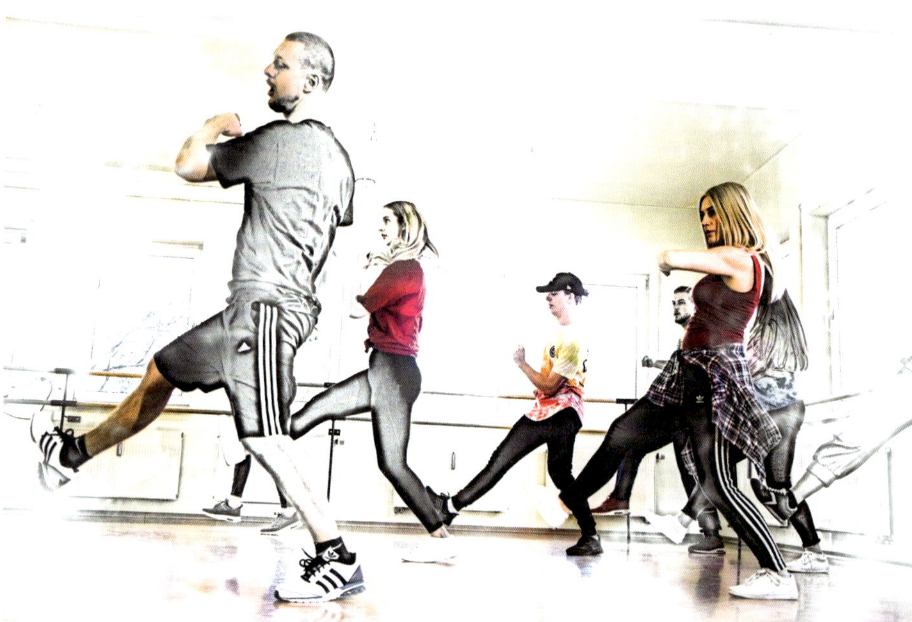

Tipp: Diesen Schritt mit Hüpfen und abwechselndem Überkreuzen üben wir nun ganz bewusst so lange (mit unterschiedlicher Musik, gezählt etc.), bis es alle richtig machen. Vorher macht es keinen Sinn, diese Übungen fortzusetzen!

Teilschritt 2: Nun setzen wir dieses Hüpfen auf ein anderes Timing im Takt, jedoch auf denselben Schritt. Hierbei wird dieses leichte Hüpfen vor dem Zwischenschritt auf den Zähler „und" zwischen Zähler Drei und Vier gelegt, sodass wir auf den Zähler „und" zwischen den Zählern Drei und Vier (bzw. auf den Zähler „und" zwischen den Zählern Sieben und Acht) den jeweils vierten Schritt ansetzen.

TG04

1 2 3 u 4 5 6 7 u 8

R L | R H L WSR | L R | L H R WSL

↑ = vorne kreuzen | ↑ = hinten kreuzen | ↑ = vorne kreuzen | ↑ = hinten kreuzen

Teilschritt 3: Wir setzen den „Schritt 1" auf den Wechselschritt, wenn wir nach links laufen („Vier, **und**, Fünf") und im gleichen Takt „Schritt 2" auf das Laufen nach rechts („Sieben, **und**, Acht").

TG05

1 2 3 u 4 5 6 7 8 u

R L | R H L WSR | L R | L H R WSL

↑ = vorne kreuzen | ↑ = hinten kreuzen | ↑ = vorne kreuzen | ↑ = hinten kreuzen

Teilschritt 4: Andersherum setzen wir den „Schritt 2" auf den Wechselschritt, wenn wir nach links laufen („Drei, **und,** Vier") und im gleichen Takt „Schritt 1" auf das Laufen nach rechts („Acht, **und**, Eins").

TG06

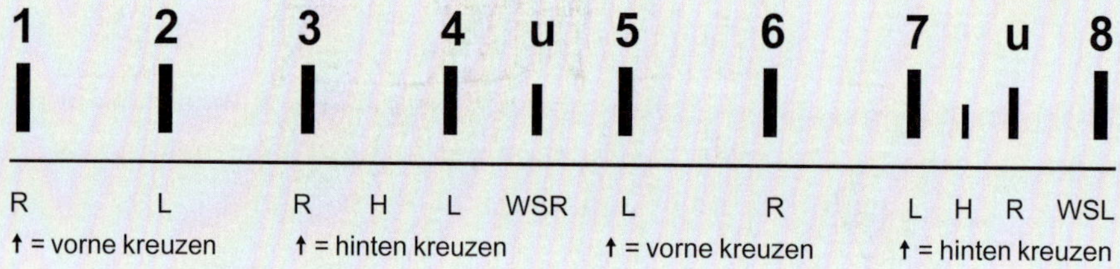

Diese Übung sollte man den Schülern erst einmal nicht zeigen, sondern auf Ansage experimentieren lassen. So rückt man das Zählen und die Problematik bewusst in den Fokus. Wenn ich als Lehrer alles von vornherein mitmache und vormache, nehme ich dem Schüler die Möglichkeit, zu dem extrem wichtigen „Aha-Effekt". Hat der Schüler einmal etwas so Kompliziertes wie das Zählen mit einem „Aha-Effekt" verstanden und dadurch mit einer positiven Emotion verbunden, werde ich das in Zukunft als Hilfsmittel zum Lernen und Merken von Bewegungen sehr gut nutzen können, ohne es ein weiteres Mal so genau im Unterricht ansprechen zu müssen.

Pädagogischer Tipp

Hat der Schüler einmal etwas Kompliziertes aus einer schwierigen Übungsphase heraus mit einem „Aha-Effekt" verstanden und dadurch mit einer positiven Emotion verknüpft, wird dieser Unterrichtsinhalt in Zukunft als Standard-Repertoire zur Verfügung stehen.

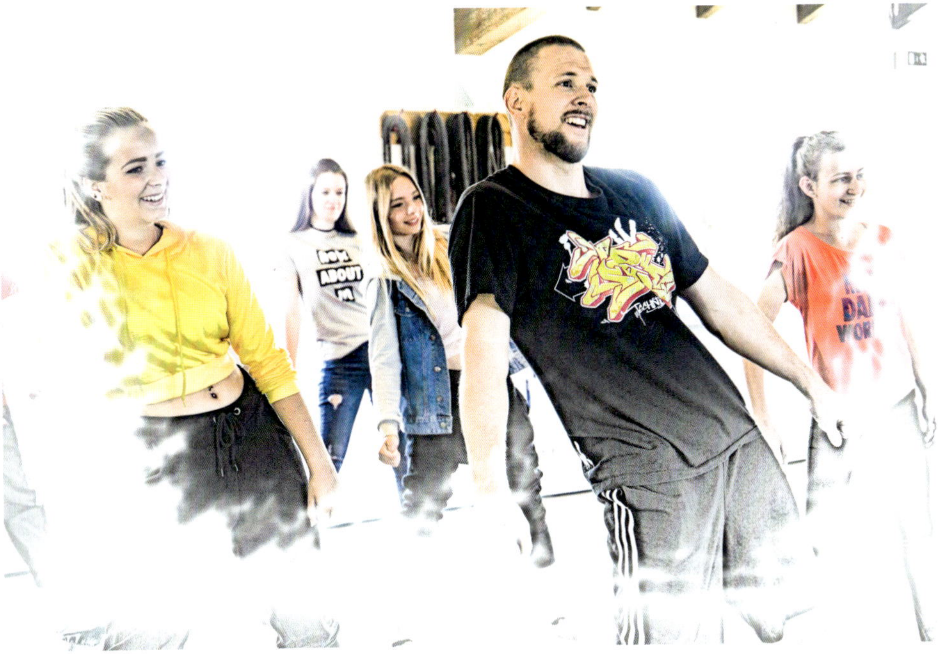

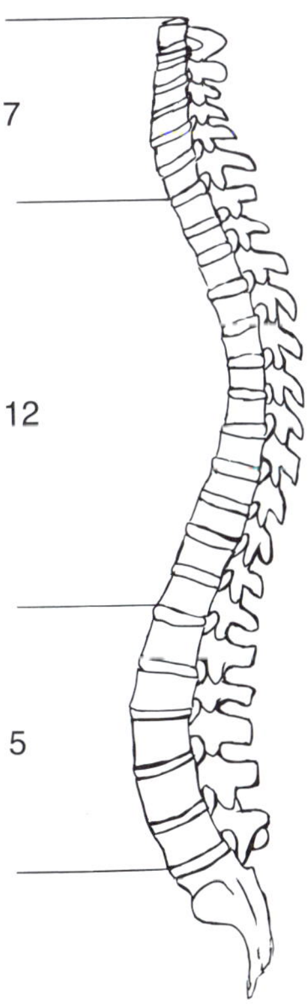

5.3 Bodyworks

Bei allen Tänzen, mit Ausnahme vielleicht des Balletts, ist eine gute Beweglichkeit des Körpers (Wirbelsäule, Becken-Bauch-Raum, Brustkorb, Schultern) unerlässlich. Die Flexibilität und Bewegungsfähigkeit in diesen Bereichen kann erst geschaffen werden, wenn der Schüler sie einzeln und isoliert von den jeweils anderen Körperteilen bewegen kann. Dies wird durch die sogenannten **Isolations** (engl. Abkürzung für isolated movements: Isolationsbewegungen) erreicht. Im Allgemeinen wird das auch „Körperarbeit" und im Englischen „bodyworks" genannt.

Bei den folgenden Bodyworks werden die Grundlagen geschaffen, um den ganzen Körper aus der Mitte (Zentrum) heraus zu bewegen, vielen Schülern bisher noch unbekannte Muskeln anzusprechen und eine innere Muskelkoordination zu üben. Als Ausgangspunkt jeglicher „innerer" Bewegung ist das wichtigste anatomische Element die Wirbelsäule.

5.3.1 Die Wirbelsäule

Zur Einführung der Bodyworks ist es von extremer Wichtigkeit, ein differenziertes Wissen über die Anatomie der Wirbelsäule und ihrer Funktionen zu haben. Ebenso sollte ich als Lehrer den Schülern erklären und bewusst machen können, worum es bei der Arbeit geht und wie sie sich ihren Körper vorstellen müssen. Damit erreiche und gewährleiste ich ein vollständiges, den 5-Formwahrnehmungsaspekten getreues Unterrichten. Hier einige Bildimpulse dafür:

Die Wirbelsäule besteht aus 24 einzelnen Wirbeln, am untersten Ende ist das Kreuzbein, das in das Steißbein mündet. Oberhalb des Kreuzbeins kommen fünf Lendenwirbel, zwölf Brustwirbel und sieben Halswirbel. Die obersten Halswirbel sind etwas anders gebaut und heißen Atlas und Axis.

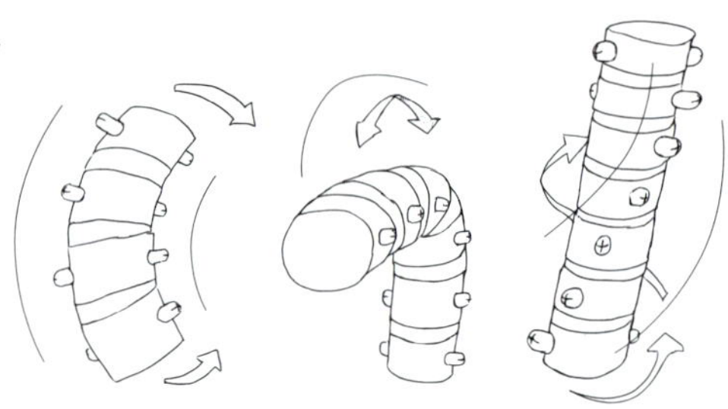

Durch die anatomische Bauweise der Wirbel, die Bandscheiben und deren physikalische Beschaffenheit kann die Wirbelsäule ihre Aufgabe im Körper erfüllen, sich multidimensional drehen, kippen und verschieben.

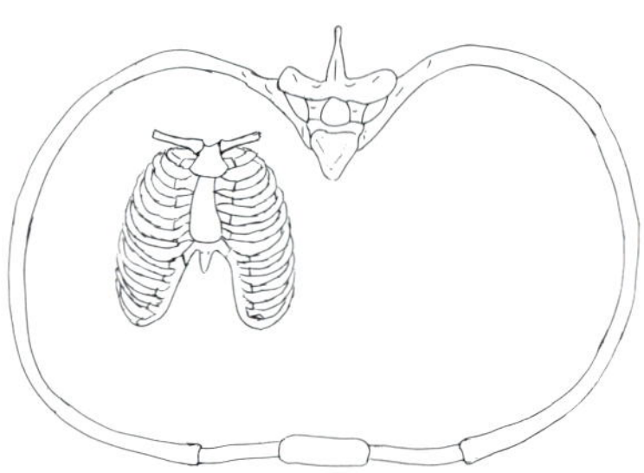

Jeder der 12 Brustwirbel ist mit zwei an den Seiten entspringenden Rippenbögen versehen und, bis auf einige Ausnahmen, vorne am Brustbein flexibel mit knorpelartigem Gewebe mit dem Brustbein verbunden.

Nicht alle Rippen enden am Brustbein. Die Rippen 8, 9 und 10 (von oben gezählt) bilden zusammen eine etwas stabilere Korbstruktur und die zwei untersten sind freischwebend als verlängerte Dornfortsätze. Dies macht den Brustkorb so flexibel und beweglich.

5.3.2 Bodyworks-Übungen

Die vielseitigen und dreidimensionalen Bewegungsmöglichkeiten der Wirbelsäule, und damit auch aller angrenzenden Körperpartien, erfordern ein hohes Maß an Körpergefühl (Kinästhetik). Dieses Körpergefühl bringt ein normaler Mensch meist nicht einfach als differenzierte Fähigkeit mit, es muss vielmehr durch Bewegungsimpulse erst einmal weitestgehend geweckt werden. Die hier aufgeführten Übungen sind das Fundament, von dem aus in logischen Schritten über die Jahre und durch die Stilarten hindurch weitergearbeitet werden kann.

Information

Für diese Übungen sollte eine langsame, bass-lastige Musik verwendet werden (z. B. Popping-Musik). Alle genannten Übungen können interessanter und tänzerischer gestaltet werden, indem man diese in Vierersets zum Takt mehrmals wiederholt. Somit wird zusätzlich auch das Rhythmus- und Musikgefühl geschult.

TIPP: Um die Schüler die Bewegung im Körper besser spüren zu lassen, kann man die folgenden Übungen auch im Liegen durchführen.

5.3.2.1 Halswirbelsäule

Praktische Arbeitsaufgabe

Auf-ab:

- Der Kopf steht in aufrechter Position mit dem Blick geradeaus (Ausgangsposition).
- Der Kopf wird so weit nach oben bewegt, dass wir den Bereich über dem eigenen Körper sehen können.
- Der Kopf wird so weit nach unten bewegt, dass wir eine Dehnung im Nacken spüren.
- Blick zu den Füßen.
- Zurück zur Ausgangsposition.

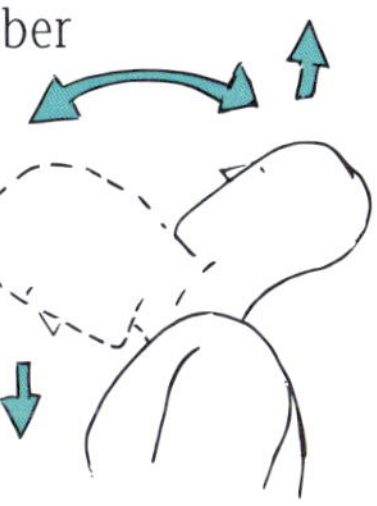

Hin-her-Drehen:

- Der Kopf wird in der Vertikalachse, ohne ihn zu neigen, so weit nach rechts und links gedreht, bis die Muskulatur die Bewegung stoppt und wir sozusagen am „Anschlag" sind.
- Dazwischen halten wir den Kopf immer wieder in der Ausgangsposition an.

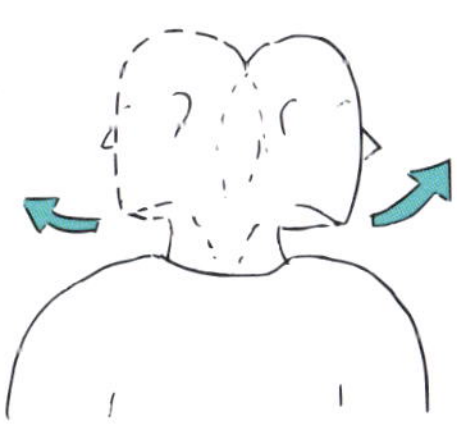

Seitliches Neigen:

- Der Kopf wird in der Frontalebene nach rechts und links so weit geneigt, bis wir die Dehnung der gegenüberliegenden Halsmuskulatur spüren.
- Bestenfalls lassen wir diese seitlichen Muskeln auch bewusst los, um sie somit gleich ein wenig zu dehnen.
- Dabei achten wir darauf, den Kopf nur seitlich zu neigen und nicht zu drehen.

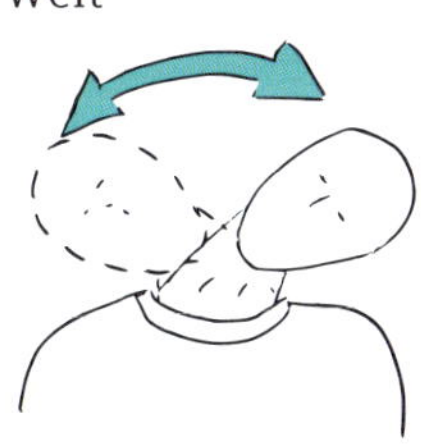

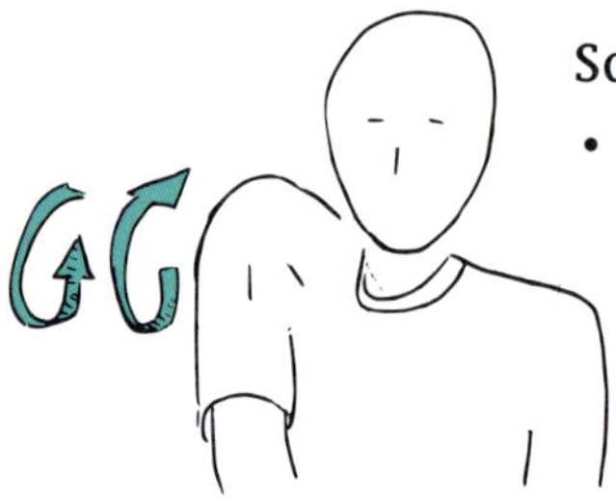

Schultern kreisen:

- Dabei kreisen wir wahlweise einzeln die rechte und die linke Schulter von unten über vorne-oben nach hinten-unten.
- Dann einzeln die rechte und die linke Schulter von unten über hinten-oben nach vorne-unten,
- und anschließend beide Schultern gemeinsam und gegengleich.
- Dabei ist zu beachten, dass der Brustkorb und die Wirbelsäule ruhig und unbewegt im Zentrum des Körpers ruhen.

5.3.2.2 Brustwirbelsäule

Praktische Arbeitsaufgabe

Um die Flexibilität der Wirbelsäule zu erweitern, sollte man unbedingt die Rippenbögen und den gesamten Brustkorb miteinbeziehen. Jede Rippe hat ihren Ursprung an einem Wirbel. Somit ist es hilfreich, die komplette Atmung an die Bewegung anzupassen. Wichtig ist hierbei zu erwähnen, dass die Schulter, das Schulterblatt und das Schultergelenk nicht fest mit dem Brustkorb verbunden sind, sondern mehr oder weniger um den Brustkorb herum „schweben". Einziger sehr beweglicher Kontaktpunkt ist das Schlüsselbeingelenk am oberen Ende des Brustbeins.

Vor:

- Durch ein starkes Einatmen im Brustbereich versuchen wir, das Brustbein nach vorne zu schieben.
- Gleichzeitig versuchen wir, die Rippenbögen aufzufächern, den Bauch einzuziehen (Zusammenspiel mit dem Zwerchfell), wir spannen die oberen Rückenmuskeln im Zusammenspiel mit den Schulterblättern an und drücken damit den kompletten Brustkorb nach vorn-oben heraus.
- Dabei ist es wichtig, die Schultern fest als Anker der Bewegung in der Mitte des Körpers stehen zu lassen, nach unten zu drücken und nicht nach hinten zu ziehen.

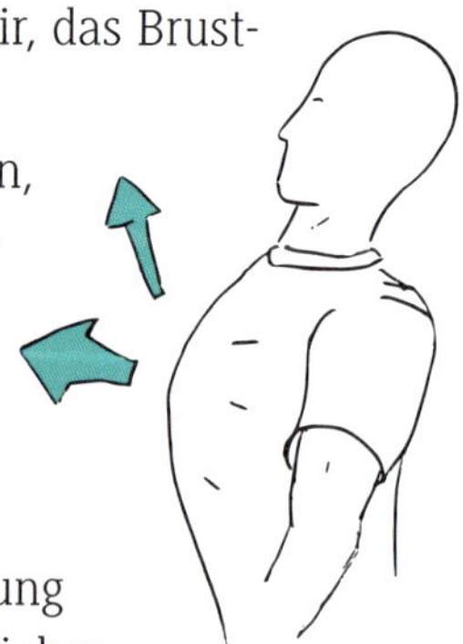

Zurück:

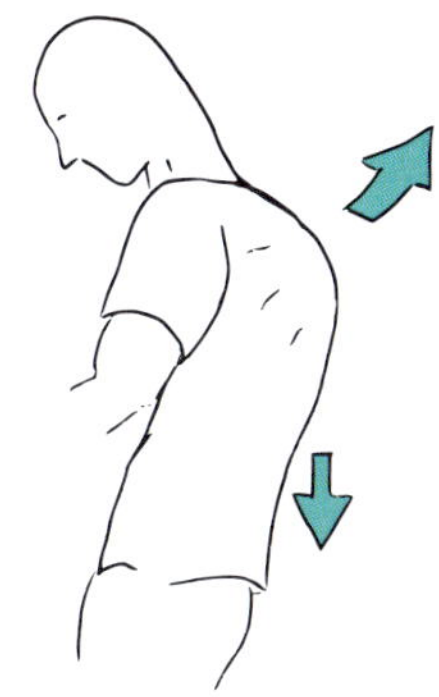

- Durch starkes Ausatmen lassen wir das Brustbein nach innen-unten sinken und öffnen die Rückenmuskulatur im Zusammenspiel mit den Schulterblättern.
- Dabei sinkt der komplette Oberkörper inklusive Kopf nach unten-hinten ab, und es kommt eine Art „Buckel" im mittleren Brustkorbbereich am Rücken zustande.
- Diesen verstärken wir noch zusätzlich durch das Zusammenziehen der Bauch- und Brustmuskeln.
- Wichtig ist auch hier, darauf zu achten, dass die Schultern nicht nach vorn gezogen werden, sondern als Anker in der Mitte fixiert bleiben.

Hin-her-schieben:

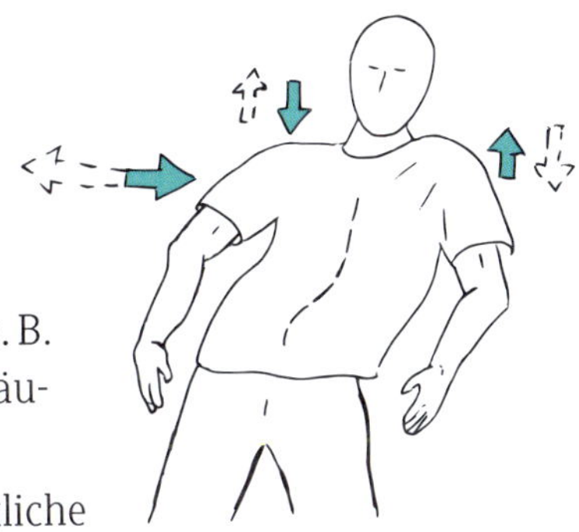

- Hierbei geht es um eine Art unsichtbares Neigen der Wirbelsäule in zwei gegengleiche Richtungen, um ein seitliches Verschieben des Oberkörpers zu ermöglichen.
- Wir neigen dabei die obere Lendenwirbelsäule z. B. nach links und die direkt darüber liegende Wirbelsäulenpartie gleichzeitig nach rechts.
- Dies hat zur Folge, dass der Oberkörper eine seitliche Bewegung nach links vollzieht, sich aber nicht seitlich neigt.
- Es ist ein leichtes Sinken nach links im Oberkörper zu verspüren, was rein optisch durch ein leichtes Anheben der linken Schulter ausgeglichen werden kann.
- Dabei entsteht eine Art Illusion, welche dem Auge des Betrachters vorspielt, ein Teil des Körpers würde sich vom Rest trennen und sich seitlich verschieben.
- Die gleiche Bewegung üben wir natürlich auch zur anderen Seite.

5.3.2.3 Becken und Lendenwirbelbereich

Pädagogischer Tipp

Bei der Arbeit im Becken- und Lendenwirbelbereich muss ich als Lehrer beachten, dass aus rein pädagogischen Gründen der Sexualität nicht zu viel Aufmerksamkeit zukommen sollte. Begriffe wie „Schambein" und „Po" können direkte Auslöser für verschiedenste Reaktionen der Schüler sein. Je nach Altersgruppe sollte ich also mein Verhalten als Lehrer anpassen. Erfahrungsgemäß ist es eine gute Taktik, die Äußerungen der Schüler weitgehend zu ignorieren und den Fokus auf der Übung zu belassen. Sobald ich allerdings feststelle, dass die Gruppenkonzentration unter den Reaktionen einiger Schüler stark leidet, halte ich die betreffende Übung kurz. Je öfter diese Übungen durchgeführt werden, desto entspannter und natürlicher wird der gesamte Umgang damit.

Praktische Arbeitsaufgabe

Für die rein technische Ausführung ist zu erwähnen, dass im Beckenbereich, neben vielen anderen Muskeln, der gesamte Beckenboden an der muskulären Arbeit beteiligt ist. Die Arbeit und Beschreibung der Beckenbodenkontraktion mit dem richtigen Fokus ist allerdings absolut fortgeschrittenes Niveau und somit kein Unterrichtsthema für die ersten zehn Stunden eines Anfängerkurses.

Vor:

- Diese Übung ähnelt dem Heben und Senken des Kopfes, nur andersherum.
- Dabei stehen wir aufrecht mit den Füßen schulterbreit und mit entspannten und gebeugten Knien.
- Nun spannen wir die Po-Muskulatur an, um das Becken nach vorn zu schieben.
- Die Bauchmuskeln ziehen das Schambein nach vorne-oben, und wir unterstützen die Bewegung mit den Knien über die Oberschenkel so weit, bis wir an einer Bewegungsgrenze anstoßen.
- Dann lassen wir das Becken wieder in die Ausgangsposition sinken.
- Allgemein sollten wir bei der Vor- und der Zurückbewegung des Beckens beachten, dass wir die Auf-ab-Bewegung des gesamten Körpers in den Knien ausgleichen und den Hüftbeuger-Muskel öffnen und entspannt lassen. Dies bewirkt, dass der Oberkörper ruhig bleibt und keine Auf-ab-Bewegung entsteht.

Zurück:

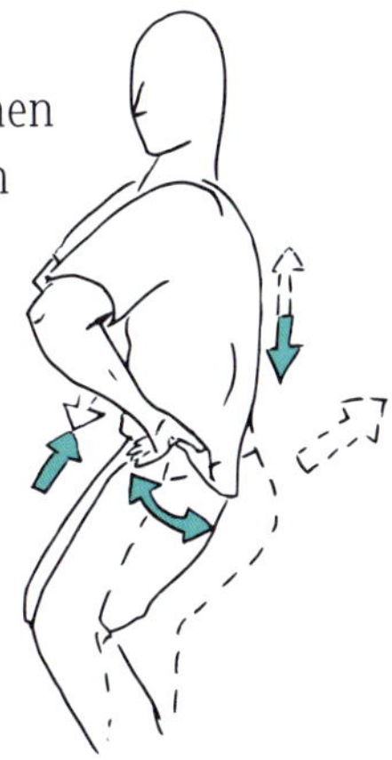

- Von der oben beschriebenen Ausgangsposition beginnend, spannen wir nun die Rückenmuskulatur an und ziehen das Becken nach hinten.
- Dabei öffnen wir die komplette Bauchmuskulatur und senken den vorderen Beckenbereich so weit ab, dass wir das Becken über die Hüftgelenke mit einer leichten Kniebewegung noch weiter nach hinten bewegen können.

Hin-her-schieben:

- Wenn wir das Becken zur linken Seite schieben möchten, spannen wir die rechte äußere Muskelpartie des Rumpfes, Rückens, Bauches und die rechte Po-Seite an.
- Dabei stellen wir uns vor, dass sich der obere Lendenwirbelbereich, ausgehend vom stillstehenden Brustkorb, nach unten-links neigt und über einen Bogen wieder nach unten-gerade ausrichtet.

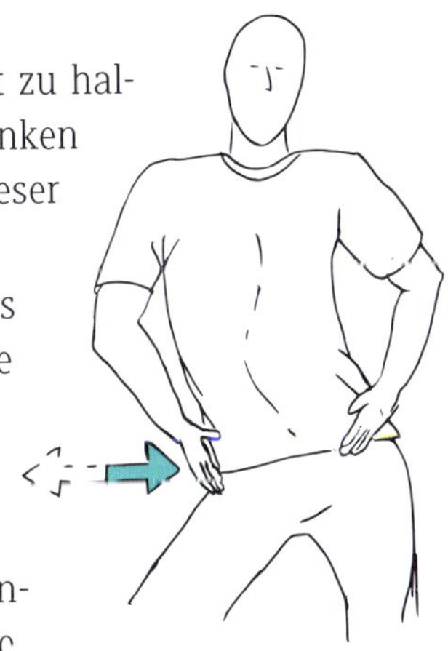

- Um das Becken dabei parallel zum Boden positioniert zu halten, öffnen wir die seitlichen Rumpfmuskeln auf der linken Seite und lassen die linke Beckenhälfte entspannt in dieser Haltung hängen.
- Durch einen leichten Druck vom rechten Knie aufwärts zum Becken gleitet dieses zur Seite, während das linke Knie ein wenig nachgibt.
- Das Gewicht verschiebt sich dabei ebenfalls zur linken Seite.
- Dabei sollten wir bestrebt sein, durch kleine Bewegungen in den Knien das Becken immer horizontal gerade zu halten.
- Beim Zurückschieben des Beckens in die Ausgangsposition beginnt der gerade genannte Verlauf der Übung genau andersherum zur rechten Seite.

5.3.3 Kreisen aller drei Ebenen

Die vorausgehenden Übungen legen, wie schon erwähnt, den Grundstein für alle weiteren Ausdifferenzierungen der Bewegungsfähigkeit der Wirbelsäule. Das Zusammenspiel von Anspannen und Loslassen der Muskeln in bestimmten Bereichen und Ebenen der Wirbelsäule führt dazu, auch Bewegungen ausführen zu können, die sehr kompliziert und anspruchsvoll sind. Eine gute Erweiterung der stehenden Körperarbeit ist es, den Kopf, den Brustkorb oder das Becken isoliert von den anderen Ebenen horizontal und einzeln zu kreisen. Diese im HipHop auch genannten „Rolls" sind die maximale Bewegungsfähigkeit, die ich in einem Anfängerkurs in den ersten zehn Stunden, in meiner bis hierhin 16-jährigen Unterrichtserfahrung (bis zum Schreiben dieses Buches) je erreicht habe.

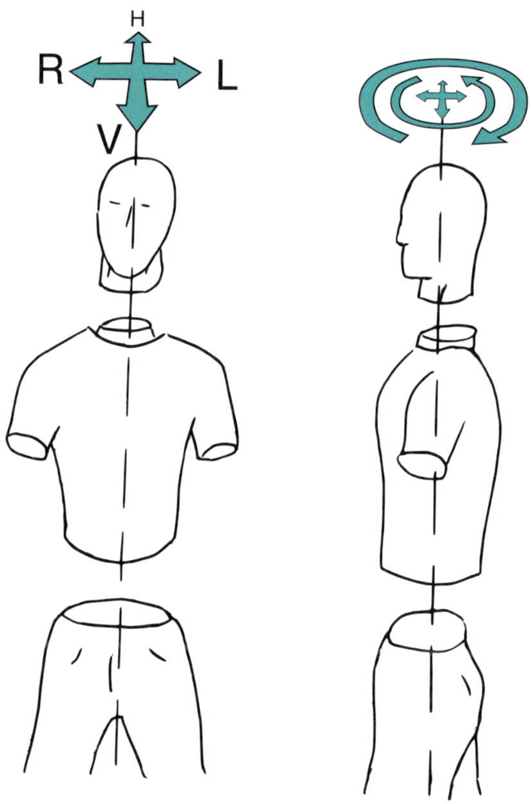

5.4 Training

Im Laufe der ersten zehn Stunden gilt es nicht nur, die tänzerischen und koordinativen Fähigkeiten auszubilden. Ebenso sollte darauf hingearbeitet werden, dass man die Gelenke und den Körper durch Krafttraining „Workout" stabilisiert und durch Dehnübungen, „Stretching", flexibel macht. Für die Einführung des Workouts sollte man in der vierten bis sechsten Stunde ca. 15-20 min Unterrichtszeit einrechnen, um alles genau erklären zu können, da es diese Zeit auch für Korrekturen der Schüler braucht.

i Information

Zu Beginn des Unterrichts sollte ich als Lehrer die Schüler nach Asthma, Epilepsie, Hyperventilation, Diabetes und nicht weit zurückliegenden Operationen fragen. Wenn ich mich mit diesen Krankheiten nicht auskenne und auch nicht weiß, wie ein Anfall aussieht oder wie die erste Hilfe zum jeweiligen Krankheitsbild funktioniert, sollte ich schnellstmöglich einen Erste-Hilfe-Kurs besuchen!

Pädagogischer Tipp

Das hier beschriebene Workout sollte nach der Einführung ganz selbstverständlich zu Beginn jeder Stunde im Warm-up-Teil durchgeführt werden, um ein Trainings-Ritual zu kultivieren. So gewöhnen sich die Schüler nach kurzer Zeit daran und fügen sich widerstandslos dem gewohnten Ablauf. Je nach Leistung und Fleiß der Schüler kann die Zahl der Wiederholungen gerne auch erhöht werden, jedoch ist darauf zu achten, nicht die Kraft der gesamten Stunde zu verbrauchen.

Methode

Wichtige Punkte, die ich mit den Schülern vorher klären sollte, um Trainingsfehler zu vermeiden:

- Die richtige Körperhaltung einnehmen und durch Selbstkontrolle ständig überprüfen.
- Vor dem Anspannen des Muskels (Muskelkontraktion) einatmen.
- Bei der Muskelkontraktion ausatmen.
- Das Lockerlassen des Muskels wird wieder vom Einatmen begleitet.
- Aktiv an den belasteten Muskel denken, da Muskeltraining ein besseres Körperbewusstsein erzeugt.

5.4.1 Liegestütze

Praktische Arbeitsaufgabe

- Die Schüler müssen ihren Bauch und Po anspannen und den Kopf in der Verlängerung der Wirbelsäule halten.
- Es ist wichtig, dass der gesamte Körper eine Gerade bildet: vom Kopf bis zu den Fersen fest und gerade wie ein Balken. Es muss verhindert werden, dass sich der Rücken in ein Hohlkreuz beugt.
- Die Hände stehen mit gespreizten Fingern nach vorn ausgerichtet, ca. 1,5-fache Schulterbreite mit den Handflächen auf dem Boden.
- Beim Beugen der Ellbogen ist darauf zu achten, dass der gesamte Körper gleichmäßig gesenkt wird, ohne dabei im Hüftbereich und Rücken durchzuhängen.
- Am Anfang ist es nötig, Haltungsfehler der Schüler zu korrigieren und diese dann immer wieder zu kontrollieren.

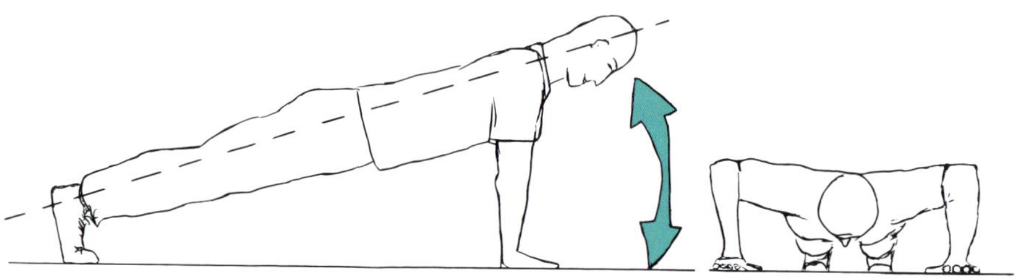

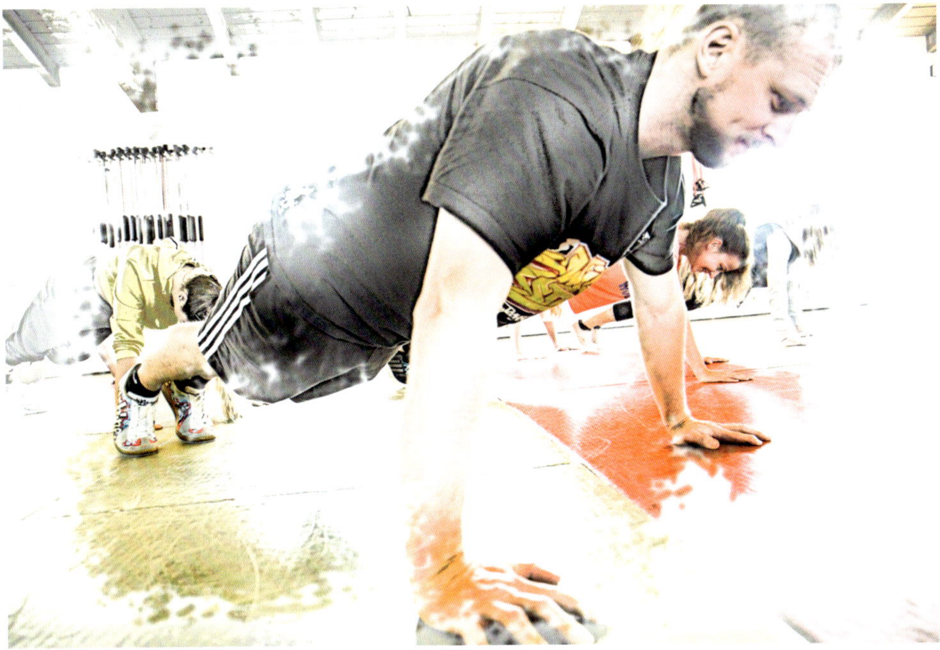

5.4.2 Sit-up-Variationen

Sit-ups (Crunches)

- Wir legen uns auf den Rücken, heben die Beine mit den Oberschenkeln im 90°-Winkel senkrecht in die Luft und beugen die Knie ebenfalls um 90° so, dass die Unterschenkel parallel zum Boden ausgerichtet sind.
- Dabei sind die Fußgelenke im „Flex" (Flex oder Flexen = engl. für „beugen"). „Flex" ist eine Fußhaltung, bei der im Gegensatz zum gestreckten Fuß die Fußspitzen nach oben gezogen werden, sodass der Fuß im 90°-Winkel zum Schienbein steht.
- Die Hände sind mit den Fingerspitzen am Hinterkopf und stützen diesen leicht, während die Ellbogen zu den Seiten zeigen.
- Es ist wichtig, dass die gesamte Bewegung ohne Schwung vonstattengeht und der Oberkörper nicht zu weit angehoben wird, da sonst langfristig der Lendenwirbelbereich darunter leidet.
- Außerdem müssen wir darauf achten, dass der Kopf nicht mithilfe der Arme nach oben gezerrt, sondern nur gestützt wird. Das Zerren ist langfristig schädlich für den Nacken.

- Der wichtigste Hinweis ist jedoch das Anziehen des Bauchnabels an die Wirbelsäule, das Zusammenziehen des Rumpfes und das „An-den-Boden-Pressen" des Lendenwirbelbereiches.
- Es geht darum, nur die Schulterblätter vom Boden zu heben.

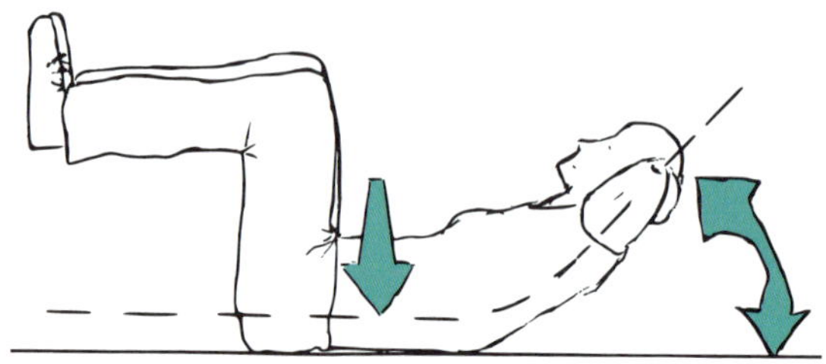

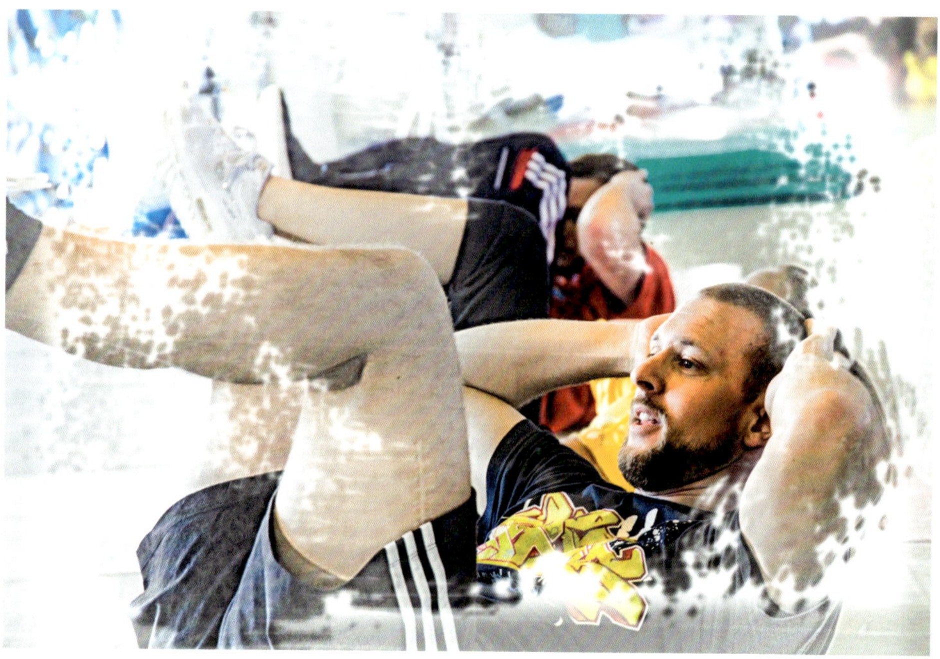

Fahrrad (Cross-Crunches):

- Wir liegen auf dem Rücken, heben den Bereich der Schulterblätter dauerhaft vom Boden ab und ziehen immer abwechselnd einen Ellbogen diagonal mit dem Knie der anderen Körperseite zusammen.
- Das andere Bein, das gerade nicht zu einem Ellbogen gezogen wird, strecken wir parallel zum Boden aus, und der Fuß wird im Flex gehalten.
- Während dem Seitenwechsel vollführen wir eine leichte Abwärts- und Aufwärtsbewegung mit dem Oberkörper und legen diesen nie vollständig ab.

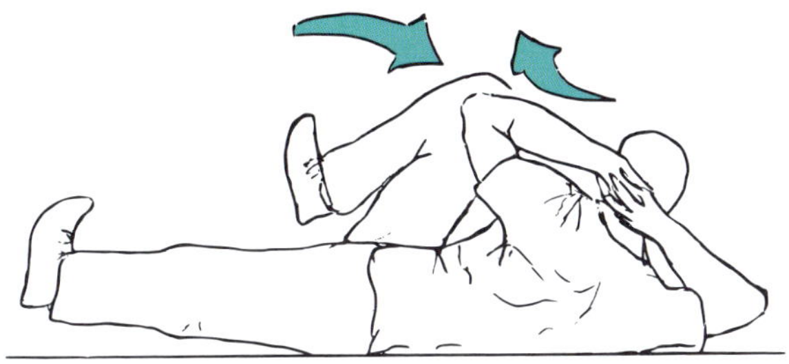

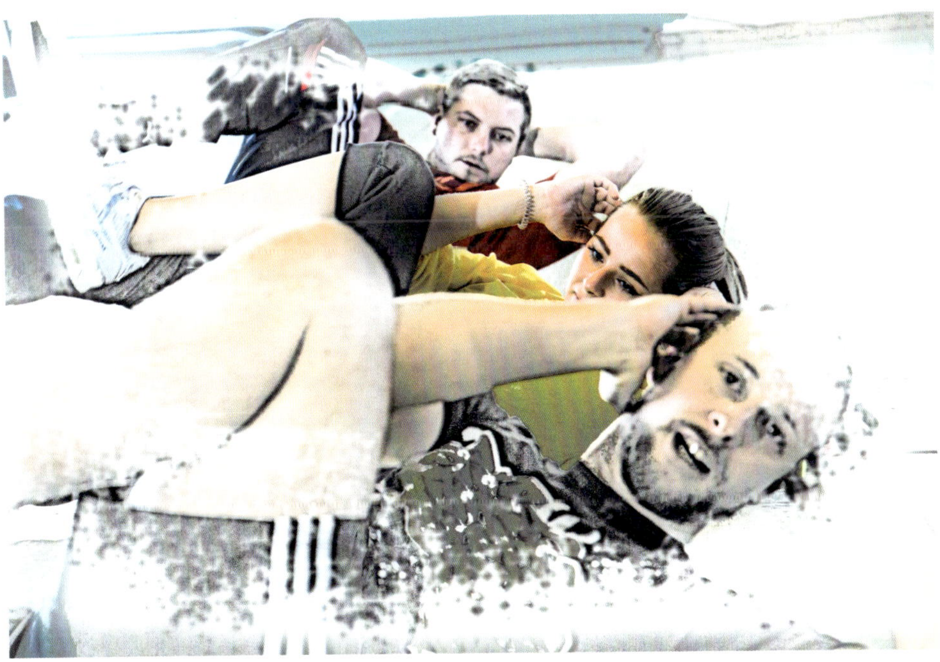

Beinschere (Scissors):

- Wir liegen auf dem Rücken, strecken die Beine aus und halten diese so tief vom Boden entfernt, dass sie noch fähig sind, den unteren Rücken gerade und fest am Boden liegen zu lassen. Wenn die Beine zu tief gehalten werden, beginnt man mit dem Lendenwirbelbereich ein Hohlkreuz zu bilden, was vermieden werden sollte.
- Hierzu spannen wir die Bauchmuskeln an und ziehen den Bauchnabel zur Wirbelsäule hin.
- Auf der jeweils individuell möglichen Position halten wir unsere Beine und überkreuzen sie abwechselnd in der Luft wie die Klingen einer Schere.
- Die Füße können entweder gestreckt werden (Point = Füße strecken) oder angezogen werden (Flex).
- Diese Übung sollten wir ca. 10 s halten.

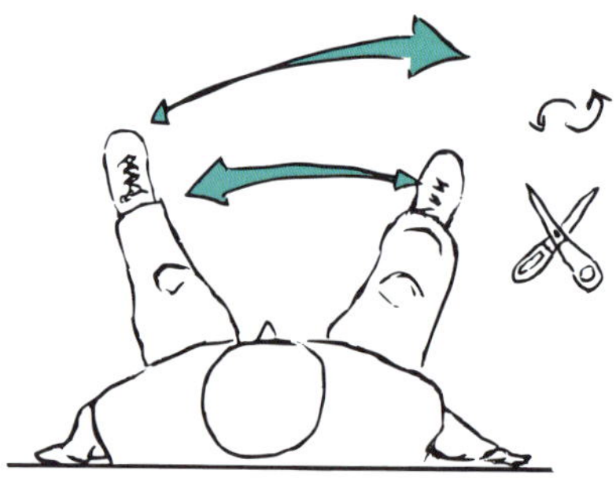

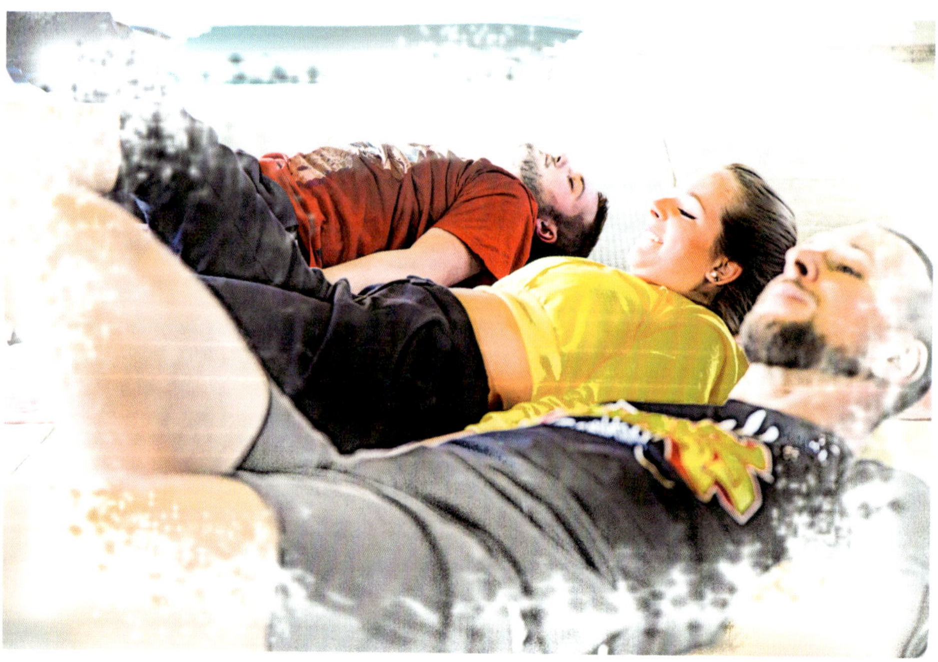

5.4.3 Back-ups:

- Wir drehen uns auf den Bauch und heben die Arme vor den Schultern vom Boden ab.
- Der Kopf bleibt in der Verlängerung der Wirbelsäule, der Nacken bleibt lang, und wir schauen dabei mit einem leichten Doppelkinn auf den Boden.
- Während der Rücken und der Po angespannt werden, heben wir die Schultern so weit vom Boden ab, dass das untere Brustbein als Stütze am Boden liegen bleibt. Die Schulterblätter werden dabei zusammengezogen.
- Diese Position wird kurzgehalten, dann senken wir die Schultern und den Oberkörper wieder langsam zur Ausgangsposition ab.
- Wichtig: Den Oberkörper nicht nach oben reißen!
- Optional können wir auch die gestreckten Beine gleichzeitig mit dem Oberkörper heben und senken, um den Trainingseffekt für die untere Rückenmuskulatur zu erhöhen.
- Nach zehn Wiederholungen dieser Übung sollten wir in der Belastungsposition noch ca. 5 s lang verharren sowie jeweils 5 s die rechte Körperhälfte und 5 s die linke Körperhälfte nach oben geneigt halten, um die Übung abzurunden.

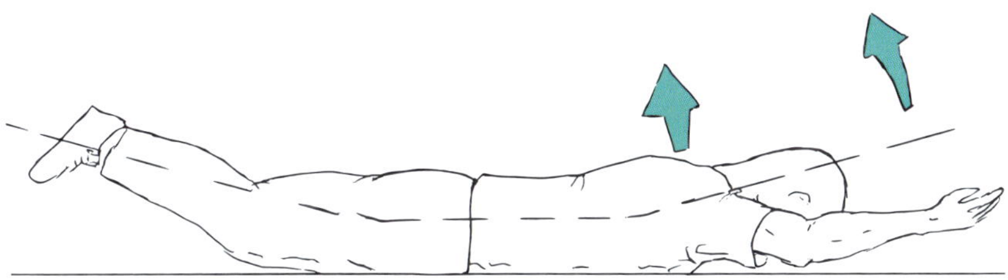

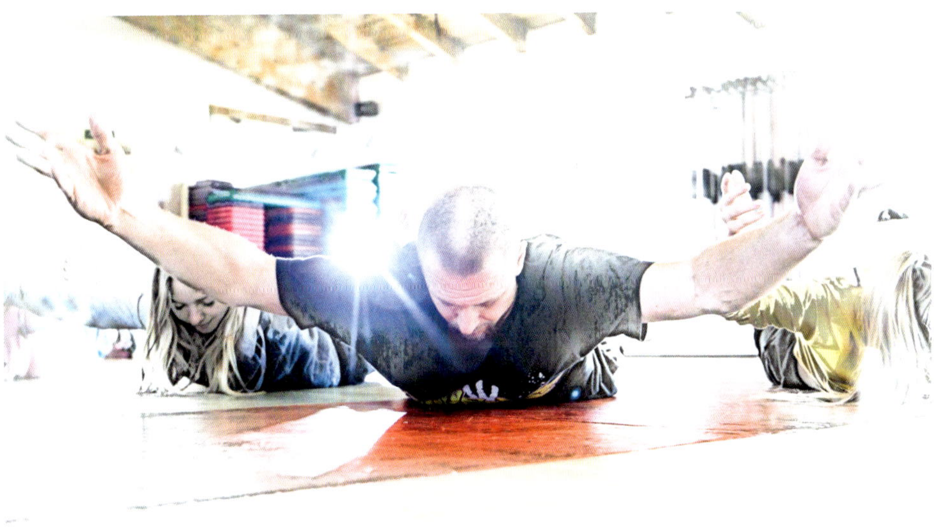

Information

Es gilt generell, dass die meisten richtig ausgeführten Kraftübungen für Arme, Bauch und Rücken gut und hilfreich im Unterricht sind. Die genannten Übungen sind allerdings meiner Erfahrung nach sinnvoll, sehr einfach umzusetzen und vollkommen ausreichend, um sie in den Tanzunterricht zu integrieren. Trotzdem: Vorsicht, wenn man das Krafttraining im Warm-up zu intensiv betreibt, nimmt man den Schülern wertvolle konditionelle Ressourcen, die sie später für die Konzentration und Aufnahmefähigkeit beim Techniktraining dringend benötigen. Auch können Muskeln und Gelenke im erschöpften Zustand nicht mehr so gut arbeiten, wie es für das Erlernen von neuen Bewegungen notwendig ist.

5.4.4 Stretching (Dehnen)

Um die Muskeln flexibler und leistungsfähiger zu machen, sie nach dem Krafttraining wieder zu lockern und allgemein Verletzungen vorzubeugen, ist es notwendig, ein Stretching nach dem Warm-up und vor der Technikeinheit in den Unterricht einzubauen. Die Bewegungsfähigkeit der Schüler wird nach einigen Wochen besser, wenn alle größeren Muskelgruppen miteinbezogen werden. Die hier vorgeschlagene Reihenfolge ist ein Leitfaden, allerdings nicht von tieferer Bedeutung.

Methode

Für die Einführung des Stretchings sollte der Lehrer beim ersten Mal ca. 20-30 min Unterrichtszeit einrechnen, um alles genau erklären zu können, da es diese Zeit für die Korrekturen der Schüler braucht. Musikalisch ist zu empfehlen, eine langsame, positive und entspannende Musik einzusetzen, die beruhigend und konzentrationsfördernd wirkt.

Zu beachten, und auch dem Schüler zu erklären:

- Keine der Übungen darf erzwungen werden.
- Jede Haltung muss durch Selbstkontrolle immer wieder überprüft werden.
- Mit jedem Ausatmen tiefer in die Dehnung sinken und den Muskel lösen.
- Es muss ein Ziehen im angesprochenen Muskel zu spüren sein, und es darf sich zu einem angenehmen Dehnungs-Schmerz entwickeln.
- Jede Dehnübung MUSS immer langsam aufgelöst werden, um ein nachfolgendes Verkrampfen zu vermeiden.

Stretching-Ablauf:

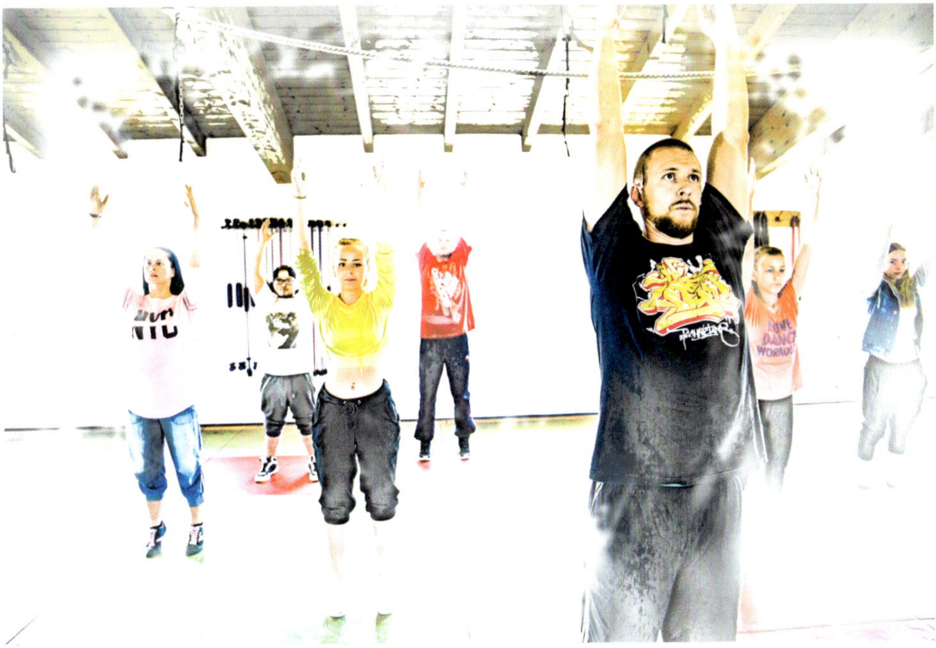

Praktische Arbeitsaufgabe

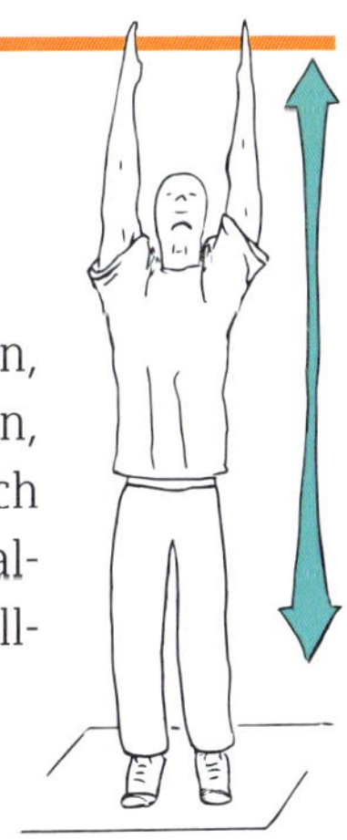

1./2./3. … = Beschreibung der Haltung und Fokussierungen.
(Zug: …) = Beschreibung, wo im Körper die Dehnung zu spüren sein sollte.

1. Beine und Füße parallel stellen, tief in den Brustkorb einatmen, Bauch einziehen, Rückenmuskeln öffnen und Becken fallen lassen, Arme nach oben bis in die Fingerspitzen strecken, Handflächen nach innen drehen, Schultern nach unten ziehen, auf den inneren Fußballen aufsteigen, den ganzen Körper strecken (Zug: im Bereich der Ellbogen der Arme, evtl. im Bauch).

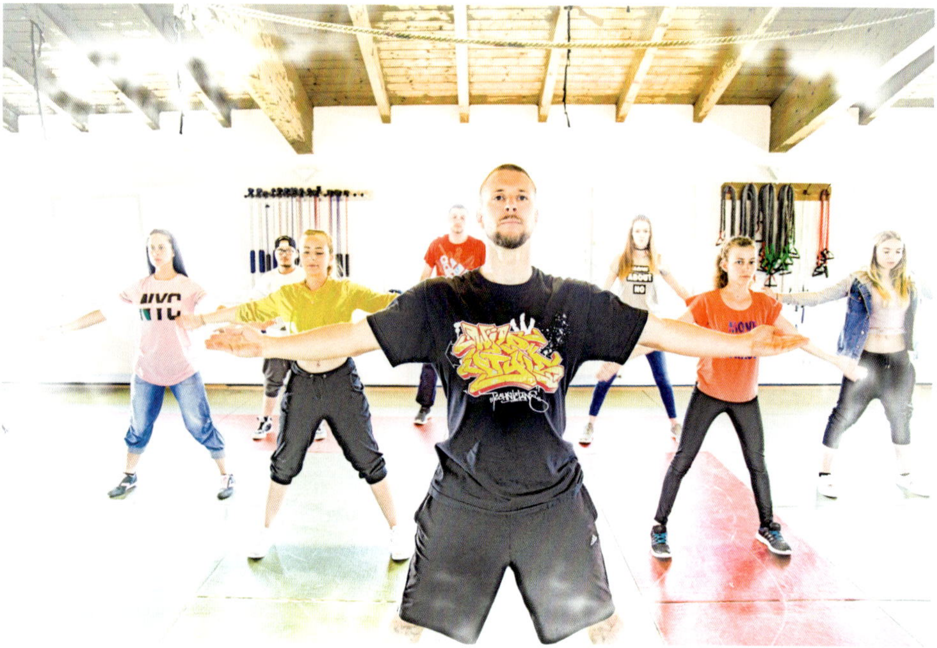

2. Beine in doppelter Schulterbreite öffnen, Arme senken und horizontal zu den Seiten strecken, Schultern immer noch nach unten ziehen (Arch) (Zug: in den Armen von den Schultern über die Ellbogen bis zu den Fingerspitzen).

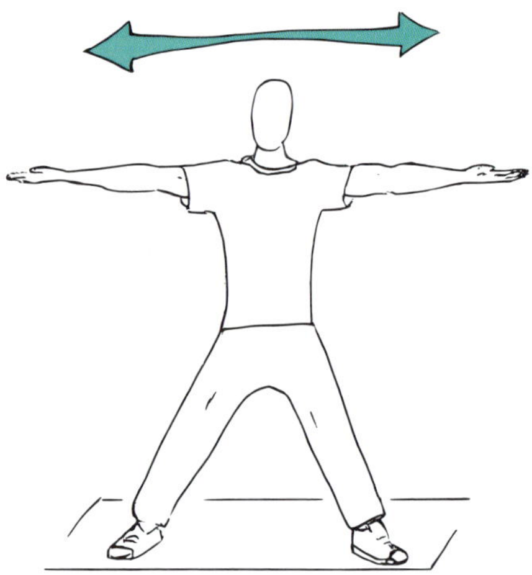

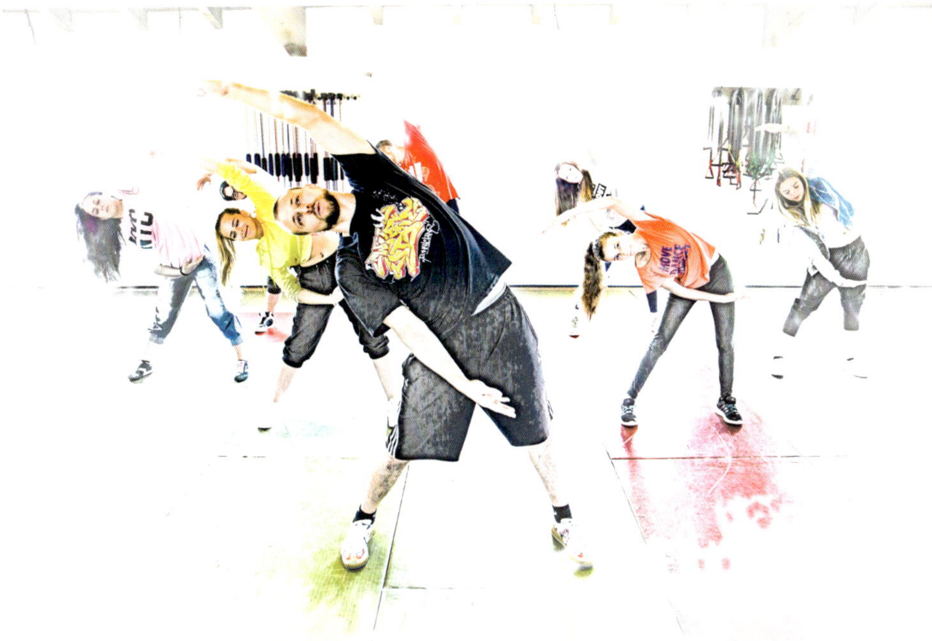

3. Mit einem vorausgehenden Verschieben des Oberkörpers nach rechts über oben mit gestecktem Arm nach links beugen, den rechten Arm über den Kopf auf die rechte diagonal zur gegenüberliegenden Seite neigen und so die rechte Oberkörperseite dehnen (Zug: seitlich der Rippen bis zum Becken, Lattissimus dorsi). Langsam lösen und auf der anderen Seite wiederholen.

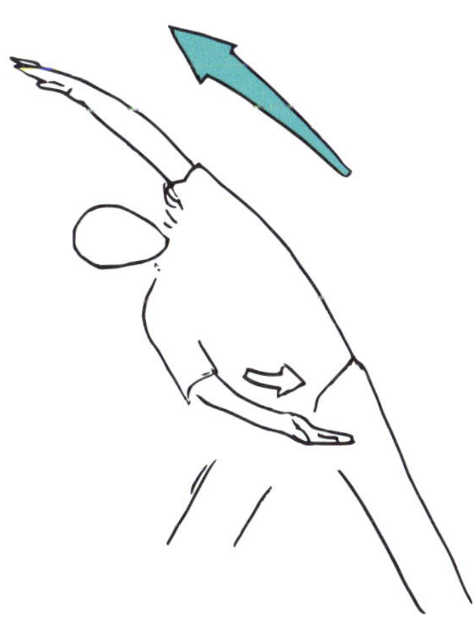

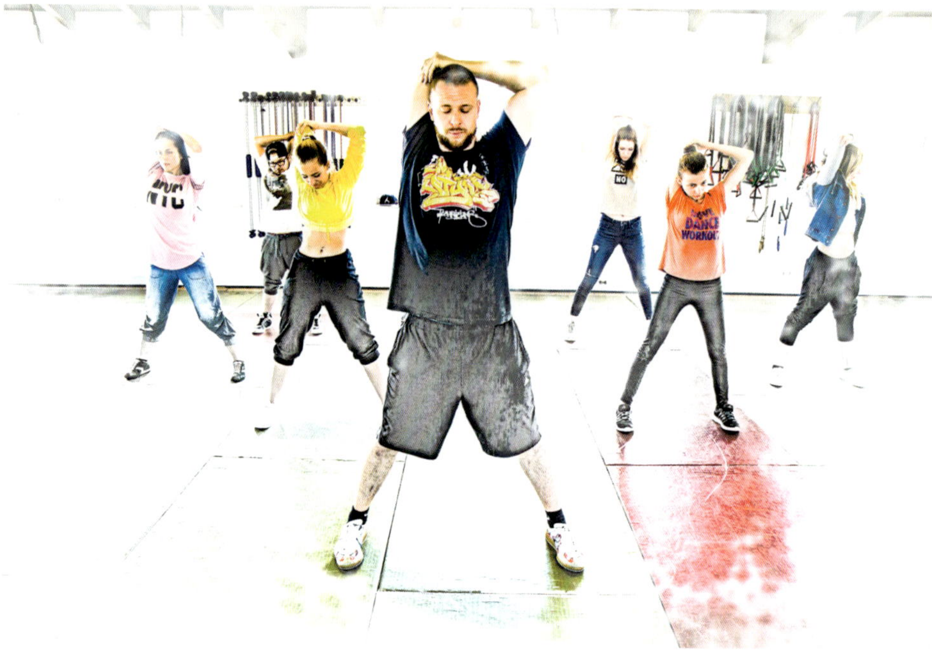

4. Oberkörper wieder in eine aufrechte Haltung und den rechten Arm hinter den Kopf bringen, den rechten Ellbogen beugen, die rechte Hand flach auf den Rücken legen, mit der linken Hand den rechten Ellbogen greifen und sanft nach links-unten ziehen (Zug: Rückseite des Oberarms, Trizeps). Langsam lösen und auf der anderen Seite wiederholen.

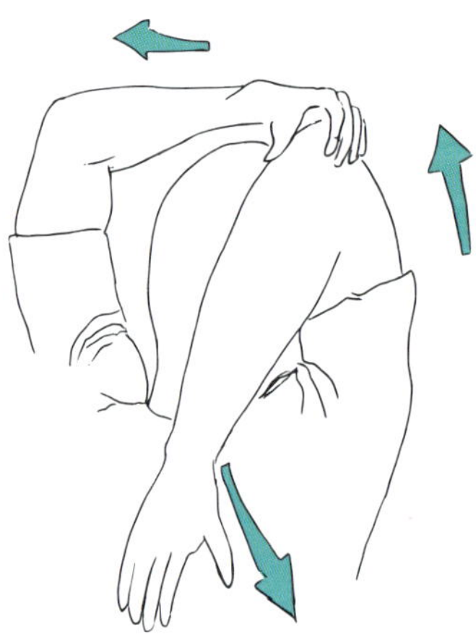

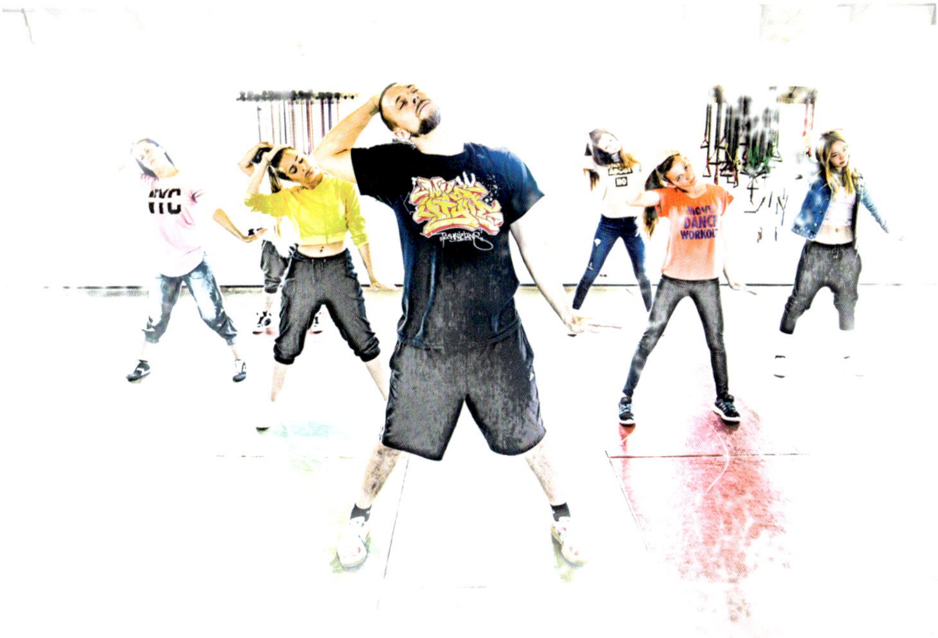

5. Die linke Hand über den Kopf und auf die Seite des Kopfes greifen, den rechten Arm mit dem Handgelenk im 90°-Winkel mit der Schulter zusammen nach unten strecken. Den Kopf mit der linken Hand nach links neigen und etwas tiefer seitlich nach links-unten ziehen. Dabei den Kopf ein wenig vor- und zurückdrehen, um den Zug um den Hals herum zu erweitern (Zug: seitliche Halsmuskeln vom Muskelansatz am Kopf bis zur Schulter). Langsam lösen und die Übung auf der rechten Seite wiederholen.

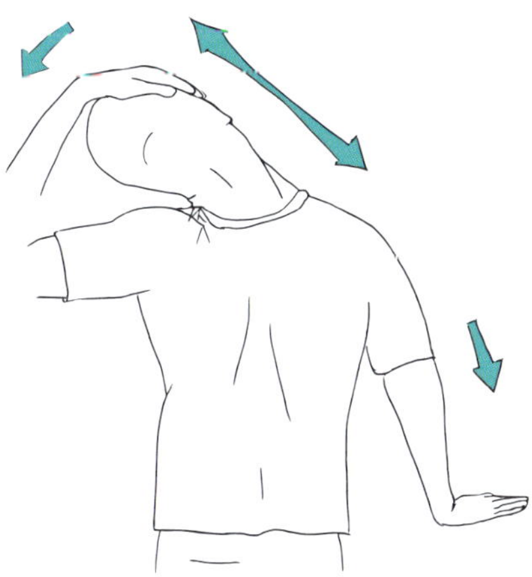

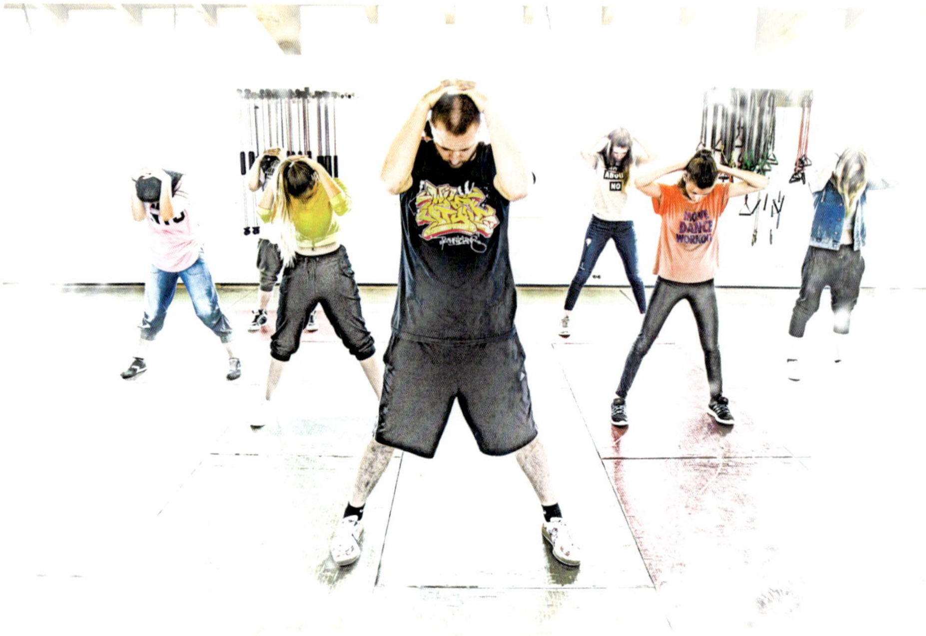

6. Beide Handflächen hinter den Kopf bringen, die Hände falten und auf den Hinterkopf legen, dabei die Ellbogen nach vorne bringen, auf die Zähne beißen, die Kiefermuskeln trotzdem entspannen, das Kinn zum Brustbein senken, die Schulterblätter nach hinten-unten sinken lassen und den Nacken nach vorne-unten ziehen. Dabei den Kopf ein wenig hin- und herdrehen, um den Zug um den Hals herum zu erweitern (Zug: am Nacken hinunter bis zu den Schulterblättern).

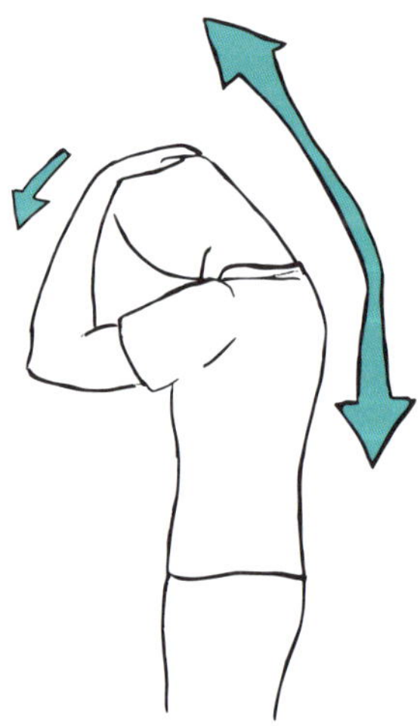

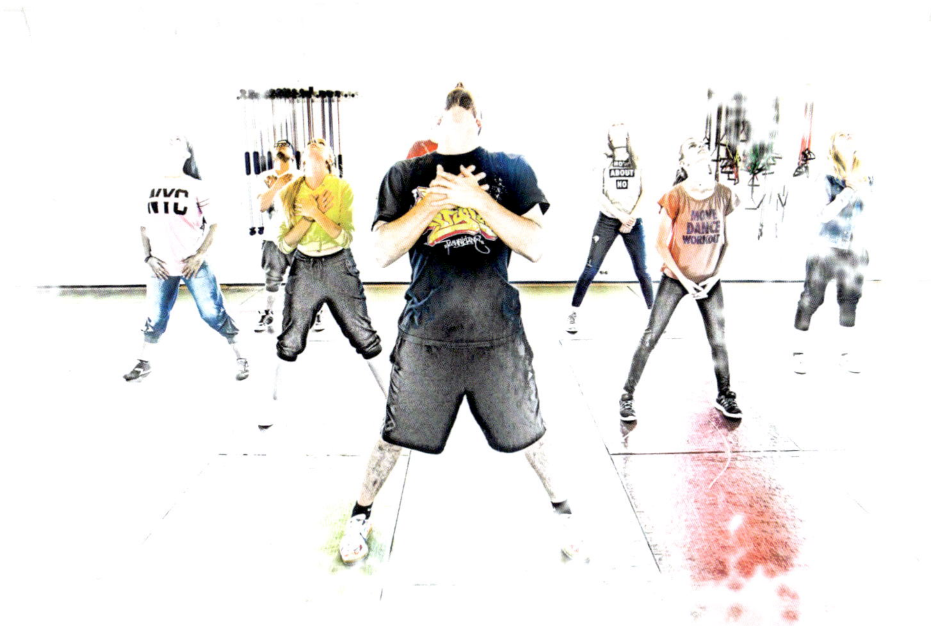

7. Beide Hände mit den Handflächen auf den Brustkorb legen, Brustkorb etwas nach unten drücken, leicht auf die Zähne beißen aber die Kiefermuskeln lockerlassen, den Kopf nach oben-hinten neigen und ihn ein wenig hin- und herdrehen und damit die Dehnung um den Hals herum erweitern (Zug: in den vorderen Halsmuskeln vom Brustkorb hoch bis zum Kinn).

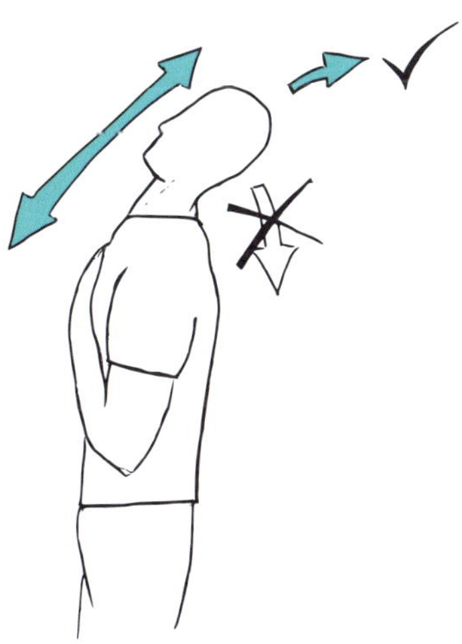

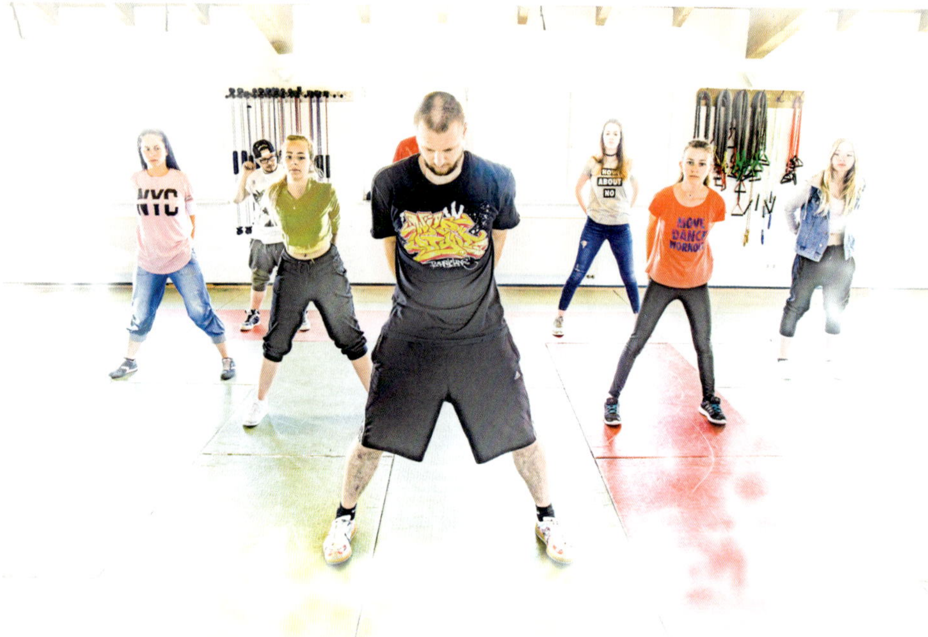

8. Die Hände hinter den Rücken bringen und falten, Brustkorb nach vorne strecken, Kopf leicht nach hinten-oben neigen, den Unterkiefer nach leicht vorne-oben ziehen, die Schulterblätter zusammenziehen (Zug: Brustkorb, Schultervorderseite, Hals und Schlüsselbeinbereiche).

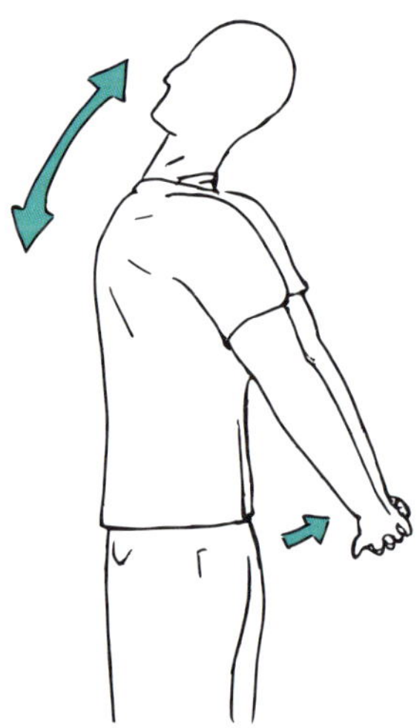

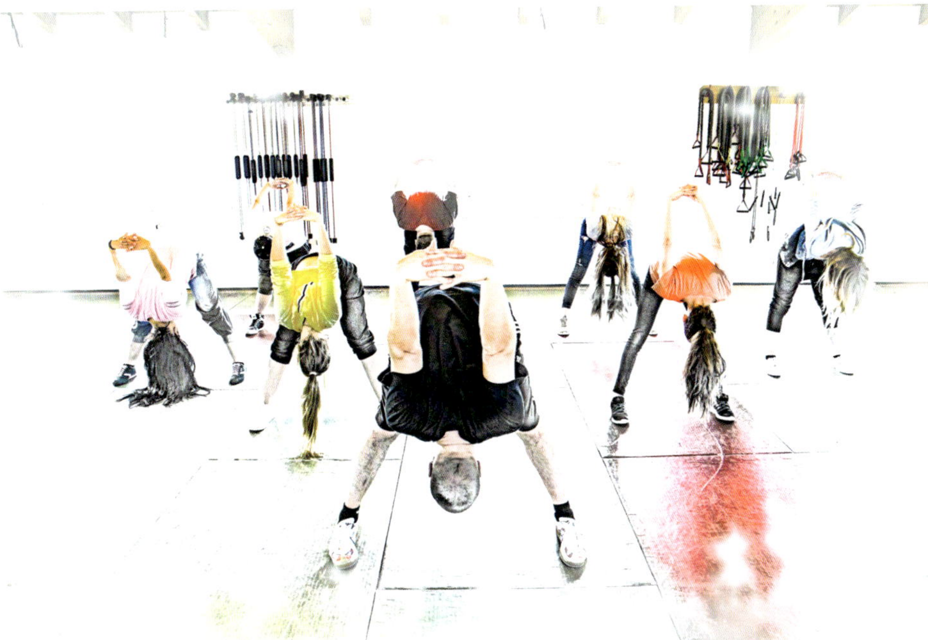

9. Die Hände sind immer noch hinter dem Rücken gefaltet, Oberkörper nach vorne-unten absenken, Arme so weit wie möglich über den Nacken nach oben strecken (Zug: noch tiefer in der vorderen unteren Schulter-/Brustpartie und beidseitig bis in den Bizeps hinein).

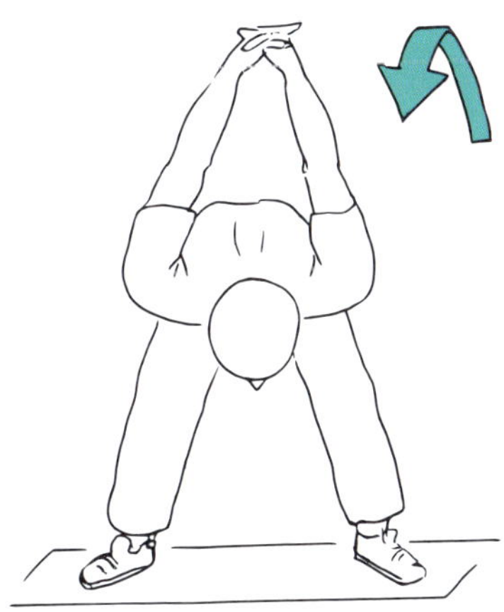

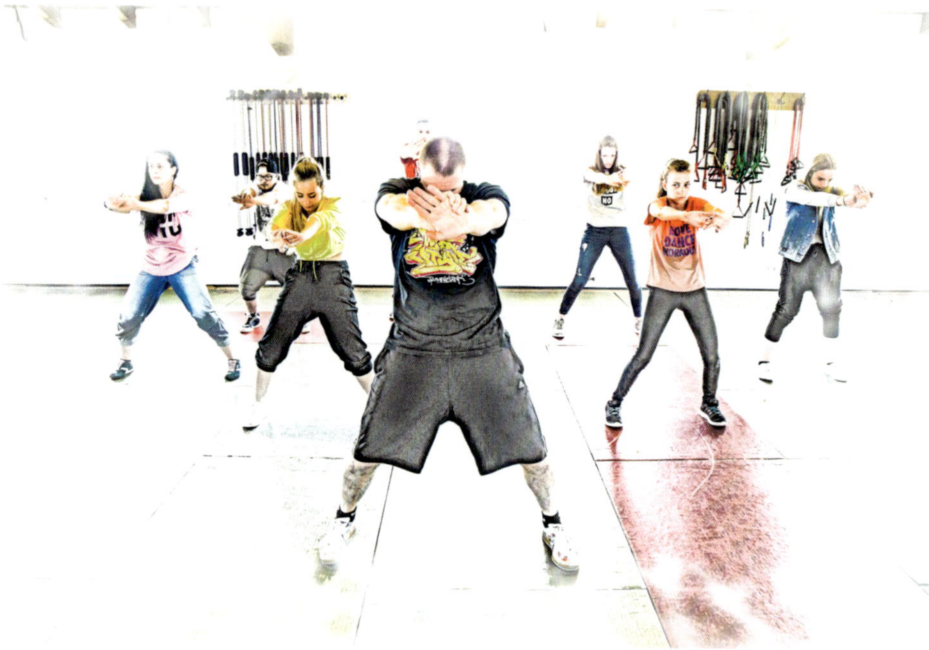

10. Den Oberkörper wieder aufrichten, Hände vor dem Oberkörper mit den Handflächen nach vorn gerichtet ineinanderlegen, horizontal nach vorne strecken, Oberkörper nach hinten-unten wölben, Schulterblätter öffnen und durch Zusammenziehen der Brustmuskeln die Rückenmuskeln unter Spannung bringen (Katzenbuckel) (Zug: in den Muskeln zwischen den Schulterblättern, Trapezmuskel).

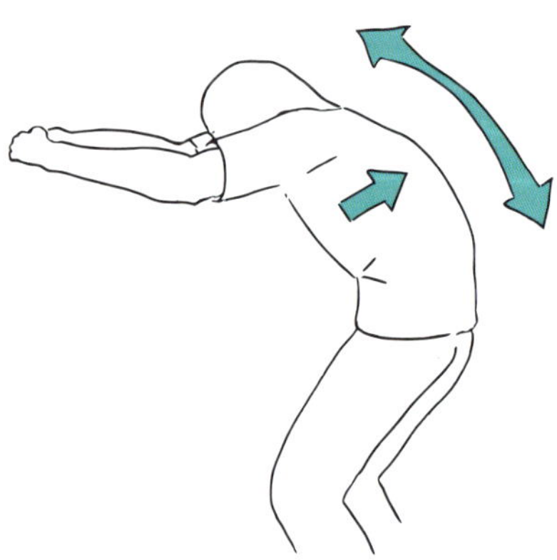

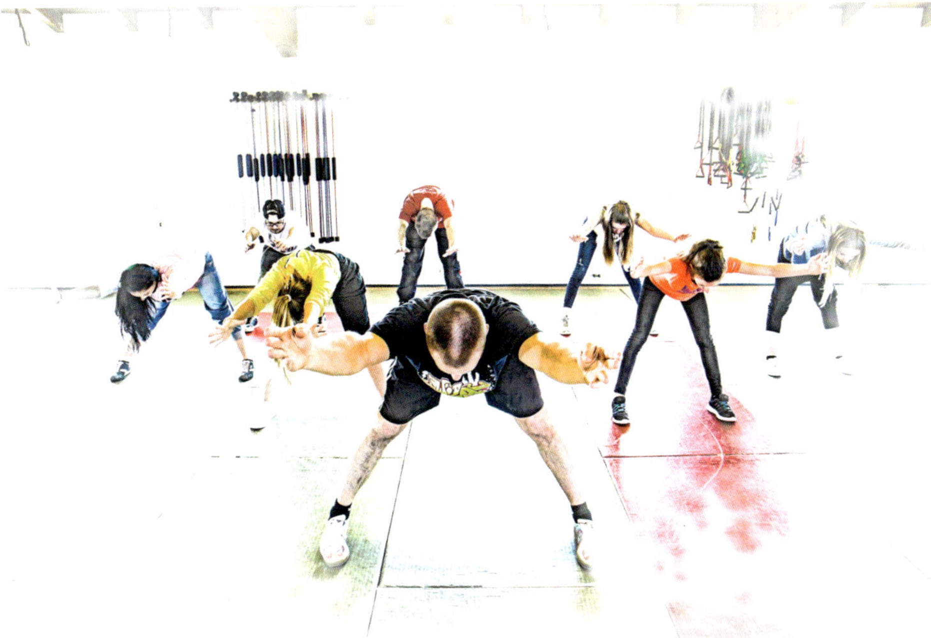

11. Den Oberkörper wieder aufrichten, die unteren Rückenmuskeln halten, Knie gestreckt halten, die Arme als Verlängerung des Oberkörpers über den Kopf bis in die Fingerspitzen strecken und den Oberkörper so weit wie möglich im Hüftgelenk nach vorn beugen. Wichtig: Rücken gerade halten! Nur so weit beugen, dass eine gerade Ausrichtung der Wirbelsäule und somit des Rückens möglich bleibt (Zug: hintere Beinmuskulatur von der Hüfte bis zu den Waden).

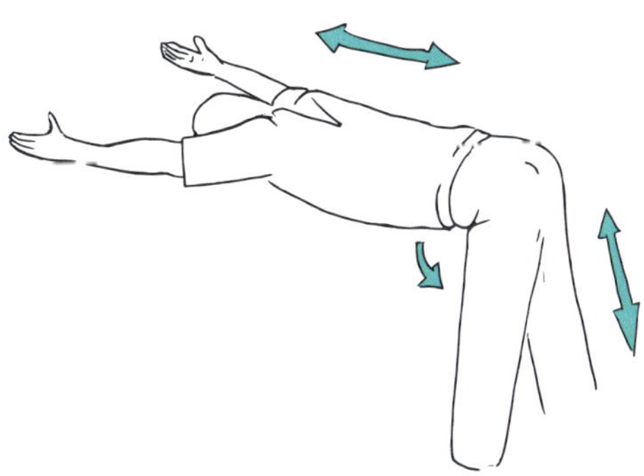

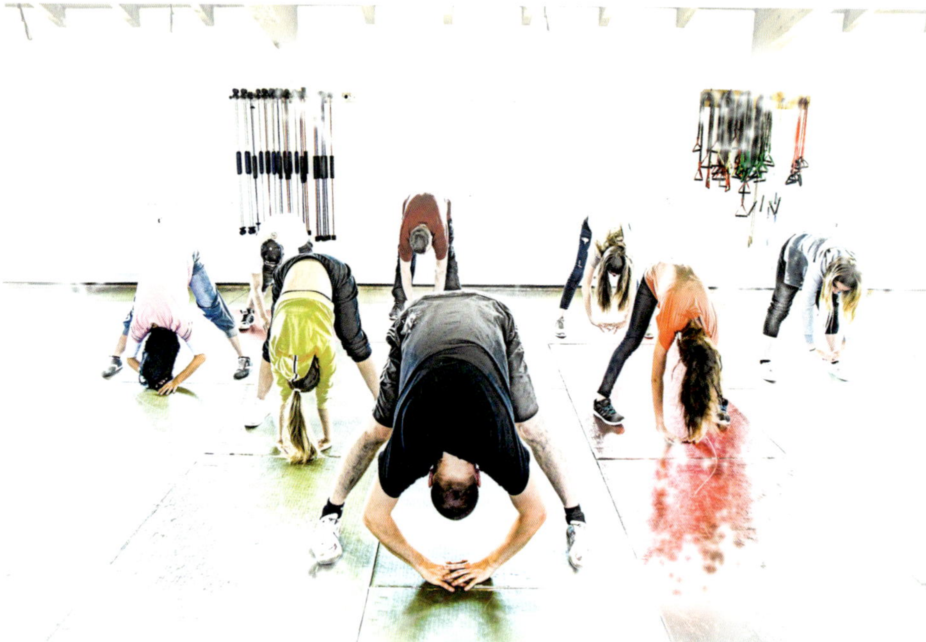

12. Den Oberkörper in dieser Haltung sinken lassen, die Beine sind immer noch weit geöffnet und gestreckt, die Rückenmuskeln jetzt lockerlassen, den Oberkörper nach vorne unten senken, hängen lassen und zum Boden greifen. Dann jeweils einzeln zum linken und rechten Fuß drehen und dabei den Kopf Richtung Knie ziehen (Zug: nochmals intensiver die äußere, rückseitige Beinmuskulatur).

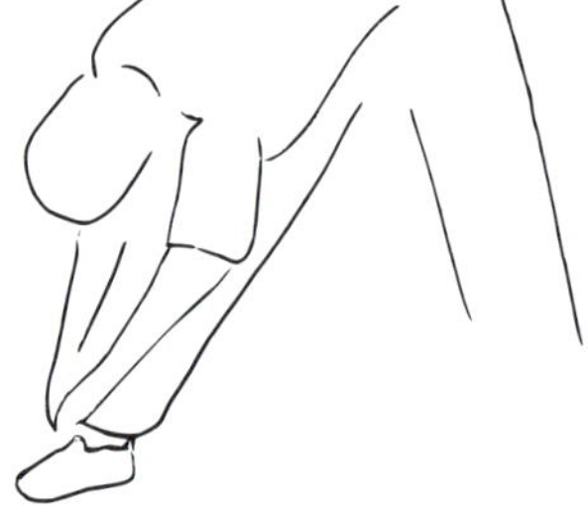

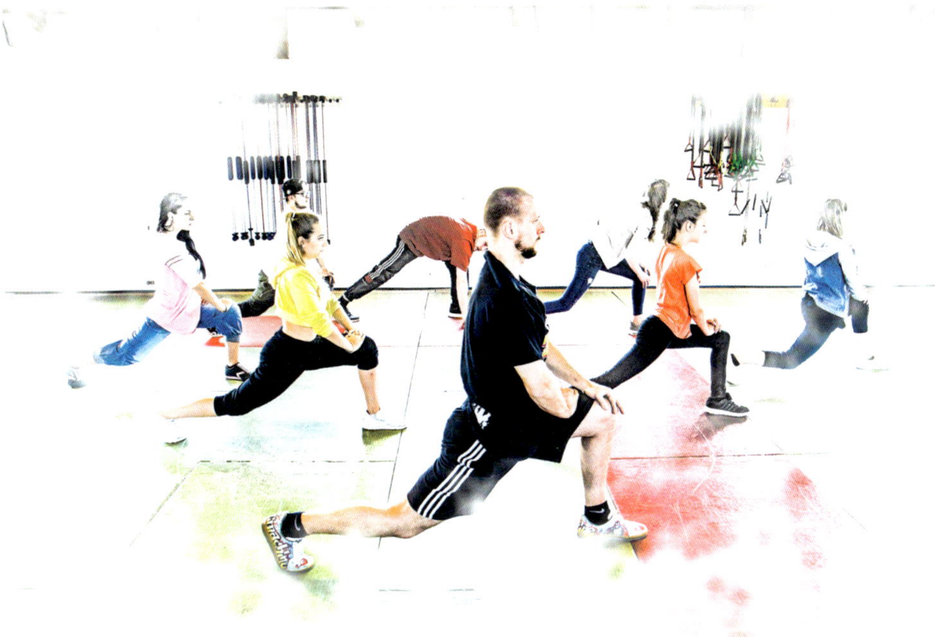

Achtung: Hier beginnt ein Ablauf, der sich später auf der anderen (linken) Seite nochmals genauso wiederholt.

13. Den ganzen Körper um 90° nach rechts drehen, sodass die linke Seite des Körpers zur Spiegelseite gerichtet ist, das rechte Bein vor dem Körper steht, das Knie des voll belasteten rechten Beins im 90°-Winkel gebeugt ist, das linke Bein hinten steht und das Knie des linken Beins voll gestreckt ist. Der linke Fuß steht auf dem Fußballen.

Wichtig hierbei ist, dass das Knie des rechten Beins über der Ferse gehalten wird, sich nicht weiter darüber hinaus zur Zehenspitze beugt und der Unterschenkel sich nicht zu den Seiten neigt.

Nun die Hände links und rechts neben dem rechten Fuß abstellen. Eventuell muss das rechte Knie von der rechten Hand seitlich gestützt werden, um nicht wegzuknicken. Den Blick nach vorne richten und das Becken Richtung Boden drücken (Sprint-Startblock-Stellung) (Zug: nach unten gerichtete Innenseite der Oberschenkel bis zum Muskelansatz am Becken-Schambein-Bereich, Adduktoren, Iliopsoas).

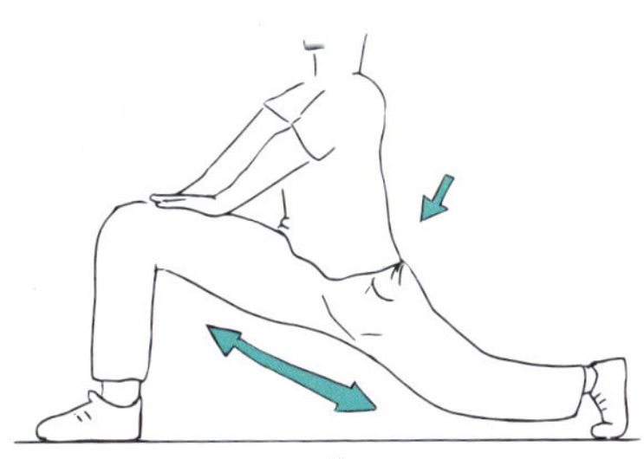

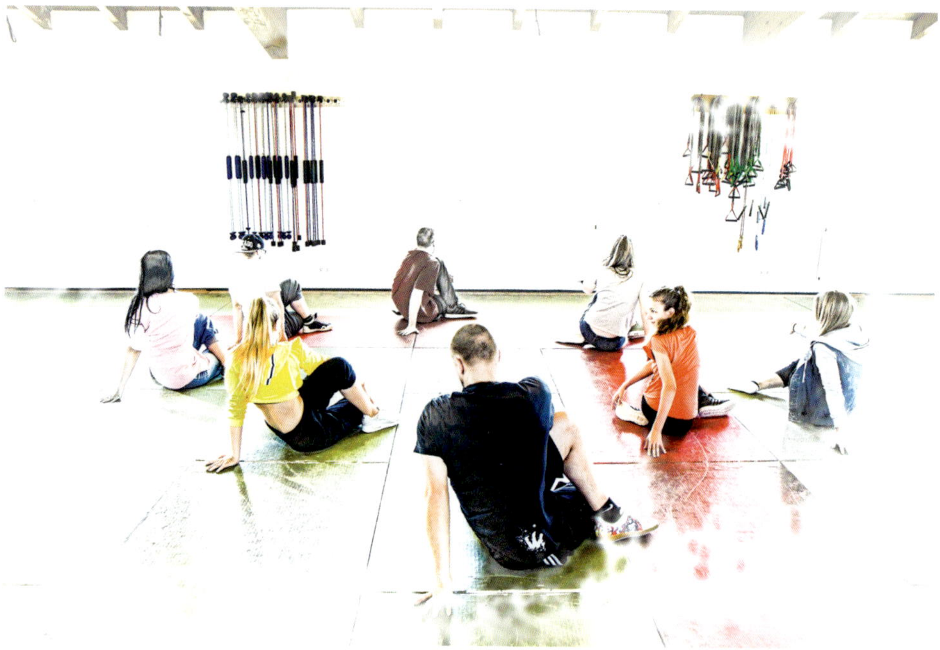

14. Aus der Haltung 13 heraus das linke Bein zum rechten Fuß ziehen, das linke, nun gebeugte Knie rechts außerhalb am rechten Fuß vorbei schieben, sich links neben der linken Wade absetzen, den gestreckten rechten Arm über oben nach hinten führen, beim Nach-rechts-Drehen des Oberkörpers den linken gestreckten Arm an die rechte Außenseite des rechten Knies drücken und den Kopf weit nach rechts drehen (Zug: rechte Körperseite, Gluteus Maximus. Dabei um die gesamte Wirbelsäule herum entspannen, evtl. kann man auch ein oder mehrere Male ein Knacken in der Wirbelsäule wahrnehmen).

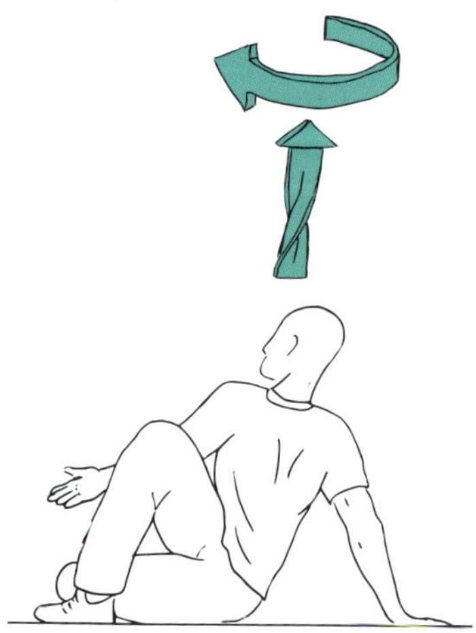

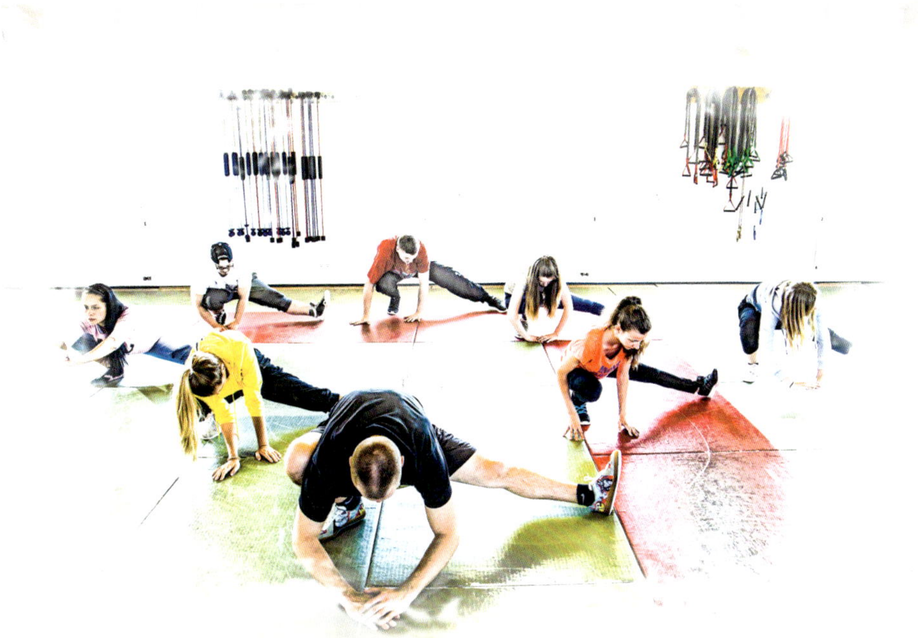

15. Die „Verdrehung" auflösen, den rechten Fuß aufgestellt lassen (Gewicht auf dem rechten Bein) und das linke Bein wieder einen halben Meter nach hinten stellen. Den Körper so nach vorne zur Spiegelseite drehen (um 90° nach links), dass der linke Fuß sich von der Zehenspitze auf die Ferse dreht und das linke Knie sich streckt. Jetzt lässt man das Becken tiefer zur rechten Ferse sinken und versucht, das rechte Knie weiter nach außen zu drehen (Zug: die inneren Oberschenkelmuskeln (Adduktoren), beim gestreckten Bein auch die hintere Beinmuskulatur bis zur Ferse).

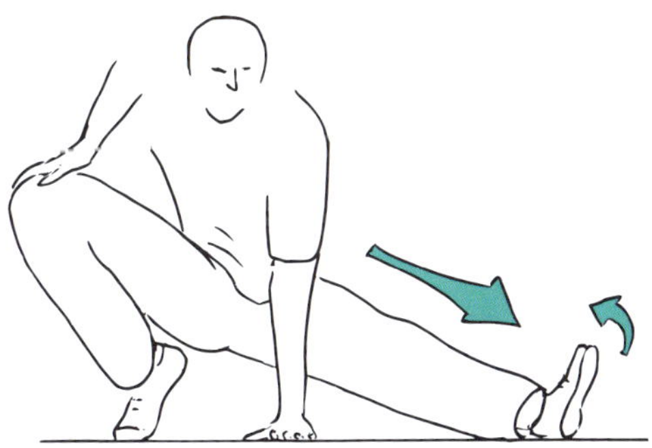

16. Das Gewicht nun durch Beugen des linken Beins und Strecken des rechten Beins über eine tiefe Hockposition nach links gleiten lassen und das Gewicht auf das linke Bein verlagern (spiegelverkehrte Position von 15. Siehe Grafik oben).

Achtung: Hier wird der Ablauf Nr. 13 und 14 nochmals auf der anderen (linken) Seite als Nr. 17 und 18 wiederholt.

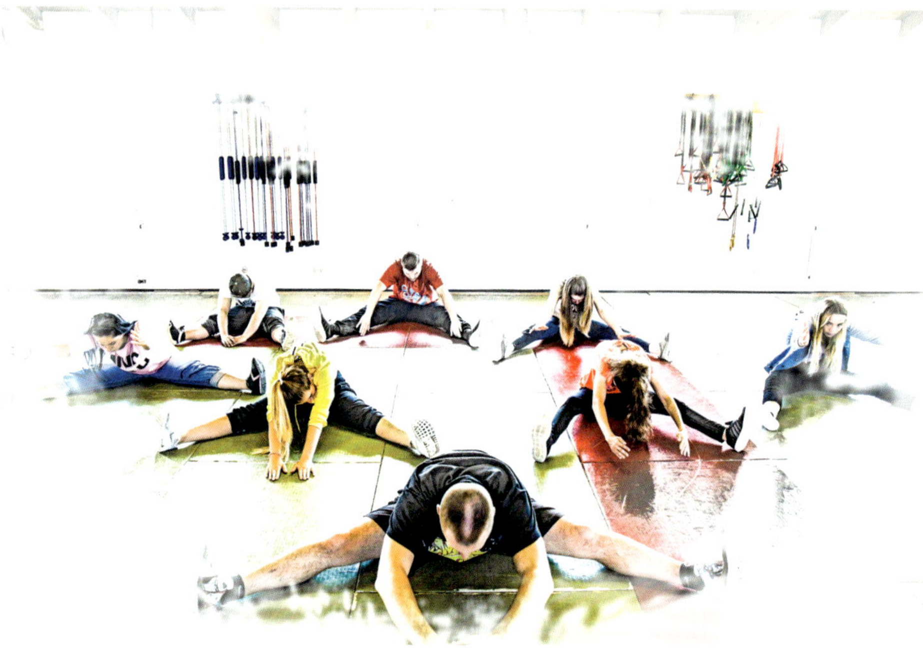

19. Danach absetzen und den Oberkörper nach vorn zur Spiegelseite drehen, die Beine mit gesteckten Knien am Boden so weit wie möglich in die Grätsche öffnen. Die Zehenspitzen zeigen zur Decke, die Hüfte ist so weit wie möglich ausgedreht, das Becken möglichst vertikal ausgerichtet, den Körper zusammen mit dem Becken langsam nach vorn sinken lassen (Zug: Innenschenkel bis zum Schienbein).

Langsam lösen und zur rechten Fußspitze greifen. Langsam lösen und jeweils auf der anderen Seite wiederholen. Die gezeigten Übungen in der Grafik sind Variationen, die nach Belieben angewendet werden können, um die Übung steigern oder verändern zu können (Zug: konzentriert sich nun auf das jeweils angesprochene Bein und evtl. auch auf den Latissimus dorsi).

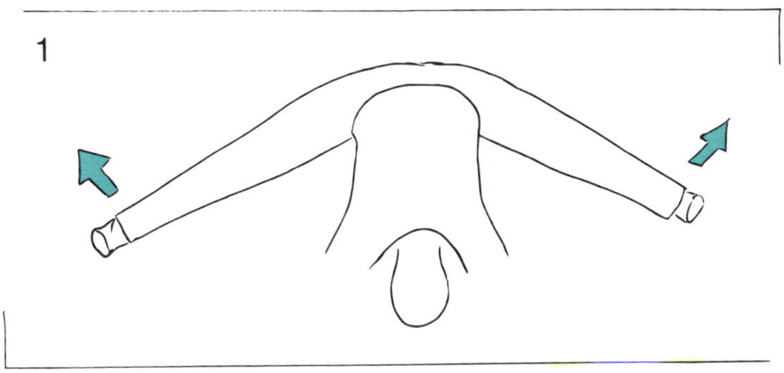

2 & 3

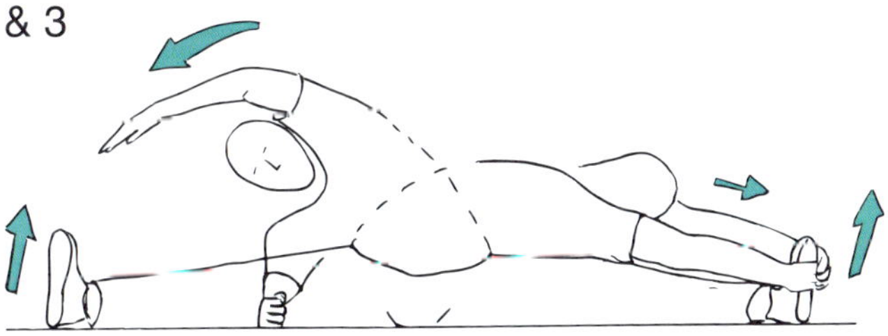

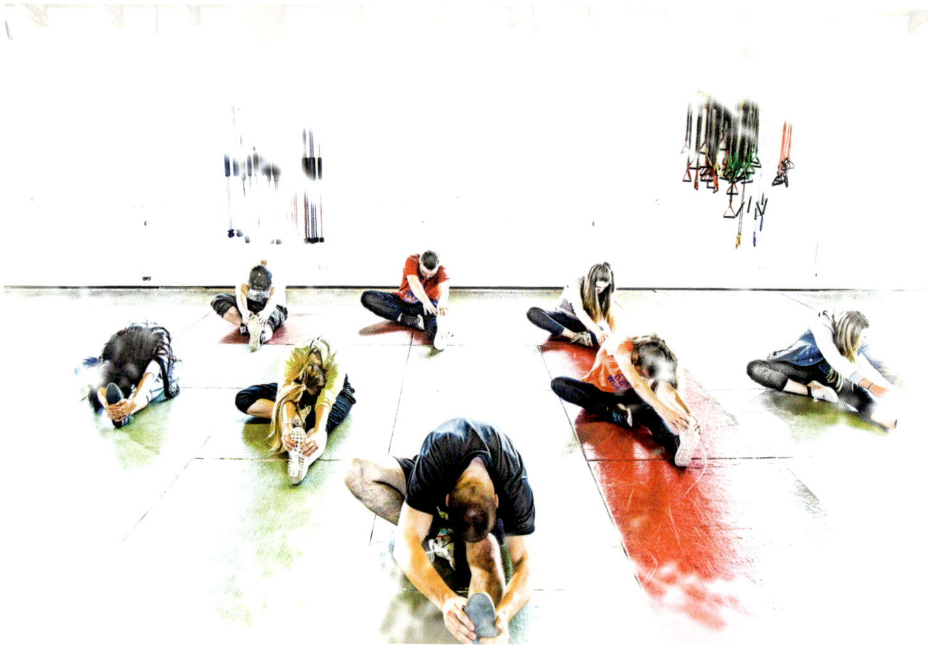

20. Die Beine schließen, sitzend das rechte Bein nach vorne strecken, das linke Knie beugen und die linke Fußsohle an den rechten Oberschenkel und das gebeugte Bein am Boden ablegen. Den Rücken so gerade wie möglich halten, zu den Zehen greifen und den Oberkörper zusammen mit dem Becken nach vorne-unten sinken lassen (Zug: in der rückseitigen Beinmuskulatur, manchmal auch im Rücken). Langsam lösen und auf der anderen Seite wiederholen.

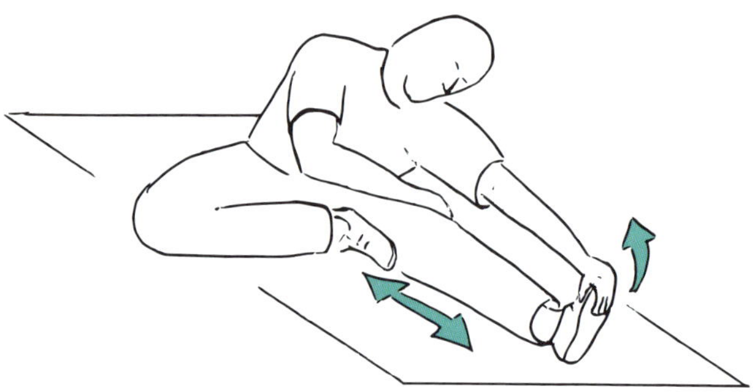

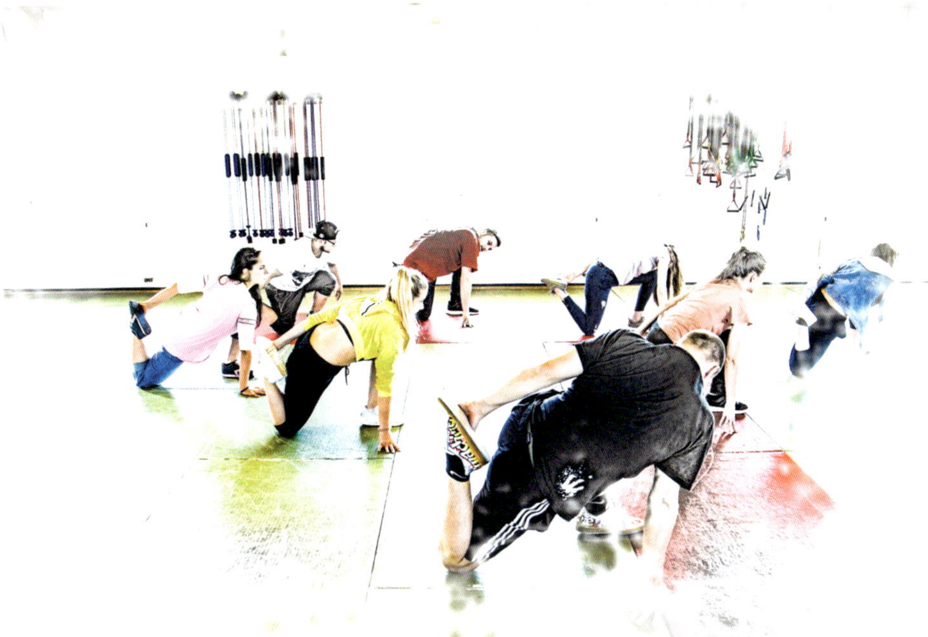

21. Den Körper zur linken Seite auf den Ellbogen abgestützt ablegen, die Beine im 90°-Winkel zum Oberkörper positionieren und die Knie 90° beugen (Unterschenkel parallel zum Oberkörper). Das rechte Fußgelenk mit der rechten Hand greifen und ganz bis zum Po ziehen. Dabei die Bauchmuskeln anspannen, das Becken nach vorne schieben und mit dem Knie nach unten ziehen (Zug: im vorderen Oberschenkelmuskel). Langsam lösen und auf der anderen Seite wiederholen.

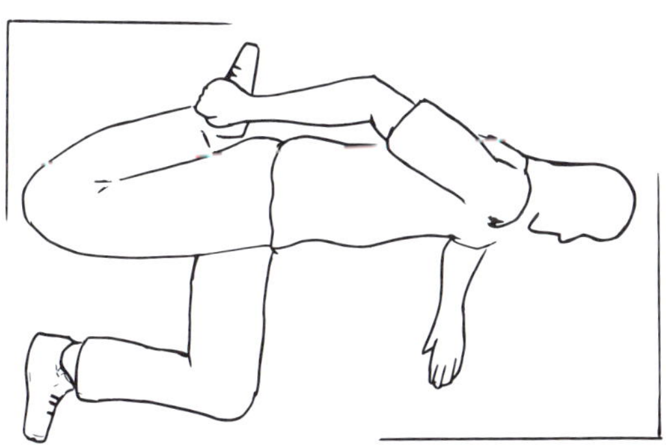

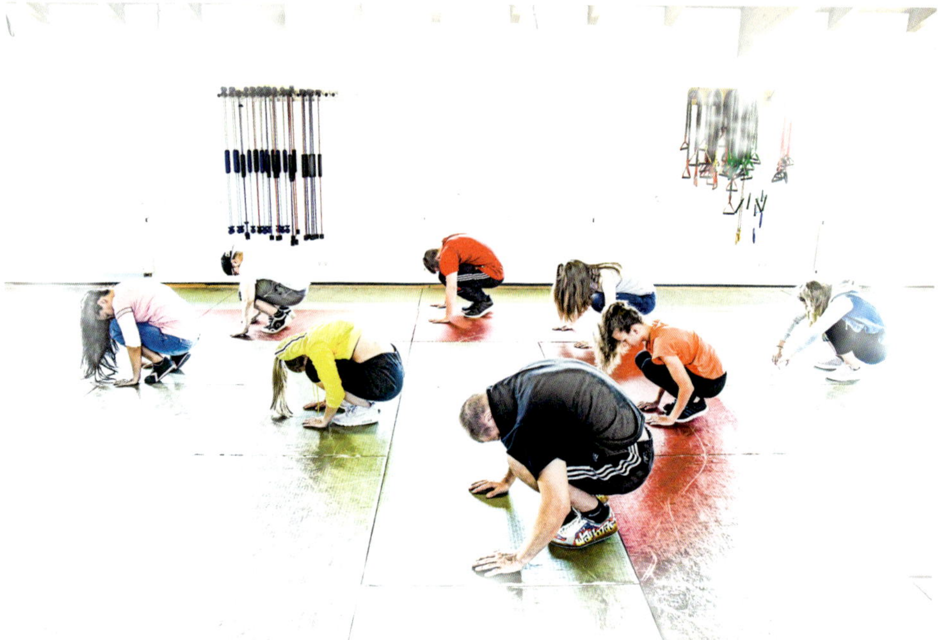

22. Dann in eine tiefe, komplett lockere Hockstellung gehen, das Becken mit den Sitzhöckern auf den Versen ablegen, den Oberkörper auf den Oberschenkeln ablegen, Arme und Schultern rechts und links außen zum Boden hängen lassen, Handflächen locker auf den Boden legen, den Kopf hängen lassen, den Kiefer entspannen, Rücken öffnen und die Schulterblätter öffnen. Das Becken nach hinten-unten fallen lassen und das Steißbein sinken lassen, entspannen und atmen (Zug: in der gesamten Rücken-, Schulter- und Nackenmuskulatur erfolgt ein langsam stärker werdendes Lösen).

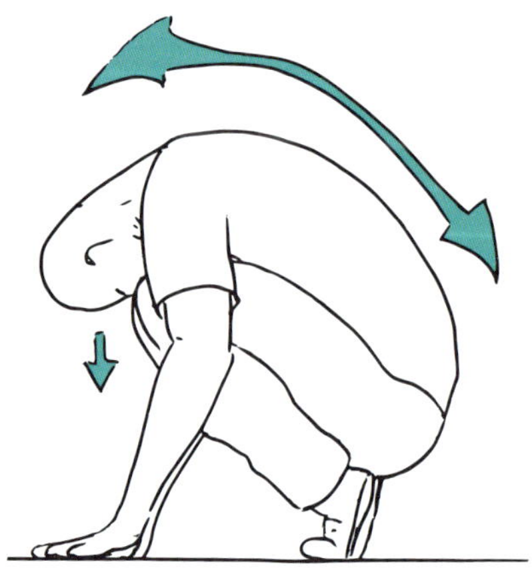

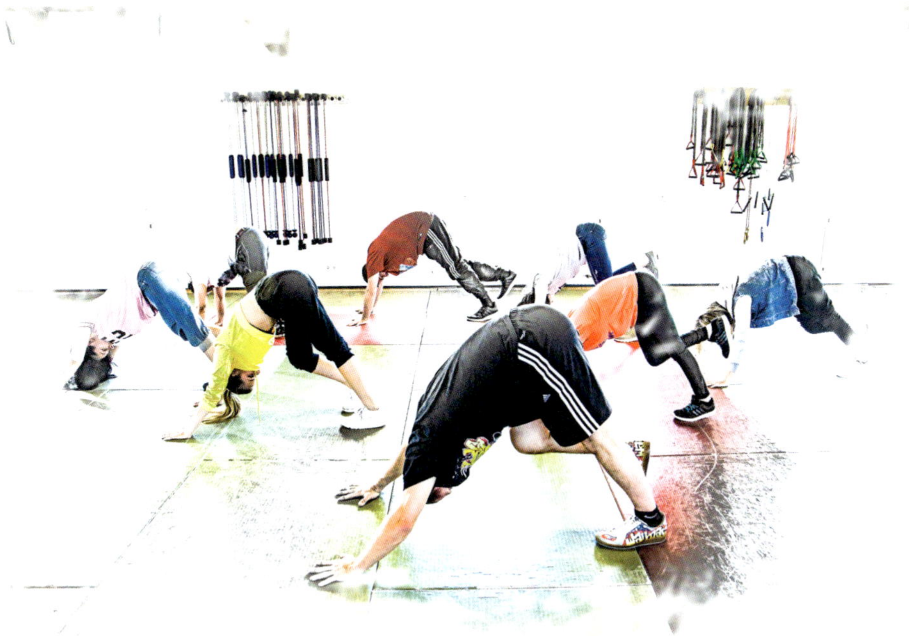

23. Aus der Hockstellung heraus mit den Händen nach vorn laufen, bis die Knie gestreckt sind, die Fersen bleiben am Boden. Der Oberkörper ist somit nach vorne unten geneigt, die Nase zeigt Richtung Füße, die Ellbogen sind in dieser Haltung gestreckt (Yoga: herabschauender Hund), (Zug: hintere Beinmuskulatur, besonders im Bereich der Kniekehlen).

Rechtes Knie ein wenig beugen, während das gesamte Gewicht auf das rechte Bein verlagert wird, dann andersherum auf der linken Seite beugen und nochmals beide Beine nachstrecken (Zug: die komplette hintere Beinmuskulatur).

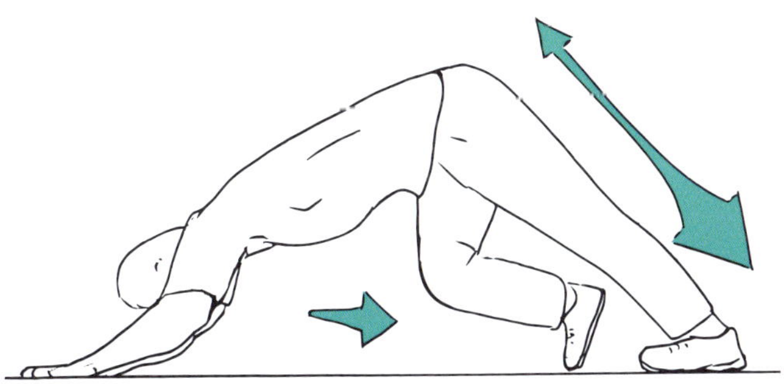

24. Mit den Händen zurücklaufen, beide Knie beugen, den Oberkörper mit hängendem Kopf Wirbel für Wirbel von unten nach oben langsam aufrollen während man die Knie zur Streckung bringt, Kopf zum Schluss aufrichten, Schultern über oben nach hinten rollen, dabei die Arme parallel zum Boden zu den Seiten öffnen und weit bis in die Fingerspitzen strecken (siehe Übung 2 (Arch) nur mit parallelen Beinen). Dabei ist zu beachten, dass die Arme in den Schultern tief nach hinten-unten gedreht sind, sodass die Handflächen nach oben zeigen. Dabei den gesamten Körper öffnen, die Schultern nach unten fallen lassen und die Muskeln lösen (Zug: in den Armen vom Nacken und den Schultern über die Ellbogen bis zu den Fingerspitzen).

Nach der Stretching-Einheit ist es noch von Vorteil, den Körper kurz auszuschütteln. Nun ist der Körper komplett vorbereitet, die Muskeln sind warm und flexibel, und der Geist des Schülers ist fokussiert.

i Information

Diesen jetzt perfekt fokussierten und vorbereiteten Schüler kann man nun „hemmungslos" mit neuem, kompliziertem, technisch aufwendigem und unbekanntem Bewegungsmaterial bombardieren. Das ist die sinnvollste Zeit im Unterricht, um langfristige Lernerfolge kontinuierlich voranzutreiben.

5.5 Das vollständige Warm-up

Methode

5.5.1 Energie sammeln und Bounce

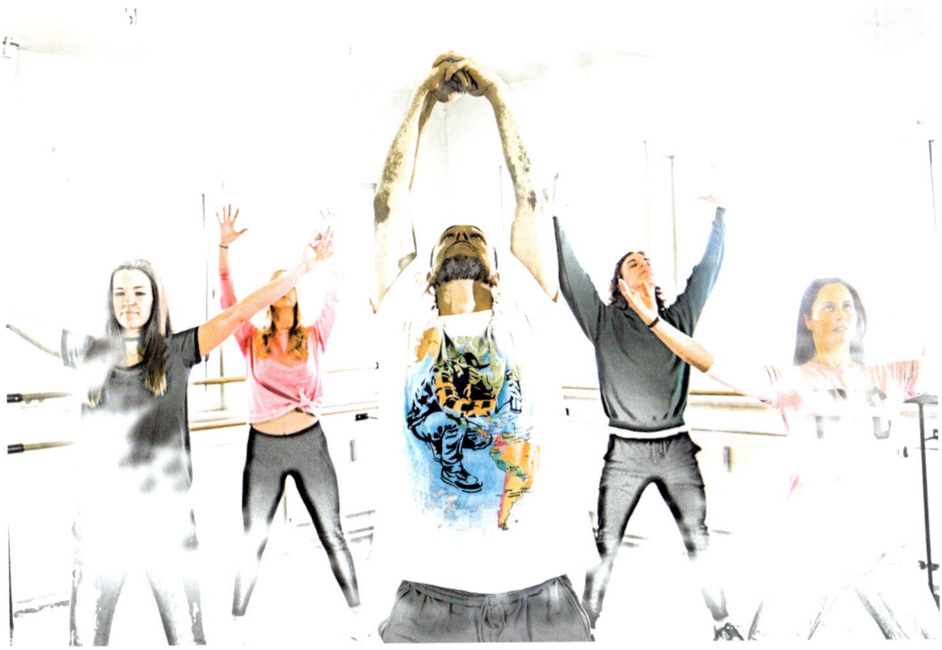

Zu Beginn jeder HipHop-Stunde hat sich für mich ein klares Ritual etabliert, das für die Schüler und mich selbst ein deutliches Bewegungsmuster aufzeigt und den offiziellen Start der Unterrichtsstunde signalisiert. Dies hilft den Schülern und auch mir selbst, geistig, körperlich und emotional im Unterricht anzukommen.

- Ich lege eine kraftvolle HipHop-Musik ein, die bestenfalls ein ruhiges Intro hat, drehe die Musik so laut, dass Gespräche unterbrochen werden und stelle mich gut schulterbreit mit festem Stand vor der Klasse auf. Dies signalisiert allen im Raum, dass es nun losgeht. Es sollte eine Musik ausgesucht werden, zu der die vor mir stehende Klasse den Double Step gut umsetzen kann.
- Dann atmen wir tief ein und sammeln mit ganz weit gesteckten Armen und offenen Händen über die Seiten unsere „Energie" nach oben zusammen und legen die Hände mit den Handflächen über dem Kopf ineinander (den Handrücken der einen Hand in die Handfläche der anderen Hand). Die Handflächen sind dabei nach unten gerichtet und der Blick geht nach oben in die Handflächen.

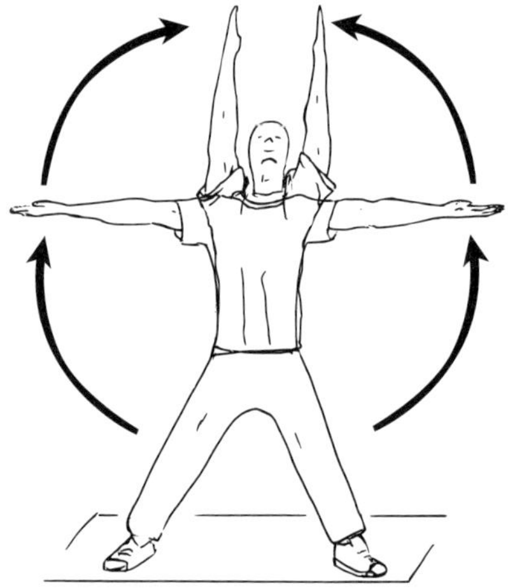

- Dann drücken wir symbolisch mit den Handflächen die gesammelte Energie in den Körper an Gesicht, Brustkorb und Becken vorbei und lassen uns zuletzt mit gebeugten Knien im Stand langsam komplett nach vorne-unten fallen.

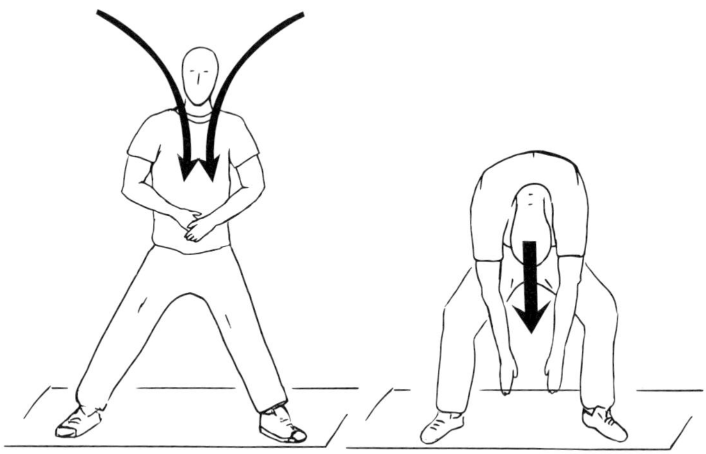

- Dies gleichen wir am besten allmählich an den Rhythmus des Liedes an und wiederholen die gesamte Bewegung drei- bis viermal.
- Dann lassen wir uns etwas schneller viermal mit Kopf, Armen, Schultern, gebeugter Wirbelsäule und gebeugten Knien in einen tiefen Bounce fallen und beschleunigen das Bouncen Stück für Stück zur Originalgeschwindigkeit.
- Nun können wir das Bouncen noch in alle vier Richtungen sowie diagonal differenzieren (der Kopf sollte mitschwingen), um den Oberkörper zu lockern und das HipHop-Feeling zu verstärken und gehen dann direkt aus dem Bouncen in den Touch Step und Double Step über …

5.5.2 Die finale Ausdifferenzierung der Double-Step-Warm-up-Technik

Didaktik

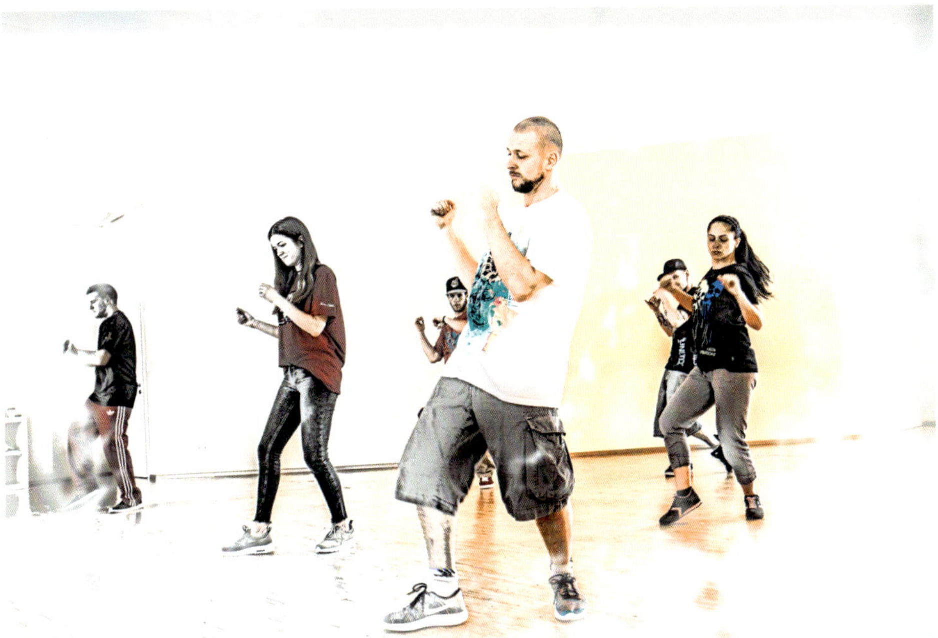

Nun kann ich das finale Warm-up-Programm des Double Steps erarbeiten, indem ich die Beinvariationen, Armvariationen und Richtungen im Double Step miteinander verbinde:

- Zusatzdifferenzierung: Normaler Double Step + Arme A) Schultern
- Zusatzdifferenzierung: Beine A) Knie + Arme B) Arme parallel
- Zusatzdifferenzierung: Beine B) Ferse + Arme C) Arme kreisen
- Zusatzdifferenzierung: Beine C) Körper drehen + Arme D)
- Wenn diese Zusatzdifferenzierungen etabliert und für die Schüler in Originalgeschwindigkeit umsetzbar sind (ca. nach der 15.-25. Unterrichtsstunde), erarbeitet man Differenzierungen 1.-4. Gegengleich, sprich, der Arm der (diagonal) gegenüberliegenden Körperseite, bewegt sich gemeinsam mit dem Bein.
- Und die Beine C) im Raum zu allen Seiten ausführen.

5.5.3 Die finale Ausdifferenzierung der Cross-Step-Warm-up-Technik

Didaktik

Methode

Nun kann ich das finale Warm-up-Programm des Cross Steps erarbeiten, indem ich die Schrittvariationen, Armvariationen und Richtungen in eine sinnvolle Reihenfolge bringe. Das jeweils nach dem Pfeil folgende Wort ist die Benennung der darauffolgenden Aufgabe. Die Arbeitsblöcke (Acht, Vier, Zwo etc.) benenne ich von Anfang an klar und behalten den Ablauf immer genauso bei. Dann kann ich mich von der Gruppe lösen und per Ansage unterrichten, ohne mitmachen zu müssen.

→ **Vor:**
4 Achter = 16 Schritte: Cross Step vorn mit Armen schwingen

→ **Rück:**
4 Achter = 16 Schritte: Cross Step hinten mit Arm-Wrist-Roll

→ **Acht:**
2 Achter = 8 Schritte: Cross Step vorn mit Armen schwingen
2 Achter = 8 Schritte: Cross Step hinten mit Arm-Wrist-Roll

→ **Vier:**
1 Achter = 4 Schritte: Cross Step vorn mit Armen schwingen
1 Achter = 4 Schritte: Cross Step hinten mit Arm-Wrist-Roll

→ **Zwo:**
½ Achter = 2 Schritte: Cross Step vorn mit Armen schwingen
½ Achter = 2 Schritte: Cross Step hinten mit Arm-Wrist-Roll

→ **Und Einer:**
8 Achter = 8 x ständiger Wechsel mit Push beim Zwischenschritt

Pädagogischer Tipp

Nur wenn ich solche oder ähnliche Technik-Arbeitsblöcke schaffe, diese von Anfang an mit klaren Bezeichnungen benenne und den Ablauf immer genau gleich umsetze, kann ich mich nach einer gewissen Übungszeit von der Gruppe lösen und per Ansage unterrichten. Dadurch richtet sich meine Konzentration als Lehrer voll auf die Kontrolle der Schüler, Fehler fallen schneller auf und ich kann direkt korrigieren, bevor sich Fehler einschleichen.

5.5.4 Das finale Warm-up-Programm

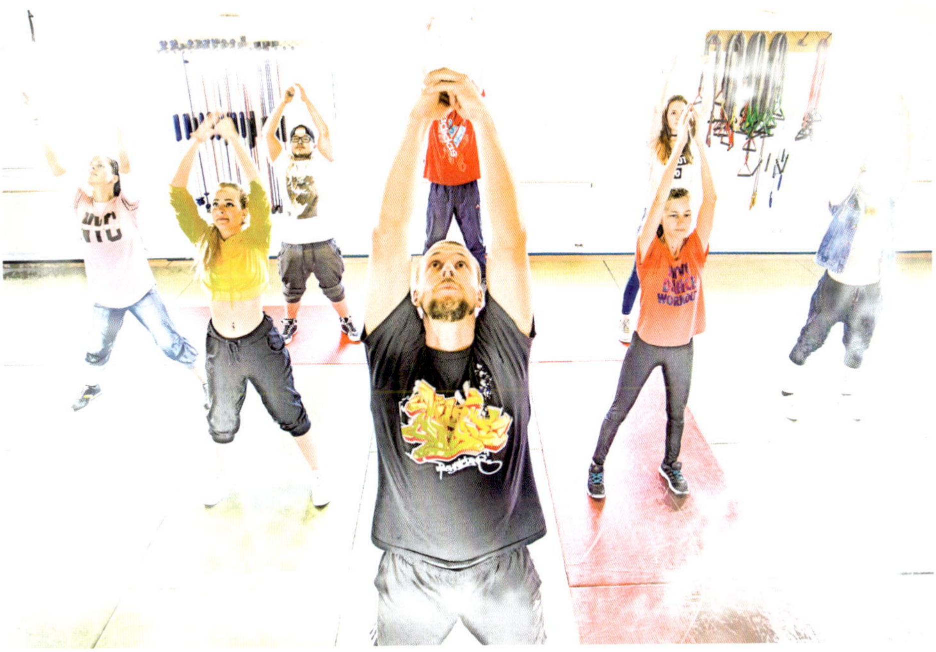

Sobald die Gruppe soweit ist, dass eine immer deutlichere und schnellere Umsetzung der Basics und deren Variationen stattfinden, sollte nach und nach immer weniger Unterrichtszeit dafür eingeplant werden. Der hier folgende Verlauf von Übungen, Training und Tanz sollte über die ersten 40-60 Stunden so erarbeitet und etabliert werden, dass ich mit einer fortgeschrittenen Klasse all diese Übungen in ca. 15 min umsetzen kann.

Didaktik

Dieses Warm-up-Ritual sieht dann in der didaktisch sinnvollen Reihenfolge so aus:

1. Ankommen (5.5.1 Energie sammeln und Bounce – ca. 45 s) **Kraftvolle HipHop-Musik mit einem ruhigen Intro**
2. Double Step (5.5.2 Die finale Ausdifferenzierung der Double Step-Warm-up-Technik – ca. 150 s) **HipHop-Musik mit klarer und kontinuierlicher Taktstruktur**
3. Cross Step (5.5.3 Die finale Ausdifferenzierung der Cross-Step-Warm-up-Technik – ca. 120 s) **Flottere HipHop- oder Housemusik, die anheizt**
4. Warm-up-Choreo (5.2.9 Die finale Warm-up-Choreo – ca. 100 s) **Musik nach dem Leistungsgrad der Schüler und Stimmung in der Gruppe auswählen.**
5. Krafttraining (5.4 Workout – ca. 100 s) **Kraftvoll-aggressive Musik**
6. Körperarbeit (5.3 Bodyworks – ca. 200 s) **Ruhige, basslastige Musik mit klarem Rhythmus**
7. Dehnen (5.4.4 Stretching – ca. 200 s) **Ruhige, entspannende und langsame Musik, je nach Stimmung der Gruppe**

Dies ist wohlgemerkt mein VORSCHLAG, wie das konventionelle Warm-up, die Körperarbeit und das übliche Training (Koordination, Flexibilität, Kraft und Ausdauer) nach ca. 9-15 Monaten des Unterrichts ablaufen könnte, das als Trainingsritual zu Beginn jeder einzelnen Stunde durchgeführt werden kann.

5.6 Der Groove

Das Erarbeiten von Tanzgefühl im HipHop

Information

„Groove" ist der englische Begriff für die Nut oder Furche auf einer Vinyl-Schallplatte, in der die Nadel eines Schallplattenspielers ihre Informationen bzw. Schwingungen bekommt, um diese über den Schalltrichter oder andere Schallverstärker hörbar zu machen. Für Musiker und Tänzer steht der Begriff für eine „Rhythmusfigur", die ein rhythmisches Musikstück ausmacht und auf eine bestimmte Weise schwingen lässt. Beim erfahrenen HipHop-Tänzer löst diese rhythmische Schwingung ein besonders mitreißendes Hochgefühl und einen euphorischen Enthusiasmus aus, welche sich vollkommen natürlich in einer bestimmten Form des Mit-Schwingens oder -Schaukelns im Körper ausdrücken. Diese Bewegung nennt man ebenfalls Groove, und sie gehört zu den grundlegenden Merkmalen, in denen man unter anderem auch einige Stilarten der HipHop-Kultur voneinander unterscheiden kann. Umgangssprachlich wird dies auch als „Bounce" bezeichnet.

Groove = Bounce = HipHop

Die ursprünglichste Bewegung des Menschen ist das Atmen. Ohne Atmen geht es nicht. Daher ist es nicht verwunderlich, dass diese alltägliche Bewegungsform eine der Grundlagen jeder HipHop-Tanzform ist. Im HipHop (wie auch in allen urbanen Tänzen) geben wir diesem Reflex eine besondere Gewichtung (vorausgehend auch als Groove bezeichnet) und führen das normalerweise kaum wahrnehmbare, zarte Auf und Ab des Brustkorbs bewusst und deutlich, mit vollem Körpereinsatz aus.

Methode

In den urbanen Tänzen sind durch die kulturelle Vielfalt ihrer Herkunft alle Bewegungen erlaubt – nichts ist ausgeschlossen, verpönt oder gar verboten. Folgendes Beispiel soll eine der einfachsten Methoden aufzeigen, eine beliebige Bewegung mit dem Groove des HipHop zu veredeln:

- Wir nehmen eine gestreckt geführte, fliegend-schwebende Bewegung aus dem Ballett (Port de bras): Wir nehmen mit stillstehendem Körper den rechten Arm von links vorn im Halbkreis in der Horizontalebene nach rechts außen. Hierzu stehen wir aufrecht mit geschlossenen Beinen.
- Wir wiederholen die gleiche Bewegung, diesmal aber mit eingesetztem Bouncen des Oberkörpers, unterstützt durch ein Federn in den Knien und das Mitschwingen des Kopfes.
- Und siehe da! Eine HipHop-Bewegung ward geboren!

Es wird nun deutlich, dass der Groove des HipHop als größter Unterschied zwischen den urbanen und allen anderen Tänzen angesehen werden kann. „Wir nehmen eine Alltagsbewegung und machen HipHop daraus", klingt einfach, ist aber schwierig in der Umsetzung, wenn es am Schluss nach etwas aussehen soll. Einfacher und schneller geht es, sich zuerst mit den hier im Buch genannten Grundlagen zu befassen, bevor man selbst herumexperimentiert und in „kreativem Wahnsinn" untergeht.

5.6.1 Der „Bounce"

Den wohl bekanntesten Groove oder Bounce hat bestimmt jeder schon mal unbeabsichtigt durchgeführt, wenn er in der U-Bahn / S-Bahn / Bushaltestelle / Supermarkt / IKEA stand / saß / kniete und sich von der Musik seiner Wahl im Ohr beschallen ließ und mit dem Kopf „mitwippte".

Praktische Arbeitsaufgabe

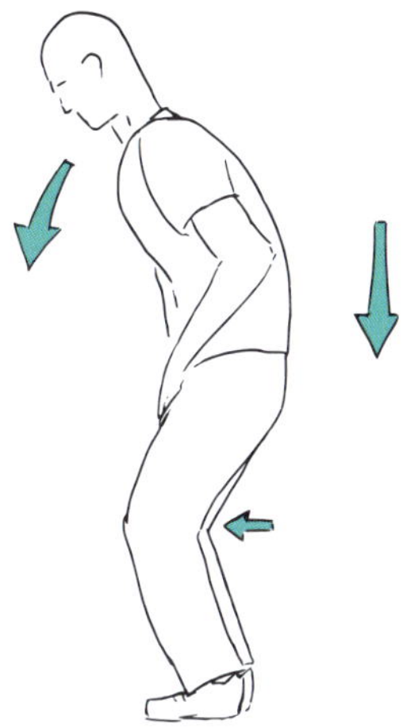

Dieser Bounce ist eine eher introvertierte Bewegung, die im Tanz ausgeführt vor allem durch das Ausatmen initiiert wird.

- Wir lassen nach dem Einatmen die Luft aus dem Brustkorb fließen und sacken dabei mit dem Brustkorb in den Bauchraum hinein, lassen den Kopf sinken und gehen leicht in die Knie.
- Gleich danach richten wir uns wieder auf (Rebounce) und wiederholen dies idealerweise im Rhythmus.
- Dieser Bounce hat grundlegend keine Richtung und kann sich, auch nach hinten und zu allen Seiten ausgeführt, ganz interessant anfühlen.

5.6.2 Der „Jerk"

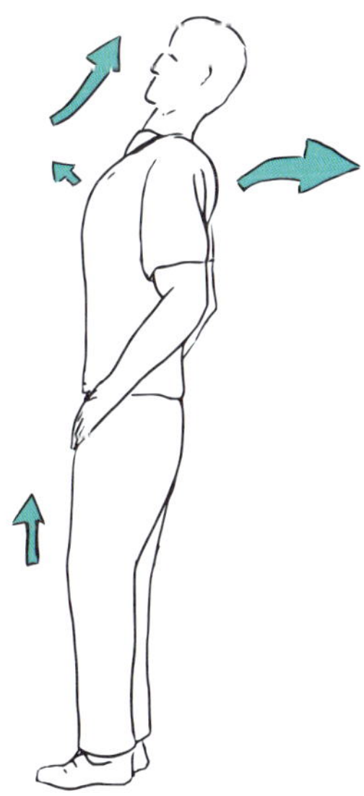

Der bei den älteren HipHop-Tänzen gebräuchlichste Groove, im B-Boying auch Jerk genannt, ist sozusagen genau das Gegenteil vom Bounce.

- Wir ziehen den nach vorne hängende Körper (lockere Knie) zusammen mit dem Kopf nach hinten-oben, was die Namensgebung „jerking" (engl. „ziehen / zerren") begründet.
- Der Impuls kommt hierbei aus den leicht gebeugten Knien und der Rückenmuskulatur, somit richtet sich der Oberkörper im Rhythmus schwingend nach vorne oben auf.

5.6.3 Der „Main Key"

Der im Locking gebräuchliche Bounce wird im Afrika-Tanz „hartbeat", im Locking „main key" genannt.

- Im Grunde sind wir mit dem Oberkörper bei der Bewegung des Punktes 5.6.2,
- doch bei jedem zweiten Jerk (auf die „Zwei" beim Zählen, bzw. auf die Snare Drum in der Musik) lassen wir die Spannung aus den Knien kurz abfallen und setzen uns mit der Hüfte nach unten und leicht nach hinten ab (sit-in).
- Als optische Unterstützung zum Lernen des Main Key gibt es durch die geniale Erfindung der Medien genug Möglichkeiten, an visuelle Erklärungen zu gelangen, die man einfach nur nachmachen muss.

5.6.4 Das „Jacking"

Das Jacking ist selbst für manche langjährigen Tänzer ein Mysterium, das sie selbst nach unendlichen Stunden des Trainings noch nicht beherrschen. Daher nicht aufgeben, wenn's nicht klappt, sondern einfach weiter üben. Meine Lieblingsmethode, das Jacking zu erklären, klingt folgendermaßen:

Methode

Wir stellen uns eine alte, kohlebetriebene Dampflok vor. Wir nennen sie liebevoll „Klein Emma". Ihr Treib- und Kolbenstangen-Dampfzylinder-System und dessen dynamischen Teile, sind dabei stellvertretend für menschliche Körperteile und erleichtern es, den Bewegungsablauf besser zu veranschaulichen.

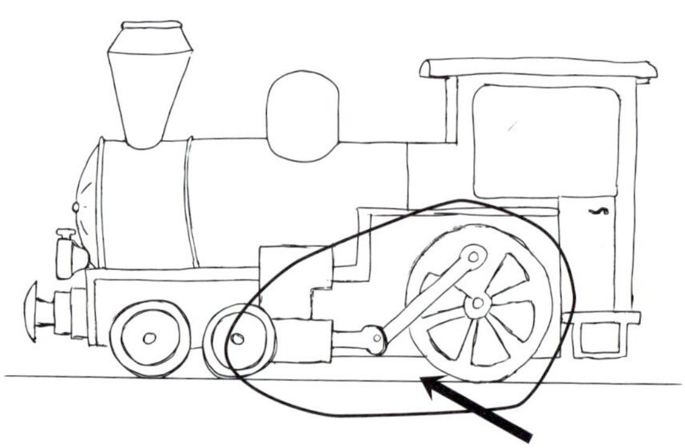

Nun müssen wir zuerst eine räumliche Umstrukturierung vornehmen und Klein Emma nach vorne, sozusagen auf die Nasenspitze drehen, sodass wir das zuvor genannte System von der Seite sehen:

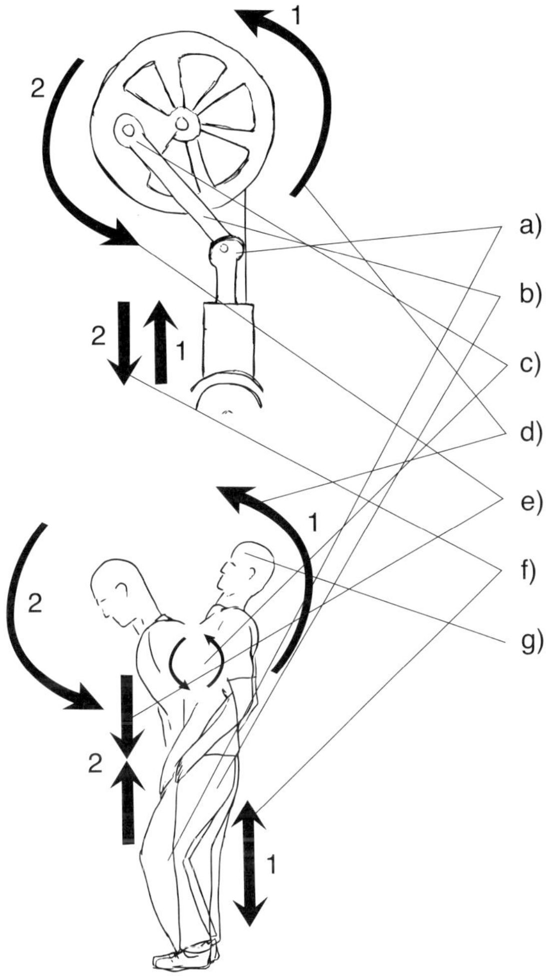

- Das Kolbenventil vollführt die Kniebewegung – auf/ab bzw. beugen/strecken.
- Der Übertragungspleuel vollführt die Hüftbewegung am Ende des Oberkörpers.
- Der Hebel vollführt die Oberkörperbewegung im Brustkorbbereich (Rotation des Brustkorbs in der Sagittalebene: unten → hinten → oben → vorne → unten), so wie sich die Treibstange am Rad von Klein Emma bewegt.
- Fassen wir nun a), b) und c) zusammen, rotiert der Oberkörper von unten über hinten nach oben, während die Knie sich strecken. Der Impuls reicht bis zu der Stelle, an welcher der Brustkorb nach vorne zu einem leichten „Chest Hop" herauskommt.

- Nach dem Chest Hop nach vorne-oben, ziehen wir die Hüftbeuge-Muskulatur (Pleuelübertragungsgelenk) und den Bauch zum Bass-Beat ruckartig zusammen. Hier ist die Wirkung des Impulses am stärksten und zieht wegen des größeren Gewichts des Oberkörpers (Trägheitsgesetz) die Beine und Füße sozusagen vom Boden weg (das im House Dance so bezeichnete **Fliegen**).
- Danach sinken die Füße wieder zum Boden, der Oberkörper bewegt sich zurück in seine ursprüngliche Ausgangsposition und mit dem Lockern der Bauchmuskeln beginnt die Bewegung wieder von vorn.
- Wer das bis hierhin verstanden hat und umsetzen kann (Chapeau!), vermag nun vielleicht auch noch den Kopf leicht verspätet hinterherzuziehen (loose head), also verzögert mitschwingen zu lassen.

Mit all diesen Zutaten, in einen Topf geworfen, mit Liebe zur Musik gemischt, mit ganz viel Kondition gewürzt und mit viel Hingebung umgerührt, haben wir die Grundlage des House Dance gekocht. Bon appétit!

An der Länge dieser Beschreibung kann man unschwer erkennen, dass es sich bei diesem Groove wohl um einen der aufwendigsten handeln muss. Dies sagt gleichzeitig aus, dass das Bouncen nicht nur eine einzelne Bewegung oder ein Move ist, sondern dass es sich dabei um ein ganzes Movement handelt. Für das Wort „Movement" (Deutsch: Antrieb, Bewegung) haben wir im Deutschen keine in diesem Zusammenhang wirklich sinnvolle Übersetzung. Eventuell könnte „Bewegung als sozial-struktureller Vorgang, bei dem Menschen ein bestimmtes Tanz- und Lebensgefühl teilen, pflegen, weiterentwickeln und körperlich kommunizieren" als passende Beschreibung dienen, aber wer hat so einen Satz schon spontan parat?

i Information

Abschließend zum Kapitel „Bounce" ist zu sagen, dass Anfänger NUR Punkt 5.6.1 und 5.6.2 als Einzelbewegung, also ohne Schrittmaterial oder andere Bewegungsformen, verstehen und umsetzen können. Nicht zu vergessen, dass das wahre Verständnis für den Groove und das Gefühl für die jeweilige Musik jahrelanges Training benötigt!

Es kommt allerdings auch gelegentlich vor, dass bei Tanzanfängern all das einfach von Natur aus vorhanden ist. Vor allem bei Kindern kommt es manchmal vor, dass diese sich hinstellen und, ohne darüber nachzudenken (das ist auch der Schlüssel des Ganzen!), anfangen zu bouncen. Da könnte man doch fast wieder sentimental werden und seufzen: „Noch einmal Kind sein!"

Kapitel 6

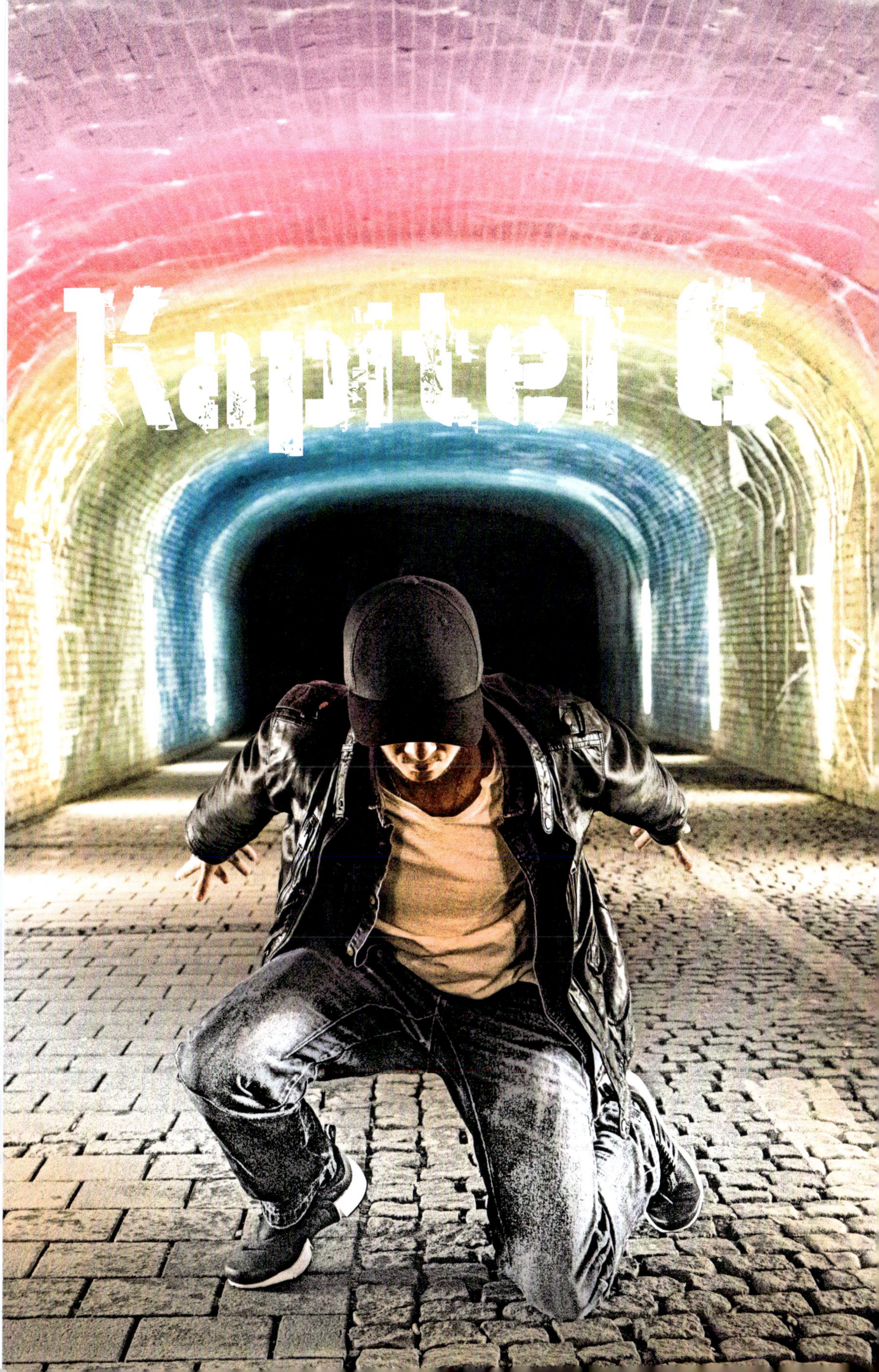

6.2.3 HipHop-Impro-Struktur: Musikinterpretation

Damit ist der Versuch gemeint, die Frequenz, die Stimmung sowie die Rhythmen oder auch den Text der Musik durch bekannte oder auch gerade entstandene Bewegungen in der Ästhetik des passenden Tanzstils zu imitieren.

6.2.4 HipHop-Impro-Struktur: Kombination

Man tanzt einfach drauf los und vermischt, je nach Laune und Situation, die Strukturen 6.2.1-6.2.3 miteinander. Das ist sehr fortgeschritten und erfordert gerade vor Publikum und/oder einer Jury sehr viel Erfahrung und Selbstsicherheit im Tanzen.

6.2.5 HipHop-Impro-Struktur: Cypher

Dies ist die älteste, nennenswerteste Improvisations-Struktur, genannt der Circle/Cypher/Kreis. Bei diesem bedient man sich aller vorhergehenden Strukturen. Ziel und Ausrichtung eines Circles ist meist die gegenseitige Kommunikation zwischen den teilnehmenden Tänzern. Man kann hierbei auch beobachten, dass der Musikstil den Tanzstil stark beeinflusst. Da es jedoch beim Tanzen kein richtig oder falsch gibt, kann dies von Tänzer zu Tänzer stark variieren.

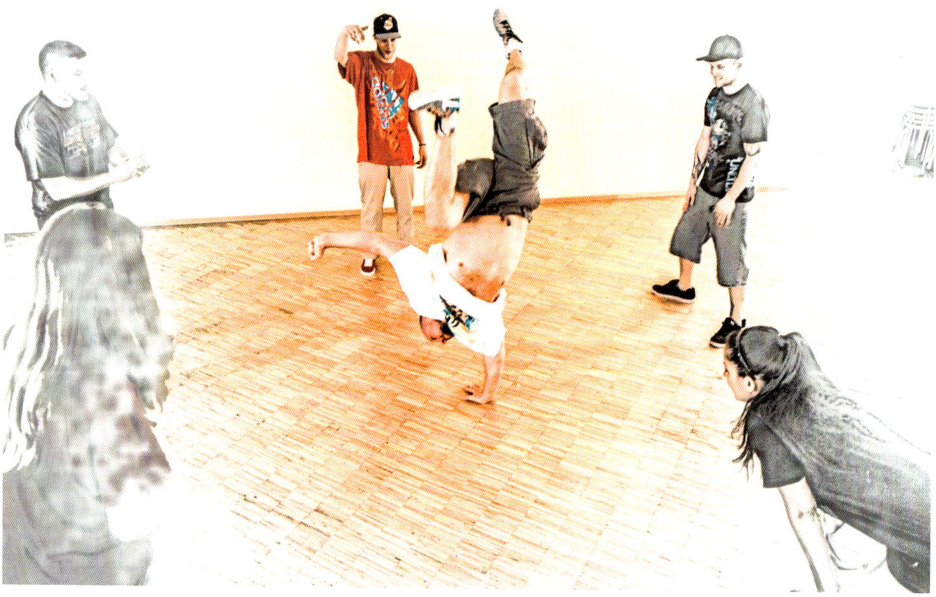

Pädagogischer Tipp

Persönliche Fähigkeiten, die der Schüler in den Impro-Unterricht mitbringen sollte:
Wenn man im HipHop-Unterricht Improvisation in den Stundenplan mitaufnehmen möchte, sollte man Folgendes bedenken: Der Schüler braucht verschiedene Grundkompetenzen, um einen Weg in die Improvisation zu finden. Da es bei der Improvisation darum geht, sich selbstständig, von innen heraus auszudrücken, gehört doch ein gewisses Maß an Selbstvertrauen und Selbstsicherheit dazu. Genauso braucht es auch Mut, etwas zu tun, von dem man vorher nicht weiß, wie es aussehen wird. Ganz zu schweigen von der Lust, eine Bewegung einfach auszuprobieren, ohne vorher ihre ästhetischen Merkmale überprüft zu haben.
Somit gehören auch eine hohe Sozialkompetenz und eine gute Kommunikationsfähigkeit dazu, um sich mit oder vor anderen bewegen und deren Feedback annehmen und umsetzen zu können. Die wahrscheinlich besten Ansätze zum Improvisationsunterricht sind eine unbekannte Gruppe, in der sich die Teilnehmer gar nicht kennen, oder eine Gruppe, die schon gruppendynamisch sozial voll etabliert ist.

Abschließend:

i Information

Aufgrund meiner Erfahrung empfehle ich, Impro-Unterricht im HipHop erst dann anzusetzen, wenn eine Bewegungsstruktur bei den Schülern fest etabliert ist und die Gruppendynamik innerhalb der Gruppe als positiv empfunden wird. Wenn eine Gruppe schon lange zusammenarbeitet, aber dennoch immer wieder spürbare private Schwierigkeiten oder Probleme untereinander aufkommen, sollte man von Improvisations-Unterricht eher absehen und zuerst eine angenehme, vertrauensvolle Stimmung in der Gruppe schaffen.

Pädagogischer Tipp

Als wichtige Anmerkung sei auch noch geraten, einen geschützten und ungestörten Raum zur Verfügung zu stellen, in dem sich die Schüler nicht durch Zuschauer von außen beobachtet fühlen oder durch ein ständiges Kommen und Gehen von anderen Teilnehmern gestört werden.

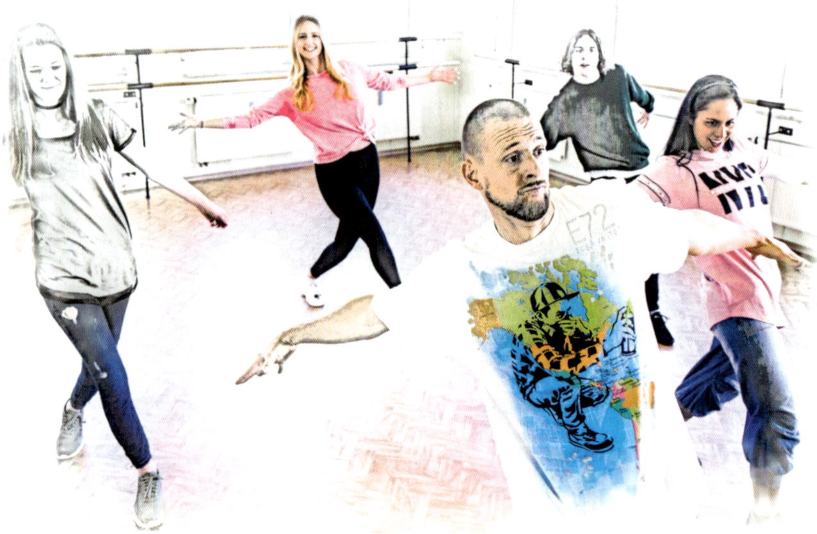

Kapitel 7

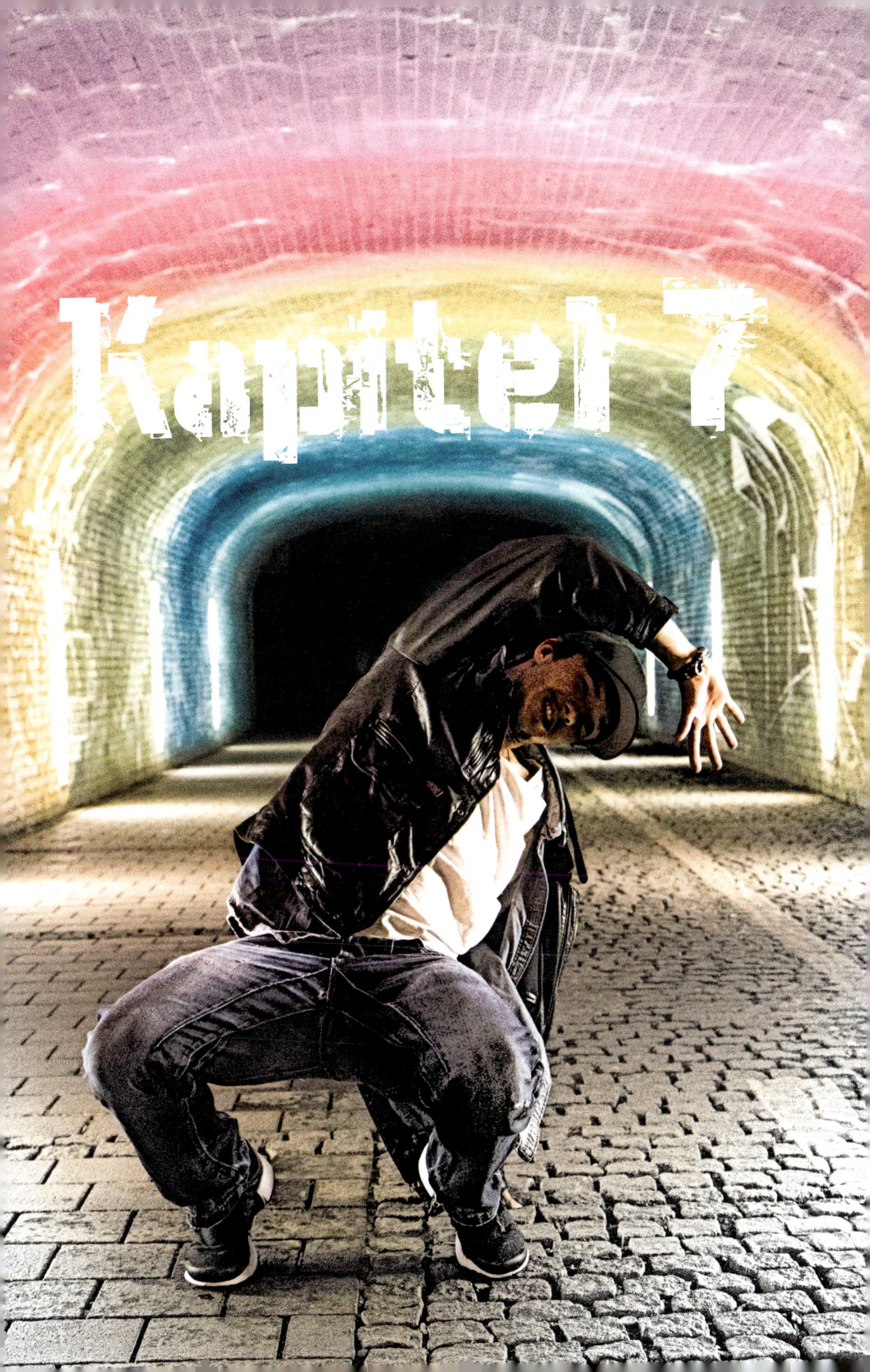

7 Gestaltung

» Tanz ist eine körperliche Abstraktion der aktuellen Vorstellung einer rückblickenden Erfahrung, gepaart mit der Phantasie der Zukunft (Stefan Sauter) «

Bevor man Schülern einen sinnvollen Gestaltungsunterricht anbieten kann, sollte man selbst fundiertes Wissen darüber haben, wie man Tanz gestaltet. Ebenso benötigt es eine intensive Erfahrung und Sicherheit im Gestalten und Choreografieren von Tanz, um alle Phasen des Gestaltens zu kennen und dem Schüler durch diese Phasen helfen zu können. Daher beschäftige ich mich zuerst mit der Gestaltung allgemein und dann mit dem gestalterischen Unterricht für Schüler.

Zielsetzung eines vom Lehrer für den Unterricht gestalteten Tanzes ist, dass alle Schüler nach einer gewissen Anzahl von Unterrichtsstunden dazu fähig sind, den vorgegebenen Tanz selbstständig und zur dafür ausgewählten Musik und Geschwindigkeit, wiederholt tanzen können.

Doch bevor das „Endprodukt" „selbstständig tanzender Schüler" überhaupt angestrebt werden kann, braucht es einen fertigen Tanz. Dafür benötigen wir Bewegungsmaterial. Bevor wir dieses zusammenstellen, ist es notwendig, ein Thema oder eine Musik auszuwählen.

Hier nun zum Einstieg kurz zusammengefasst die didaktisch sinnvolle Reihenfolge der grundlegenden Schritte des Gestaltens von Tänzen:

FINDEN – FORMEN – VERBINDEN

Didaktik

Für die Praxis des Unterrichts bedeutet das in differenzierteren Teilschritten:

- **Thema finden**
  Musikstück, Unterrichtslevel oder eine Geschichte mit einer zum Thema passenden Musik finden.
- **Bewegungen finden:**
  Bewegungsstrukturen, abhängig von Liedtext, ausgewähltem Thema, Groove, Style etc. oder durch improvisieren, experimentieren und spielen gefundene Bewegungen.

- **Bewegungselemente formen:**
  Klare Bewegungselemente herausarbeiten und damit spielen, diese filmen, variieren und vortragen.
- **Tanzform kreieren:**
  Die geklärten Bewegungselemente verbinden und festlegen.
- **Zeigen**
  Einer vertrauten Person oder vor Publikum vorführen und überprüfen, wie man sich fühlt, ob man sich damit identifizieren kann und damit arbeiten möchte.
- **Unterrichten**
  Die im Tanz verwendete Technik im Technikteil des Unterrichts vorbereiten und die Choreografie (meist im additiven Choreografie-System) unterrichten.

Je mehr Erfahrung man im Choreografieren gesammelt hat, desto schneller kann man die einzelnen Teilschritte der Gestaltungsarbeit beschreiten. Durch Auslassen oder Überspringen der oben angeführten Teilschritte könnte sich der Lehrer selbst aus dem Konzept bringen und damit verunsichern. Dies führt zu einer unklaren Unterrichtsstruktur und damit zur Verwirrung der Schüler.

7.1 Kreativität

Information

Um in die gestalterische Arbeit einzusteigen, ist essenzielles Wissen über die Kreativität von großer Bedeutung. Nur wenn man seine eigenen inneren Abläufe und Prozesse bei kreativem Arbeiten versteht, kommt man leichter durch die schweren, unangenehmen und frustrierenden Phasen des Gestaltens.

Die Gestaltung einer Choreografie ist eine kreative Arbeit und benötigt viele Fähigkeiten, die über rein tänzerisches Können hinausgehen. Viele Künstler haben im Laufe ihrer Ausbildung und Arbeit ihre ganz eigenen Philosophien entwickelt, um mit den unzähligen Hürden, wie dem Scheitern, der Frustration und den Enttäuschungen auf dem Weg zum fertigen Stück umgehen zu können.

Im kreativen Prozess muss man wissen, was es braucht und welche Mittel es gibt, um zum erwünschten Ergebnis zu kommen. Die Rückschläge auf dem Weg können so einfacher verstanden und mit der individuell richtigen Denkweise und Herangehensweise kompensiert werden. Vertrauen zu sich selbst, eine Portion Mut und Zuversicht, sich auf den Weg zu machen, Durchhaltevermögen, das Ziel erreichen zu wollen, sowie einen geschützten Raum (Studio, Atelier, Wohnzimmer), in dem man sich wohlfühlt und ausbreiten kann, sind schon mal eine gute Grundvoraussetzung.

7.1.1 Die vier Phasen der Kreativität (Hermann von Helmholtz)

Die vier Phasen der Kreativität nach Hermann von Helmholtz sind Schaffensphasen, die die geistigen und psychischen Leistungen bei der Gestaltungsarbeit miteinbeziehen. In unserem Fall wollen wir beispielhaft eine Choreografie schaffen. Daher sind einige Beschreibungen für die Bedürfnisse des Choreografierens oder Gestaltens eines Tanzes spezifiziert.

Didaktik

7.1.1.1 Präparation (Vorbereitung)

Die Präparation ist eine Stoffsammlung aus verschiedensten Ideen und Informationen, um eine Einschätzung zu bekommen, wohin „die Reise" ungefähr gehen soll. Brainstorming, Bodystorming, Gespräche, Gefühle, Eindrücke, Ideen, Informationen etc. werden gesammelt, notiert, diskutiert und/oder „ge-mind-mappt" bis man das Gefühl hat, genügend Informationen gesammelt zu haben.
Für einen Tanz benötigt man:

- Thema
- Liedauswahl
- Bewegungsmaterial (Tanzstil, Bodystorming)
- Musikanalyse
- Zweckanalyse (Show, Kinder, Unterricht, semi-professionell, Workshop)

Tipp: In der Präparationsphase kann neben dem Brainstorming helfen, Tagebuch zu schreiben, es Freunden zu erzählen, die nicht an dir zweifeln oder mit dir über den Inhalt diskutieren, sondern dir und deiner Arbeit gegenüberstehen, genauso wie zehn Stunden spazieren zu gehen und alles auf sich einwirken zu lassen, was so auftaucht.

7.1.1.2 Inkubation – Reifungsphase (lat. inkubare: ausbrüten, liegen auf)

Vielleicht hast du, werter Leser, selbst schon die Erfahrung gemacht: Nachdem man eine Idee hatte, ein Ziel formuliert und sich vorbereitet hat, kommt ein Moment, an dem es nicht weitergeht. Genau das ist der Zeitpunkt für die Inkubationsphase. In dieser Phase braucht man Mut und Selbstvertrauen, denn an dieser Stelle ist es notwendig, aufzuhören und sich eine Zeit lang vom Thema komplett zu lösen.

- Eine Nacht darüber schlafen.
- Etwas völlig anderes tun.
- Für eine Weile alles beiseitelegen.
- Sich entspannen, Spaß haben, etwas Gutes für sich tun, was gar nichts mit dem Thema zu tun hat.

Hab Vertrauen – diese Phase ist wichtig! Die bereits geschehene Vorbereitung geht dabei nicht verloren, sondern formt sich in dieser Zeit selbstständig im Hintergrund und im Unterbewusstsein, das bewirkt, dass du im Moment der „Illumination" „aus heiterem Himmel" zur Umsetzung bereit bist. Ich hatte dieses Buch nach Fertigstellung der Rohfassung über ein Jahr lang zur Seite gelegt und viele Hunderte Nächte über so manchem Absatz und Gedankenansatz gebrütet, um auf meinen Moment des „Heureka" zu warten.

Tipp: Während der Inkubationsphase muss man den Stoff wirklich weglegen. Man kann die Zeit mit schlafen, Hobbys oder sonstigen Arbeiten verbringen, aber der wichtigste Punkt ist, sich wirklich und ehrlich mit etwas anderem zu beschäftigen.

7.1.1.3 Illumination (lat. illuminatio: Erleuchtung, Einsicht, Erkenntnis, zündende Idee)

Durch die Illumination initiiert sich ganz von selbst ein Vorgang, der sich wie aus heiterem Himmel zu einem Fluss an Ideen ergießt. **Jetzt** ist der Zeitpunkt, loszulegen! Keine Zeit mehr verschwenden und keine Mühe scheuen, anzupacken!
Tipp: Ich wiederhole: An dieser Stelle gilt es, schnellstmöglich anzugreifen und nicht mehr viel Zeit vergehen zu lassen oder gar zu vergeuden. Egal, ob es Tag oder Nacht ist, bei der Arbeit, im Zug oder sonst wo. Geh auf die Toilette, steh kurz auf, mach 5 min Pause und beschäftige dich kurz mit deinem Material/Thema. Damit ist der Anfang getan. Wenn du dir dann bei nächster Gelegenheit wirklich Zeit nehmen kannst, wird der weitere Verlauf wunderbar weiterfließen.

7.1.1.4 Verifikation (Verwirklichung, Bewertung)

Eine sofortige Umsetzung der ersten Idee bringt allerdings die Notwendigkeit mit sich, das eigene Werk immer wieder zu betrachten, um zu sehen, was erschaffen wurde und um weitere Ideen einbringen zu können. Hier kommen wiederholt kleinere Abläufe aller kreativen Phasen zum Vorschein, die dazu beitragen, Einzelheiten und differenziertere Probleme zu lösen. Nur wenn man sich das bewusst macht, bleibt man nicht an jedem Hindernis hängen.

Tipp: Die Verifikationsphase ist die kritische Phase. Hier sollte man den kritisch-realistischen Blick auf das Projektvolumen haben und objektiv entscheiden, ob es genug oder gar schon zu viel ist, ob man bisher zufriedenstellend gearbeitet hat oder alles noch mal grundlegend überdenken muss. Fühl dich auch hier noch mal ermahnt, dranzubleiben, dich immer wieder neu zu motivieren und nicht aufzugeben!

i Information

Meiner Meinung nach muss ein Künstler noch eine fünfte Phase durchleben, um zu einem annähernd fertigen und befriedigenden Produkt zu kommen:

7.1.1.5 Ausarbeiten (schleifen, verfeinern)

Die letzte Phase der Kreativität ist für mich die wichtigste, um auch das Werk noch mal zu überarbeiten, es interessanter und individueller zu gestalten. In der Ausarbeitungsphase besteht die Möglichkeit, schon geschaffene Teile immer wieder mit den neu erarbeiteten Teilen abzustimmen. Dies ist vonnöten, um ein stimmiges und zufriedenstellendes Ergebnis zu erreichen. Die meisten Künstler argumentieren hierbei, dass ein Kunstwerk nie fertig ist. Das mag sein. Ich denke aber, dass man auf dem Weg nur nicht zu früh aufhören sollte zu schleifen, da diese Fertigkeit den Unterschied zwischen einem Hobbyisten und einem wirklich professionellen Künstler ausmacht.

Abschließend festgestellt: Wer die letzten zehn Jahre im Internet gestöbert und viele Choreografien/Shows im HipHop-Bereich beobachtet hat, konnte feststellen, dass die durchschnittliche Zeitspanne einer Choreografie der meisten selbsternannten HipHop-Choreografen bei 30-40 s liegt. Das ist meiner Meinung nach auch ein Zeichen dafür, dass diese Choreografen irgendwo zwischen Phase 4 und 5 beim kritischen Blick den Mut verloren haben, den kreativen Prozess nochmals ganz von vorne anzugehen und ihrem Projekt einen weiteren Anstoß zu geben.

Am Rande bemerkt: Gehen wir weg von den Shows und zurück zum Unterricht, können wir beobachten, dass im klassischen HipHop-Unterricht eine Mischung von Lern-, Übungs-, Trainings- und Inspirationsunterricht 90 % der Zeit einnimmt, während z. B. ein Breakdance-Kurs zu 70 % aus einem geführten Durchlaufen kreativer Prozesse besteht.

Dies bedeutet, dass der Break-Schüler durch die Technik an den Tanz herangeführt wird, aber das Hauptaugenmerk auf dem eigenen Üben und der Vorgabe einer Improvisationsstruktur (selbstständiges Arbeiten) liegt, um seinen individuellen Stil und die fortschreitende Entwicklung nicht einzuschränken. Dabei sollte der Lehrer eher nicht nur motivierend zur Seite stehen, sondern durch zusätzliche Inspiration immer wieder den Anreiz geben, die bisher erlangten „Skills" des Schülers weiterzuentwickeln. Unterstützung durch gute Zusprachen in geringer „Dosis" verabreicht hilft zwar, die Moral des Schülers aufrechtzuerhalten, viel motivierender ist jedoch das Inspirieren, welches den Reiz zum Eigenantrieb durch Euphorie beim Schüler auslöst.

7.2 Tanznotation – schriftliches Festhalten von Tanzbewegungen

Um aus dem Nichts etwas entstehen zu lassen – was die Gestaltung eines Tanzes tatsächlich ist –, sollte man seine ganzen Ideen und Gedanken auf irgendeine Art festhalten oder sichern, sonst verliert man das Geschaffene schnell wieder. Eine schriftliche Stoffsammlung ist dafür das A und O einer jeden Projektvorbereitung.

In der heutigen Zeit hat man durch die vielen technischen Hilfsmittel entscheidende Vorteile beim Choreografieren. Man kann sich selbst während des Vorgangs der Bewegungsfindung filmen und dadurch gefundene Bewegungen festhalten, um sie später besser nachvollziehen zu können. Trotzdem werden Stift und Zettel wohl nie ganz aus der Mode kommen, denn so einfach Daten elektronisch gespeichert werden können, genauso schnell sind sie auch wieder gelöscht.

Wenn man also einen kleinen Exkurs in die „mittelalterliche" Datensicherung machen und seine Bewegungen schriftlich festhalten möchte, benötigt man ein gewisses schriftliches Vokabular. Dieses Vokabular in Verbindung mit grafischen Darstellungen, sollte man gut beherrschen, um später noch zu verstehen, was man im Moment des Aufschreibens wohl gemeint haben könnte. Da „Tanznotation" ein eigener Studiengang ist, und der Tänzer im Allgemeinen lieber tanzt, als sich mit dem Aufschreiben von Tanz zu beschäftigen, erläutere ich hier nur eine kleine Auswahl an schriftlichen Hilfestellungen:

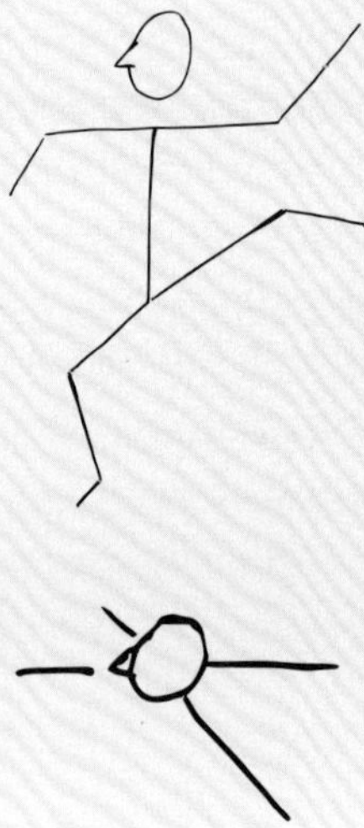

Heribert Vorderansicht und Draufsicht

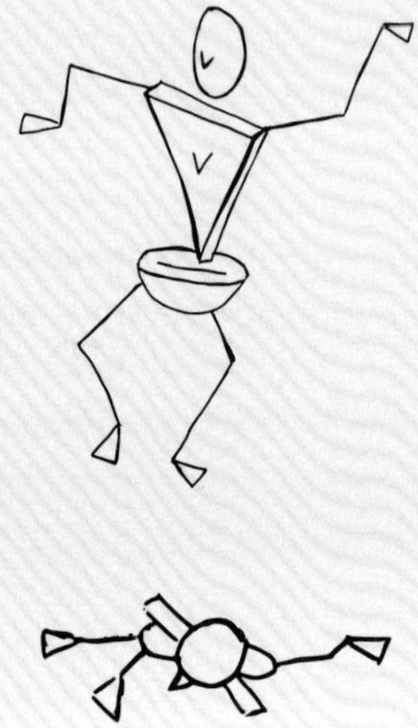

Hugo Vorderansicht und Draufsicht

Während Heribert (Grafik li.) relativ grobmotorische Angaben macht, in welcher Haltung er sich gerade befindet, zeigt Hugo (Grafik re.) differenziertere Details. Sowohl bei Heribert als auch bei Hugo werden deutliche Unterschiede zwischen Vorderansicht und der Draufsicht erkennbar. Heribert schaut nach vorn während Hugo – sichtbar durch die Nase – seine Aufmerksamkeit nach rechts richtet. Auch kann es von Vorteil sein, wenn man Hugo noch mit einem V oder einem H (für „vorne" bzw. „hinten") ausstattet.

Ebenso erleichtert sich die Klärung der Richtungen durch die deutliche Unterscheidung der Seitenbezeichnungen des Raums und des Körpers. Bei den Begriffen „oben" und „unten" bleibt die Bezeichnung von Raum und Körper immer gleich, weil die physikalische Eigenschaft der Erdanziehungskraft diese definiert.

Liege ich also auf dem Rücken am Boden, ist mein vorher durch das Brustbein definierte „vorne" zu „oben" geworden. Dieser kleine richtungsphilosophische Ausflug ruft nun die Frage auf: Wo ist dann jetzt „vorne" geblieben? Da du selbst im Unterricht stehen und das den Schülern erklären musst, gebe ich hier nur den kleinen Hinweis, dass auf dem Rücken liegend „vorn" bei den Füßen, auf dem Bauch liegend über dem Kopf ist.

Information

Bei Schrittkombinationen ist es jedoch leichter, die Füße oder Fußpositionen am Boden mit der Kombination von Fußzeichnung und Richtungspfeilen darzustellen:

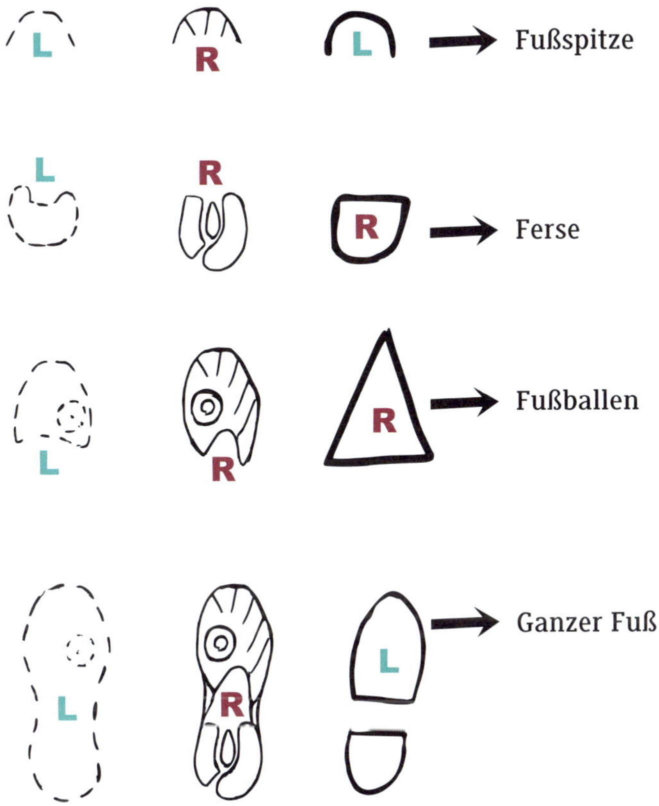

Fußdarstellung und Schritte

Bei diesen Zeichnungen kann man die einfache handschriftliche Tanznotation erkennen und die in diesem Buch verwendete grafische Aufbereitung sehen. Im Buch ist zusätzlich der Standort, von wo aus ein Fuß wegbewegt wurde, durch gestrichelte Linien gekennzeichnet, um die Grafiken verständlicher zu machen. Derart ausführliche Handzeichnungen sind jedoch nicht unbedingt übersichtlicher. Meist sind die Ausgangsstellung und ein Pfeil vollkommen ausreichend.

Um die Raumrichtung für die Tanznotation klar zu definieren (siehe auch Kapitel 2.1.3 Raum), gilt hier ein Regelwerk:

1. Körperrichtungen sind nur in Abhängigkeit vom Körper. Dort, wo das Brustbein ist, ist vorne.

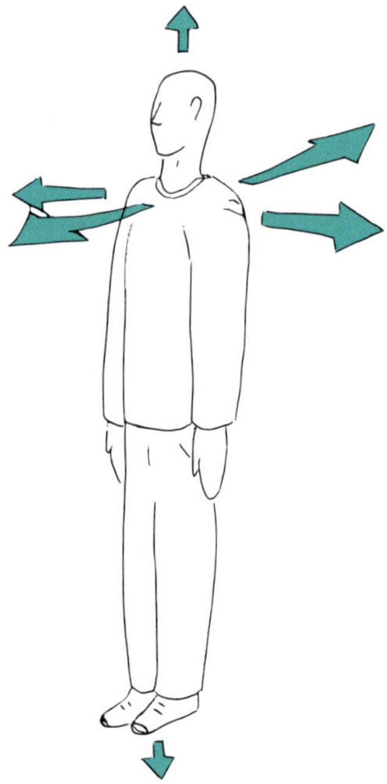

Bewegung im Raum

2. Raumrichtungen stehen in Abhängigkeit zum Raum, in dem man sich befindet. In der Tanzschule ist „vorne" z. B. die „Spiegelseite". Das muss unbedingt vom Lehrer bestimmt und benannt werden.

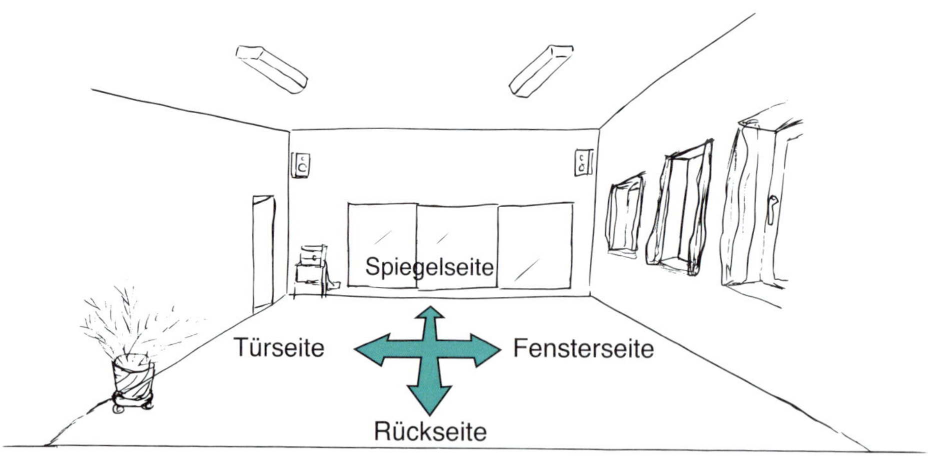

3. Dort, wo man sich das Publikum vor einer Bühne vorstellt, ist „zum Publikum". In der Tanznotation ist das immer nach oben gerichtet, wenn man die Zeichnung senkrecht vor sich liegen hat, also von sich als Betrachter weg.

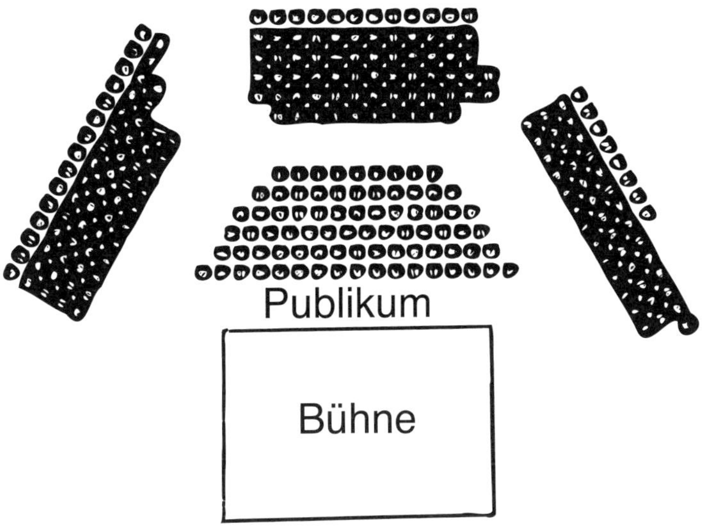

Daraus ergeben sich folgende grafische Darstellungen der Bewegungsrichtung in Kombinationen mit der Körperstellung:

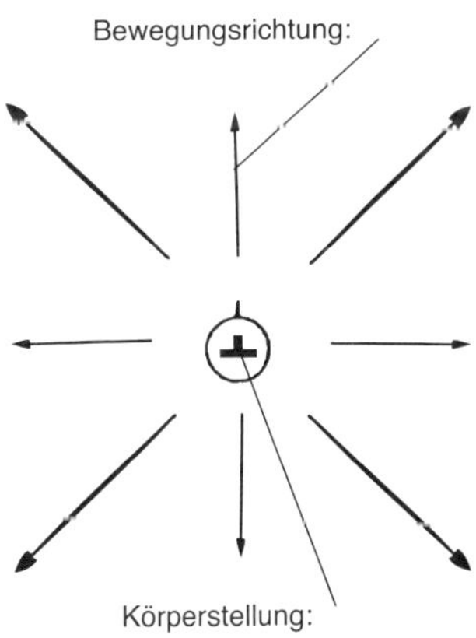

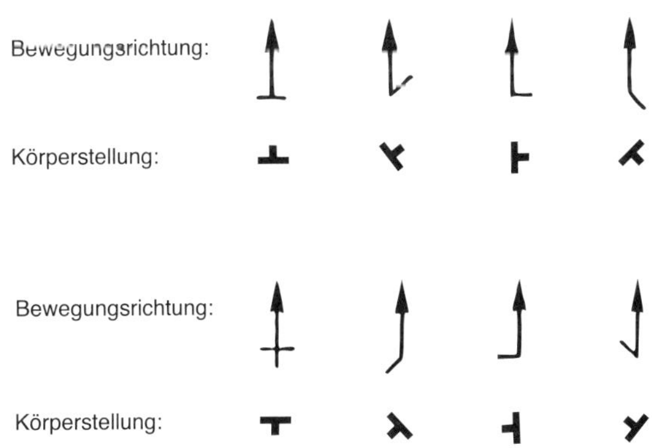

In der Grafik links kann man in der Mitte einen Kreis mit einem angrenzenden Strich erkennen. Das könnte man auch als Kopf mit Nase deuten und es bestimmt die Körperstellung im Raum. Im Kreis ist eine Art „Tetris-Figur" dargestellt, die rechts denselben Zweck erfüllt wie der Kreis mit Nase. In der Kombination von Bewegungsrichtung und Körperstellung wird meist nur die Nase dargestellt, was die Zeichnungen vereinfacht. Diese Pfeile kann man dann um 360° im Raum so drehen, dass man die eigene, individuelle Tanzposition und Bewegung im Raum aufzuzeichnen vermag.

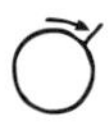
= 1/8 Drehung im Uhrzeigersinn

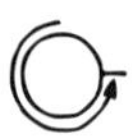
= 3/4 Drehung im Gegenuhrzeigersinn

= 3 ganze Drehungen im Gegenuhrzeigersinn

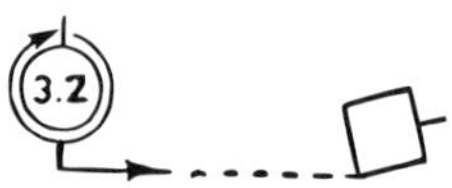

= Fortbewegung im Raum nach rechts
mit 3,2 ganzen Drehungen im Gegenuhrzeigersinn
und Endposition

Drehung und Bewegung

Beim Drehen ist es hilfreich, wie zuvor im Kapitel 4.1.6 behandelt, die Richtungen mit den Begriffen „Uhrzeigersinn" und „Gegenuhrzeigersinn" zu benennen. Wenn man einbeinig dreht, ist noch wichtig, das Standbein (Drehbein) und das Spielbein anzugeben.

Abschließend zur Tanznotation: Um Bewegungen und Abläufe leichter notieren zu können, ist eine Mischung aus Text, Stichpunkten und Zeichnungen die sicherste Variante, um dem Erinnerungsvermögen beim nächsten Choreografie-Versuch schneller auf die Sprünge zu helfen.

7.3 Musikanalyse

Wenn man eine Choreografie auf ein bestimmtes Lied kreieren möchte, muss man lernen, diese Musik in ihren Einzelteilen zu verstehen. Das ist eine Voraussetzung, um eine gute Verbindung zwischen Musik und Tanz herstellen zu können. Sollte man so nicht arbeiten wollen, bleibt nichts anderes übrig, als die vorhandenen Bewegungen in Achtern auszuzählen und dann verschiedene Lieder, die zur Choreo passen könnten, zu versuchen.

Trotzdem geht es immer darum, die Musik in all ihren Facetten zu hören, zu verstehen und diese in ihrer Differenziertheit wahrzunehmen. Übliche Bestandteile von HipHop-Liedern sind:

- **Rhythmusinstrumente:** Bass Drum, Snare Drum, Hi-Hat, Clap, Percussions, Cymbals, Glockenspiel, Rasseln, Effekte, Geräusche etc.
- **Melodieinstrumente:** Blasinstrumente (Saxofon, Trompete, …), synthetische Töne (Synthesizer, Keyboard, E-Orgel), Klavier, Zupfinstrumente (z. B. Gitarre), Streichinstrumente (z. B. Violine), Effekte, Geräusche etc.
- **Stimme / Sprache** (Gesang, Shouts, Rap) wird in den meisten Liedern gleichermaßen als Rhythmus-, Melodie- und Gesangsinstrument verwendet.

Zu Beginn sollte man alle Instrumente / Anteile heraushören können, um dann auszuwählen, auf welche man emotional oder körperlich reagiert oder künstlerisch / bewegungstechnisch eingehen möchte. Des Weiteren sind Takt und Rhythmik zu beachten, um sauber auszählen zu können.

Fragen, die zur Analyse hilfreich sein können:

- Wie viele Achter hat das Lied insgesamt?
- Gibt es ein Intro? → Wie viele Achter hat das Intro?
- Gibt es einen oder mehrere Refrains? → Wie lange sind diese?
- Gibt es Bridges (Übergänge zwischen Teilen des Liedes)? → Wie lange und wo sind diese?
- Haben wir eine komplette Änderung von Sprache, Rhythmus, Melodie oder Klang während des Liedes (eine Art Solo oder Rap-Teil in einem gesungenen Lied)? → Wenn ja, wo?
- Gibt es ein Outro? → Aus wie vielen Achter besteht das Outro?
- Gibt es eventuelle Hooks, Shouts oder Orchetra-Hits, auf die ich spezifisch eingehen kann?
- Welche Instrumente sind besonders prägnant?
- Gibt es Teile, die sich im Lied auf exakte oder ähnliche Weise wiederholen?

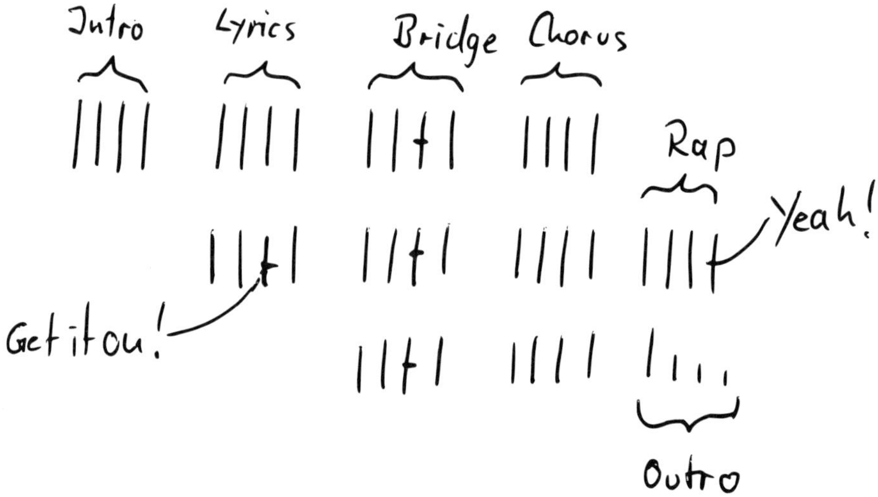

So könnte eine Mitschrift auf deinem Zettel aussehen, um den Überblick über die Liedteile, die Achter, die Länge usw. zu erhalten. Ein Strich steht für acht Zähler, also einen Achter, die Bestandteile des Liedes sind im Beispiel in vier Achter gegliedert. Der Chorus, oder auch Refrain, kommt dreimal im Lied vor und an den gekennzeichneten Stellen sind spezielle Aussagen im Text, die dem Zuhörer / Choreografen zu speziellen Ideen verhelfen.

Empfohlene Reihenfolge der Arbeitsschritte:

- Generell ist es von Vorteil, sich erst einmal Gedanken darüber zu machen, wovon der Text des Liedes handelt und welches Klientel dir im Unterricht / in der Show / im Tanzstück begegnet.
- Das Lied anhören und die Achter auszählen (ein senkrechter Strich pro Achter).
- Nochmals nachprüfen und das Lied (die Achter) nach den Unterteilungen gliedern.
- Auch kann es hilfreich sein, die Sekundenangaben vom Display abzulesen und zu notieren.
- Notizen zu den im Lied vorkommenden Höhepunkten machen (z. B. ein Rap-Teil oder Break).
- Interessante Textteile in der Grafik kennzeichnen und benennen (z. B. Aussagen im Text).

Achtung, sexuell anrüchige Texte sind für Kindergruppen definitiv nicht in Ordnung. Trotzdem darf man nicht zu pingelig sein, da Kinder die Texte meist nicht verstehen und auch selbst in relativ harmlosen HipHop-Liedern der ein oder andere anrüchige

Inhalt verpackt ist. Wenn man da zu streng aussortieren würde, sähe unsere Auswahl am Ende ziemlich minimalistisch aus. Man darf auch eines nicht vergessen: Es geht um HipHop. Es geht um Menschen und Liebe, aber auch um Gewalt, ums Überleben – und das ist nun mal die Realität, in der wir alle leben. Wenn man sich jedoch wirklich unsicher ist, kann man jederzeit auf die Instrumental-Version eines Liedes zurückgreifen, sofern es eine solche gibt.

7.4 Gestaltung

Durch bessere Kenntnis des Liedes allgemein in Rhythmik, Geschwindigkeit und Melodie sowie spezifischere Klarheit über Instrumente, Liedtext, Höhepunkte und Veränderungen im Lied, verfügt man nun über die perfekte Ausrüstung, um ans Werk zu gehen. Meistens hat man anfangs sowieso schon eine Vorstellung davon, welche Stimmungen und Momente des Liedes die Impulse für Bewegungen geben oder welche Teile des Liedes man besonders interessant findet.

Gestaltungsunterricht für den Schüler

Wenn man nun auch noch plant, Gestaltung im HipHop-Unterricht zu lehren, ist das zuvor genannte Wissen des gesamten Kapitels über die Gestaltung hilfreich und wichtig. Es muss aber nicht alles mit den Schülern besprochen werden, was man für sich selbst hilfreich findet, sondern man sollte als Lehrer die Schüler auf ihrem Weg durch den Gestaltungsprozess hindurch anleiten und lenken.

Information

Die Musikanalyse und die Tanznotation spielen dabei anfangs keine große Rolle, da man zunächst einmal an kleinen Sequenzen arbeitet, die sich die Schüler in der Regel gut merken können. Das Hintergrundwissen der kreativen Prozesse hilft dir dabei, den Unterricht so zu gestalten, dass du jederzeit weißt, in welchem Prozess sich die Schüler befinden. Extrem wichtig ist hierbei, den Fokus des Schülers komplett auf die Aufgabe zu lenken und die Schüler so wenigen Ablenkungen wie möglich auszusetzen. Das hilft dir, mit den Stimmungen der Schüler, wie z. B. Frustration oder Ideenlosigkeit, besser umgehen zu können.

7.4.1 Finden

Methode

Um Bewegungen finden zu können, nutzt man nicht nur die bekannten oder auch üblichen Bewegungsmöglichkeiten und Strukturen der HipHop-Kultur, sondern alle nur erdenklichen Ideen, die uns helfen, so vielseitig wie möglich zu choreografieren. Im Ideenfindungs-Prozess kann man sich verschiedene Hilfestellungen zunutze machen. Beispielsweise besteht die Möglichkeit, eine Bewegungsquelle zu nutzen (siehe Kapitel 7.1) wie z. B. ein bestimmtes Objekt (z. B. Schneebesen – Wrist Roll aus dem Locking) oder einen Formwahrnehmungsaspekt, um sich zu Bewegungen inspirieren zu lassen.

Genauso kann man durch Brainstorming Überlegungen über Bewegungen anstellen, diese also im Kopf finden, sich vorstellen und dann ausprobieren oder beim sogenannten **Bodystorming** seinem Körper freien Lauf lassen, um während des freien Bewegens sich selbst zu observieren, was aus einem herauskommt. Generell ist dies ein Prozess, der viel Spielen und Experimentieren beinhaltet.

Durch diese Vorgänge können Bewegungen einfach auftauchen und sollten ohne Wertung zugelassen werden. Dabei ist es wichtig, gefundene Bewegungen unmittelbar zu sichern, also aufzuschreiben oder zu filmen, damit diese beim späteren Ausarbeiten der Choreografie wieder leicht und schnell abrufbar sind. Dabei ist es wichtig, die gefundenen Bewegungen oft zu wiederholen, um die Körpererinnerung und den kreativen Prozess ebenso in Gang zu setzen.

Finden im Gestaltungs-Unterricht

Pädagogischer Tipp

Um dem Schüler im Unterricht das Finden von Bewegungen zugänglich zu machen, braucht es eine äußerst klare und bewusste Unterrichtsstruktur. Ebenso sollte man sich als Lehrer darüber bewusst sein, dass jede noch so kleine Handlung, in Sprache, Gestik und Mimik verpackt, vom Schüler sofort als Erwartungshaltung ausgelegt wird. Die meisten Schüler möchten es dem Lehrer eben recht machen, was sich dann aber als „totaler Kreativitätskiller" auswirken kann. Daher nun einige Regeln für den Lehrer, um dieses ohnehin heikle Unterrichtsfeld sich selbst und dem Schüler nicht unnötig schwer zu machen.

Regeln für den Lehrer:

- Nicht die geringste Bewegung vormachen! Das nimmt dem Schüler die Kreativität!
- Nur durch Fragestellungen helfen! Antworten nehmen dem Schüler ebenso den Raum für weitere Kreativität.
- Es gibt kein Richtig oder Falsch! Bewertungen schließen den Raum unwiederbringlich und blockieren den Schüler.
- Man sollte sich bei einer Unterrichtssequenz auf eine einzige Bewegungsquelle festlegen! So haben die Schüler die Chance, sich auch gegenseitig zu inspirieren. Auch ist es eine herbe Überforderung, dem Schüler im kreativen Prozess die Entscheidung zu überlassen, die Bewegungsquelle frei auszuwählen.
- Wenn Musik als Bewegungsquelle verwendet wird, dann sollten wir Impulse durch verschiedene Musik liefern! Anfangs noch keine Musik festlegen, um Raum für verschiedene Zugänge zu lassen.

Methode

Um dem Schüler eine Hilfe zu geben, gestalten zu lernen, ist es wichtig, kurze und kleine Zielsetzungen vorzugeben. Zum Beispiel soll der Schüler einen Achter mit Bewegungen füllen oder einen Teil einer Kurzgeschichte oder einen Satz mit dem Körper erzählen. Man sollte nicht mit einem kompletten Tanz als Vorgabe beginnen. Das führt zwangsläufig zu großer Frustration.

Mögliche Bewegungsquellen zur Bewegungsfindung:

- Bewegungsquelle HipHop-Stil: Man nehme einige Bewegungen aus einer spezifischen HipHop-Stilart und füge sie zu einer Kombination zusammen.
- Bewegungsquelle Material, Objekt oder Gerät: Man imitiere Funktionen der genannten oder selbsterdachten Gegenstände.
- Bewegungsquelle Geschichte: Man nehme einen Teil einer Geschichte und erzählt diesen körperlich.
- Bewegungsquelle Brainstorming: Man überlege sich Bewegungen theoretisch und probiert diese dann praktisch auszuführen.
- Bewegungsquelle Bodystorming: Man bewege sich, egal wie, und suche darin seine favorisierten Bewegungen.
- Bewegungsquelle Experimentieren: Man experimentiere mit den Funktionen des Körpers und betrachte die entstehenden Bewegungen.

Pädagogischer Tipp

Diese Sequenzen des Findens sollten genügend Zeit bekommen, um den Schülern Raum zu geben, sich an eine neue Situation des sogenannten Nichtwissens ohne klare Vorgaben zu gewöhnen. Stellt man fest, dass die Schüler bereits Konturen von Ideen haben, sollte man sie dazu ermutigen, sich alsbald festzulegen, um sich nicht in der Improvisation zu verlieren. Das erhält beim Anfänger den gestalterischen Fokus.

Methode

Nun gibt es zwei Herangehensweisen, mit den Schülern im Unterricht einen Tanz zu erarbeiten, jedoch hat jede Version ihre eigenen Vor- und Nachteile:

- Man entscheidet sich für ein bestimmtes Lied und macht zuerst eine Musikanalyse, um die einzelnen Liedsequenzen dann auf die Schüler oder Gruppierungen von Schülern aufzuteilen.
  Vorteil: Man spart sich am Ende die Abstimmungsarbeit der Bewegungen auf die Musik.
  Nachteil: Die Gruppenstimmung kann wettbewerbsorientiert werden, da die unterschiedlichen Aufgaben eine Art Konkurrenzdenken hervorrufen könnten, was sich negativ auf die Kreativität und den freien Geist auswirkt.
- Man geht mit freien Bewegungsideen durch den Gestaltungsprozess und stimmt den fertigen Tanz dann auf ein Lied ab, das am Ende ausgesucht wird.
  Vorteil: Durch die fehlende Vorgabe kann sich die Kreativität voll entfalten.
  Nachteil: Man muss sich am Ende beim Verbinden mehr Zeit nehmen, um die Bewegungssequenzen auf das Lied abzustimmen.

Es gibt noch wesentlich mehr Arten, mit einer Klasse einen Tanz zu erarbeiten, allerdings halte ich diese beiden Varianten als leicht umsetzbare Versionen für den HipHop-Unterricht mit Anfängern für besonders geeignet, um den kompletten Gestaltungsprozess, auf den hierbei mein Fokus gerichtet ist, in den Unterricht zu integrieren.

7.4.2 Formen

Methode

Wenn man sich für eine Bewegung oder kleine Bewegungssequenz entschieden hat, sollte man diese festlegen und üben. Hierbei kommt es schon zur ersten Verifizierung der festgelegten Idee. Man sollte auf jeden Fall erst einmal am Grundkonzept der Bewegung festhalten, um kleine Veränderungen anzusetzen, ohne die Idee komplett zu verwerfen. Hier ist Geduld die wichtigste mentale Einstellung und eine offene und neugierige Haltung unerlässlich!

Die in diesem Prozess gefundenen Einzelbewegungen und Einzelelemente müssen durch verschiedene Qualitäten und Polaritäten (Geschwindigkeit, Kraft, Weg) weiter bearbeitet werden, um dann ein zufriedenstellendes Bewegungselement für die Choreografie vorbereitet zu haben.

Formen im Gestaltungs-Unterricht

Methode

Es ist extrem wichtig, die Schüler zu ermutigen, die ausgesuchten Bewegungsideen unbedingt erst einmal beizubehalten. Einmal entscheiden, dabeibleiben und durch die Veränderungen so verifizieren, dass man sich immer besser damit fühlt. So hältst du die Schüler fokussiert und konzentriert.

Pädagogischer Tipp

Trotzdem kommt an dieser Stelle schnell eine emotionale Stimmung auf, deshalb sollte man den Schülern beim Formen nicht zu viel Zeit geben. Notwendig ist hier auch der Hinweis, dass beim Verbinden meist sowieso noch Veränderungen stattfinden werden, und ein ungefähres Ergebnis somit vollkommen ausreichend ist. Dies wirkt beruhigend auf das eine oder andere Gemüt. Wenn die Schüler sich schnell entscheiden müssen, ist die Aufgabe im Fokus und kann nicht so leicht durch mögliche Frustration und Ablenkungen gestört werden.

7.4.3 Verbinden

Beim Verbinden werden nun die gefundenen Bewegungselemente möglichst passend zu Musik und Rhythmus zusammengeführt, um aus den kurzen Bewegungsideen längere Phrasen und Sequenzen zu formen. Somit kommen wir von der Idee über die gefundene Bewegung zum geformten Bewegungselement und von dort aus zur verbundenen Bewegungssequenz.

Hier ist jetzt auch der Raum, um die Feinabstimmung mit der Musik vorzunehmen. Kleinere Entscheidungen und kreative Prozesse sind erneut von vorn zu durchlaufen und manchmal muss man auch einfach noch mal alles für eine Weile weglegen um ein wirklich zufriedenstellendes Ergebnis in den differenzierten Teilen des Tanzes zu erlangen.

Methode

Diese Aufzählung von Vorgängen und Handlungen, die während des ganzen Prozesses stattfindet, soll eine kleine Hilfestellung sein, immer wieder anders an seine kreative Arbeit herangehen zu können:

– Bewegungen editieren
– Zielsetzungen und Bewegungen klären
– Experimentieren
– Spielen
– Entscheidungen treffen
– Anschauen & Beobachten
– Qualitäten differenzieren
– Betrachten & reflektieren
– Jemandem zeigen
– Filmen & nachvollziehen
– Überarbeiten
– Qualitäten beachten und untersuchen

Verbinden im Gestaltungs-Unterricht

Es geht beim Verbinden darum, eine grobe Form festzulegen um diese dann mit der Musik und der gestellten Aufgabe abzustimmen. Dazu gibt man den Schülern Fragestellungen, die zum Zusammenbauen, Editieren und Festlegen der Idee hilfreich sind:

- Hast du eine bestimmte Musik oder einen bestimmten Rhythmus, an der / dem du dich ausrichten musst oder möchtest?
- Hast du eine Idee geformt, welche nun hilfreich ist, um zu einem gewünschten Ergebnis zu kommen?
- Hat jeder Schüler seine eigene Aufgabe gemeistert oder kann man sich noch gegenseitig dabei unterstützen?
- Kann die Gruppe ihre einzelnen Sequenzen jetzt zu einer Gesamtsequenz verbinden?

Nun ist die Aufgabenstellung, die gefundenen, festgelegten und entschiedenen Bewegungselemente alleine oder als Gruppe zusammenzuführen, um längere Phrasen und Sequenzen zu formen. Jeder Schüler sollte seine Sequenz zuerst komplett fertiggestellt haben, um damit dann die Verbindung zu einem gemeinsamen Tanz aus allen Einzelelementen entwickeln zu können.

Dabei sollte man als Lehrer beachten, welche Gestaltungsstruktur man vorgegeben hat.

Methode

Für Version 1: Liedteile wurden unter den Schülern verteilt und auf diese hingearbeitet:

- Die vom einzelnen Schüler oder der Gruppe festgelegte Bewegungssequenz wird zuerst durch Zeigen dem Rest der Klasse vorgestellt.
- Nun werden die einzelnen Teile auf die Musik abgestimmt. Spätestens jetzt muss man im HipHop alle Bewegungen auszählen.
- Nach dem Abstimmen beginnt das Aneinanderreihen der Bewegungssequenzen durch Klärung der Anfangs- und Endpositionen und das gemeinsame Nacheditieren, um die Übergänge fließend zueinander zu fügen.
- Nun ist die gesamte Choreografie auf Geschwindigkeit, Impuls, Energie und Rhythmus des Liedes zu überprüfen.
- Zur Fertigstellung wird der Tanz sehr oft getanzt und durch editieren, Qualitäten differenzieren, klären, betrachten & reflektieren, experimentieren, spielen, überarbeiten, wieder anschauen, Qualitäten beachten, noch mal zeigen, filmen und anschauen, wieder Entscheidungen treffen und so weiter und so weiter … gelangt man zum Endergebnis, das man irgendwann festlegen muss, denn ein Kunstwerk ist nie fertig.

Für Version 2: Bewegungssequenzen wurden frei entwickelt.

- Die vom einzelnen Schüler oder der Gruppe festgelegte Bewegungssequenz wird zuerst durch Zeigen dem Rest der Klasse vorgestellt.
- Nach dem Zeigen gilt es dann entweder durch ein willkürliches System wie z. B. Nummern ziehen oder eine durch die Schüler entschiedene Reihenfolge die Einzelsequenzen durch Klärung der Anfangs- und Endpositionen zu verbinden und das gemeinsame Nacheditieren, um die Übergänge fließend zueinander zu fügen.

- Als nächstes werden verschiedene Lieder ausprobiert (ich empfehle maximal 5 verschiedene Lieder), um eines davon auszuwählen. Ab diesem Stadium muss man im HipHop alle Bewegungen auszählen. Dabei könnte eine Musikanalyse hilfreich sein, ist aber im Grunde nicht unbedingt notwendig.
- Nun ist die gesamte Choreografie auf Geschwindigkeit, Impuls, Energie und Rhythmus des Liedes zu überprüfen.
- Zur Fertigstellung wird der Tanz sehr oft getanzt und durch editieren, Qualitäten differenzieren, klären, betrachten & reflektieren, experimentieren, spielen, überarbeiten, wieder anschauen, Qualitäten beachten, noch mal zeigen, filmen und anschauen, wieder Entscheidungen treffen und so weiter und so weiter … gelangt man zum Endergebnis, das man irgendwann festlegen muss, denn ein Kunstwerk ist nie fertig.

Pädagogischer Tipp

Am Ende sollte man mit den Schülern eine ausführliche Reflexionsrunde machen, um sich darüber auszutauschen, wie es allen erging. Mögliche Impulsfragen könnten sein:

1. Was fiel dir beim Gestalten besonders schwer?
2. Welche der Aufgaben hat dir am meisten Spaß gemacht?
3. Woran würdest du gern weiterarbeiten oder worüber würdest du gern noch mehr erfahren?

Sich gemeinsam Gedanken über den gesamten Verlauf zu machen, hilft den Schülern, ihre Auseinandersetzung mit kreativer Arbeit einzuordnen und gibt dem Lehrer die Möglichkeit, seinen Unterricht zu überprüfen und ein Resümee zu ziehen. Ich empfehle allen, sich Notizen dazu zu machen, eine Aufnahme vom Tanz zu speichern, um diese Übung als Erfahrung für zukünftige Projekte nutzen zu können.

Der gestalterische Unterricht für Anfängergruppen innerhalb der ersten 1,5 Jahre ist hier definitiv abgeschlossen. Tänzerische und technische Fähigkeiten sowie körperliches Training (Koordination, Flexibilität, Kraft, Ausdauer) kommen nun wieder vorrangig in den Fokus, um die tänzerische Entwicklung der Schüler weiter zu fördern.

7.4.4 Einsetzen der Ästhetik (altgriechisch: Wahrnehmung, Empfindung)

Für die eigene Gestaltungsarbeit als Lehrer oder Choreograf ist man hier allerdings erst bei ca. 70 % seiner kreativen Arbeit. Denn das „Was" macht noch keinen voll ausgereiften Tanz aus, sondern, wie zuvor schon erwähnt, ist es das „Wie"!

Zur Fertigstellung eines Tanzes kommt nun noch die ästhetische Arbeit an den geschaffenen Bewegungen und Phrasen, die man in einer Choreografie zusammengefasst hat. Hierbei ist es wichtig zu erkennen, welche Art der Ästhetik wirklich zur Musik passt. Wie die Bewegungen also „aussehen" sollen, wenn man sie zur Musik voll „austanzt". Nimmt man also wahr, dass die Musik eher aggressiv und offensiv gestaltet ist, passt eine kraftvollere und intensivere Ausführung der Bewegungen besser als eine sanft fliegende.

Information

Dieses Buch ist für Lehrer von Anfängergruppen innerhalb der ersten 50 Stunden geschrieben. Für diese Schüler-Gruppen ist ein einfacher, sinnvoll aneinandergereihter, und vor allem klar strukturierter Tanz sinnvoll und notwendig. Das Thema der ästhetischen Arbeit sowie die Umsetzung eines ästhetisch aufbereiteten Tanzes braucht allerdings ein Vielfaches mehr an Hintergrundwissen, tänzerischen Fähigkeiten und längerfristig erarbeiteter Erfahrung. Daher belasse ich es beim jetzigen Informationsstand und schließe dieses Kapitel hiermit ab.

7.5 Gestalten einer Show

Bevor ich dieses Kapitel und damit das gesamte Buch beende, möchte ich noch über das Gestalten einer Showeinlage zu verschiedensten Anlässen schreiben.

Die Tatsache, dass ich in der anschließenden Feststellung des vorangegangenen Unterkapitels 7.1.1.5 angemerkt habe, dass bei vielen Shows und Choreografien nach sehr kurzer Zeit mit der Ideenvielfalt Schluss ist oder eine komplette Veränderung stattfindet, öffnet mir nun den Raum für weitere Hilfestellung.

Beim Betrachten von Shows, in denen ständig nur einige Sekunden lange Musikschnipsel und verschiedenste unzusammenhängende Teile in irgendeiner Weise zusammengewürfelt und aneinandergereiht wurden, stellen sich mir immer wieder die Nackenhaare auf.

Ich frage mich dann: Was soll daran so falsch sein? Antwort: Im Grunde nichts!

Dennoch handelt es sich für mein Empfinden und Wissen um unvollständig und unvollkommen konstruierte Produkte. Warum? Wenn man davon ausgeht, dass HipHop eine Form der Kommunikation ist, dann sind das lauter angefangene Sätze ohne wirklichen Inhalt. So können wir niemals ins Gespräch kommen.

Es ist nun eben Kunst und Kunst ist bekanntermaßen Geschmackssache. Dennoch, die Erfahrung zeigt und beweist immer wieder, dass eine Show oder Präsentation, genau wie eine Geschichte durch Anfang, Hauptteil und Schluss gekennzeichnet und „rund" sein muss. Also sollte man neben dem Bewegungsmaterial auch nach Steigerungen in der Musik suchen und die Reihenfolge der Stücke vielleicht so auswählen, dass man sowohl als Tänzer und zum besseren Verständnis der Zuschauer ein Intro hat, um ins Tanzen kommen zu können, einen möglichst mit einer Steigerung versehenen Hauptteil erfüllt, der dann zu einem stimmigen Finale ausgebaut werden sollte.

Ich halte mich tunlichst zurück, Vorgaben zu machen, die deine Kreativität einschränken könnten oder neue Bewegungsformen durch ein festgelegtes Regelwerk gleich von vornherein ausschließen. Jedoch möchte ich anmerken, dass jede Show nicht nur dich und dein Verständnis für HipHop repräsentiert, sondern auch das deiner Schüler. Und was ich noch viel wichtiger finde: Jeder Auftritt repräsentiert die gesamte HipHop-Kultur! Und beim Betrachten von so manch einer Show fühle ich mich und meine Leidenschaft für die HipHop-Kultur leider eher diskriminiert als repräsentiert.

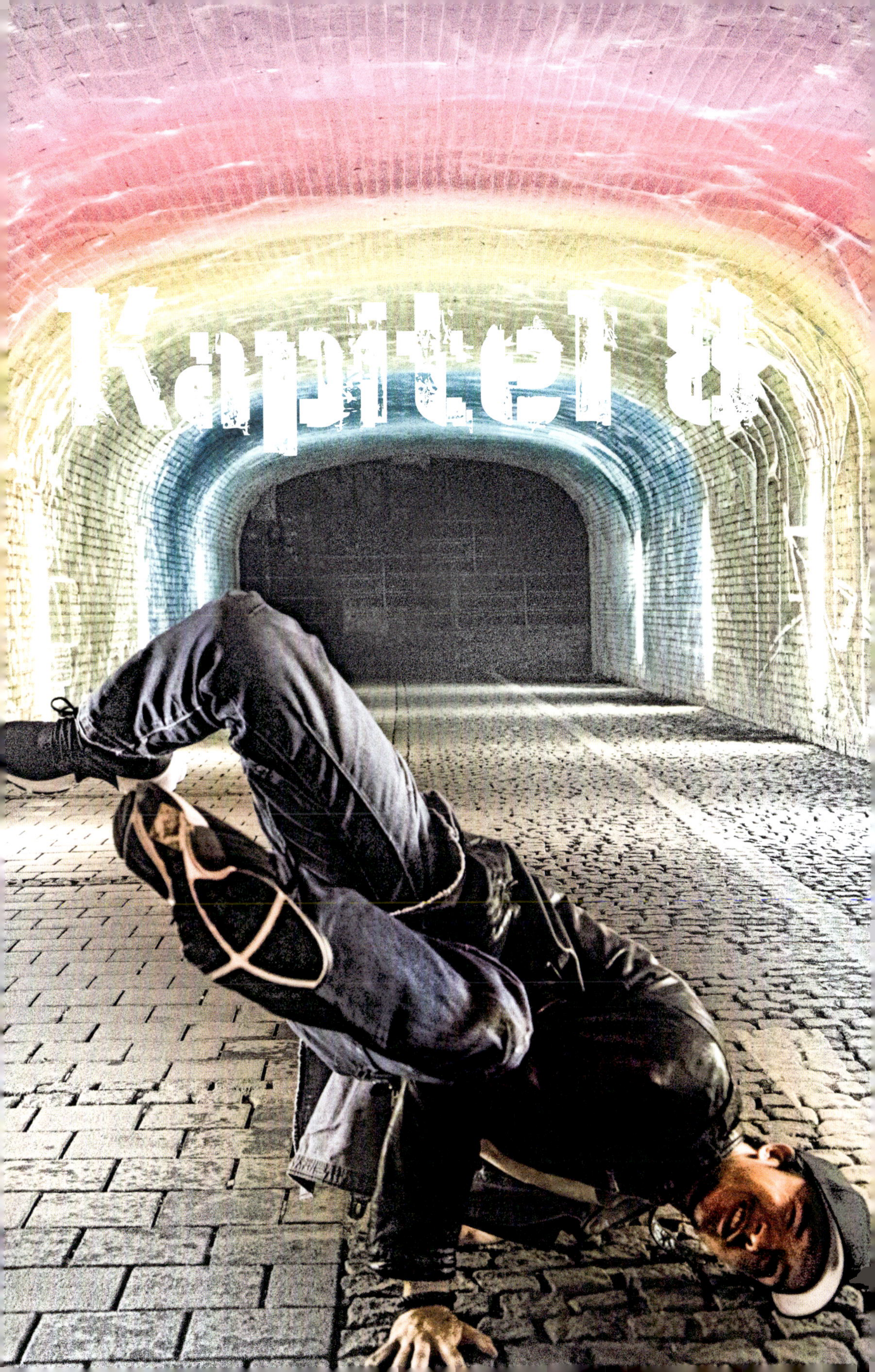
Kapitel 8

8 Arbeits-Grafiken

8.1 Raumaufstellungen

Als Zusatz zum Kapitel 4.1 „Die erste Stunde einer neuen Anfänger-Gruppe Stehen, Gehen, Drehen und Tanz" hier einige der bekanntesten Raumaufstellungen grafisch dargestellt:

1. Reihe (alle Tänzer hintereinander)

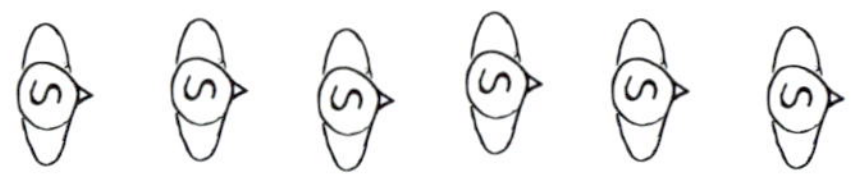

2. Linie (alle Tänzer nebeneinander)

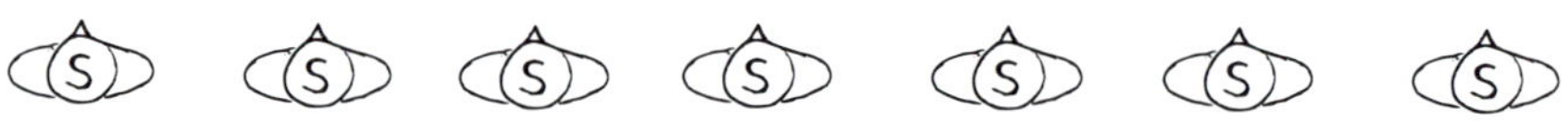

3. Matrix (alle Tänzer genau hinter- und nebeneinander)

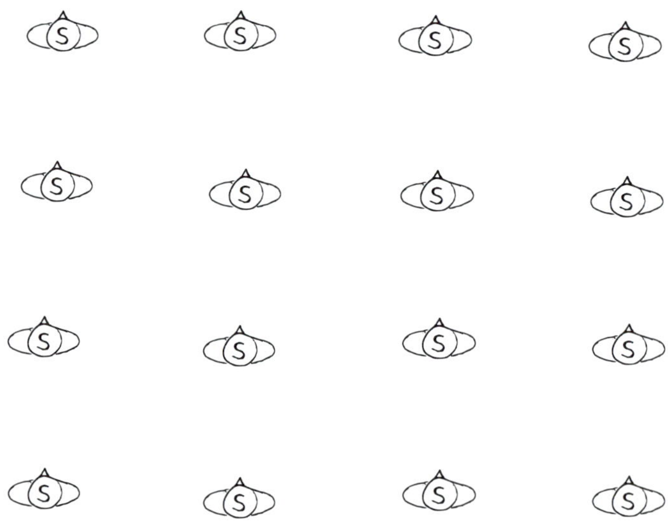

4. Tanzklassenaufstellung (siehe vorausgehende Beschreibung im Kapitel 4.1)

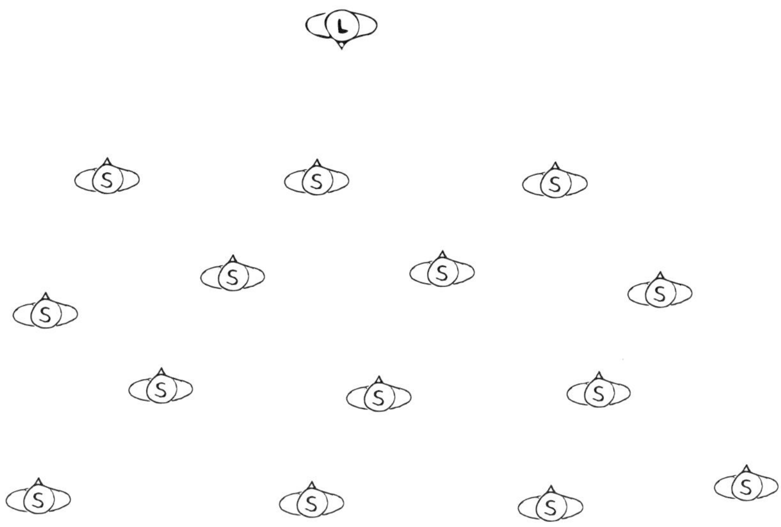

5. Pyramide (die Spitze kann in alle Richtungen ausgerichtet sein)

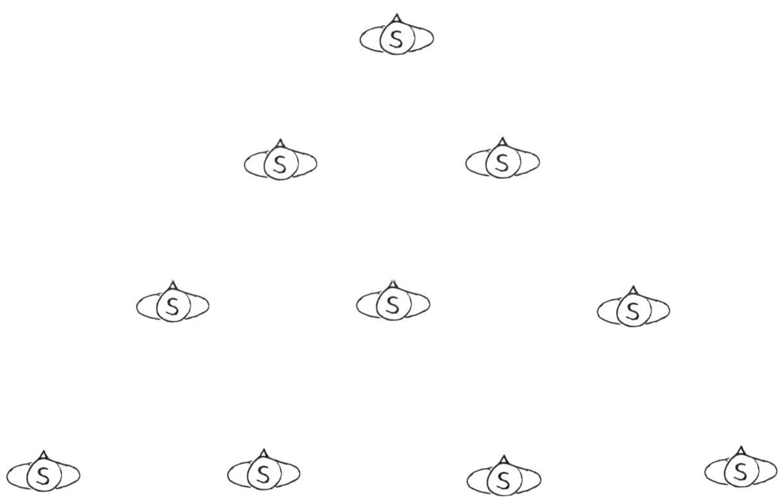

6. Kristall (eine Differenzierung oder Erweiterung der Pyramide, der Fantasie sind keine Grenzen gesetzt)

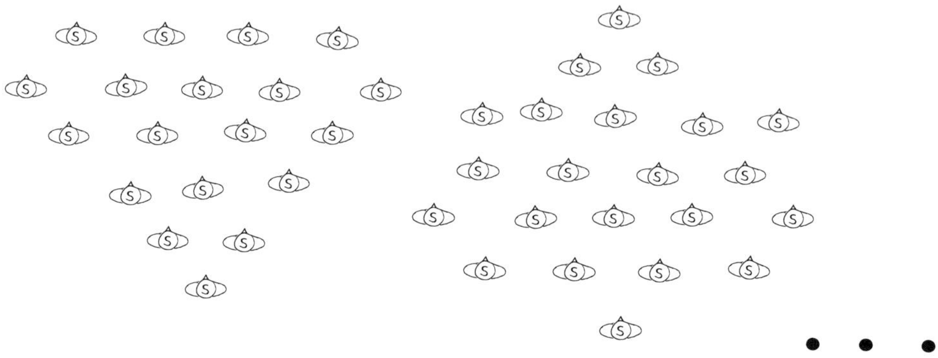

7. Kreislinien (alle Schüler sind an Kreislinien aufgestellt)

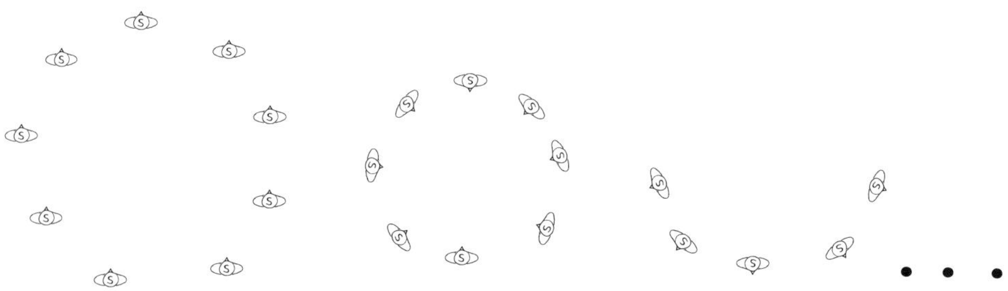

8. Pulk (eine eng zusammenstehende Gruppe ohne klare Strukturen, wo und wie sie stehen)

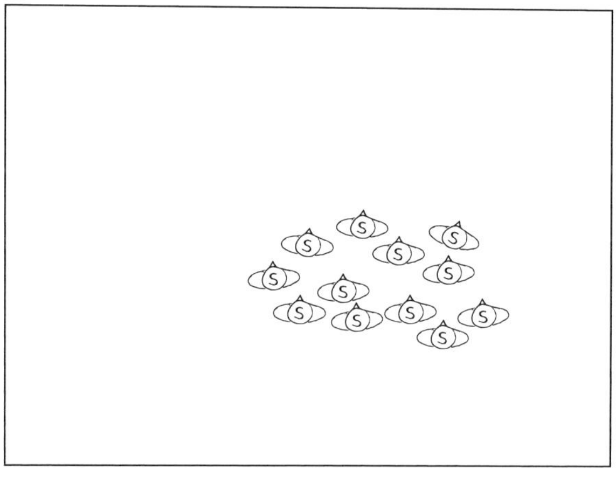

9. **Traube** (eine eng zusammenstehende Gruppe am Rand der Bühne/des Raums, die klare Strukturen aufweist)

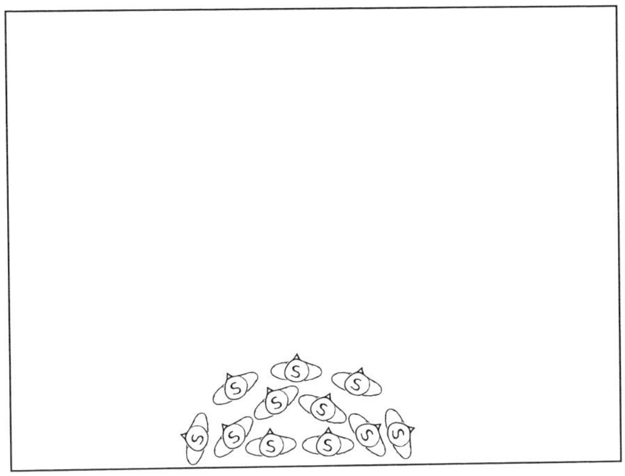

10. **Strahlen** (eine von einem Zentrum ausgehende, strahlenförmig verteilte Aufstellung)

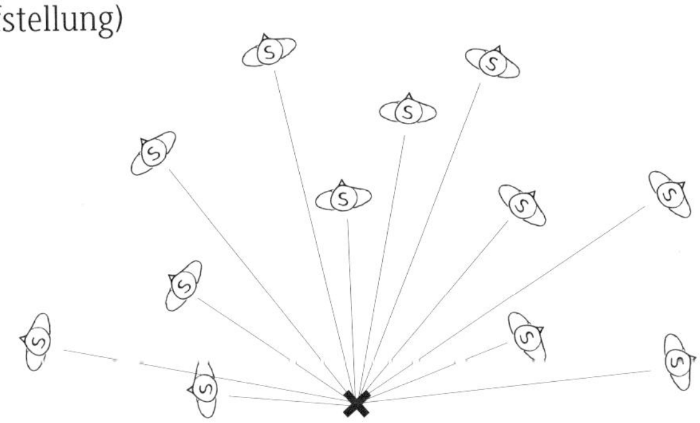

11. **Battle** (zwei Gruppen stehen sich gegenüber)

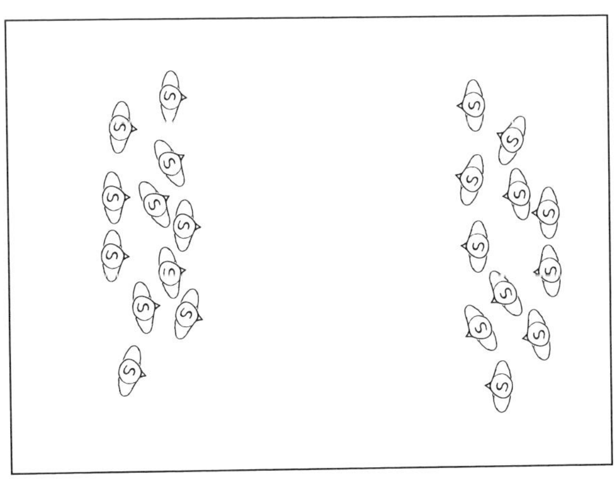

12. **Verschiedene Diagonalen** (die Schüler / Tänzer stehen diagonal zum meist rechteckigen Raum / Bühne)

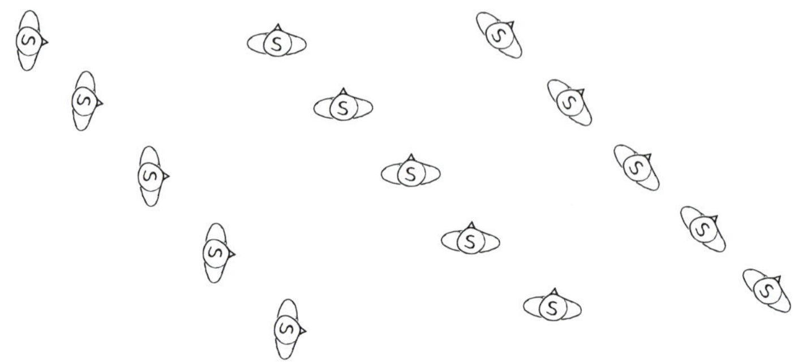

13. **V- & Pfeil-Aufstellung** (sind an einem Ende verbundene Diagonalen)

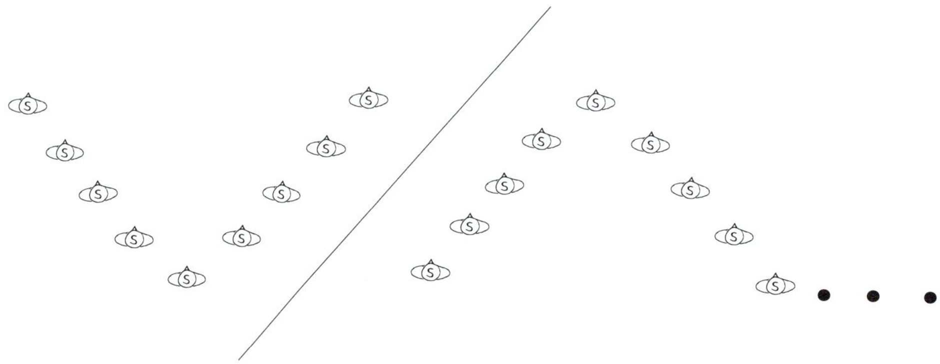

14. **Kreuz** (oder „X" sind sich kreuzende Diagonalen, Reihen oder Linien)

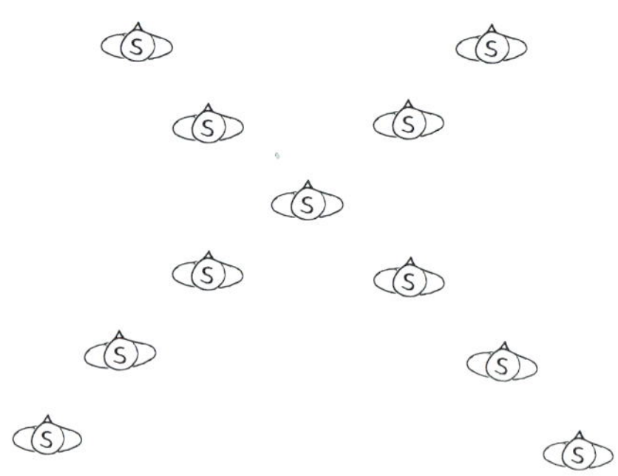

15. **Zweiergruppen**
16. **Chaos**

Diese Aufstellungen sind überall in alle Richtungen zeigende Positionierungen, die klar vorgegeben werden können oder frei im Tun entstehen. Bewegtes Chaos nennt sich übrigens „Mingle around".

8.2 Taktgrafiken

4.1.4 Rhythmus und Taktlehre

TG00

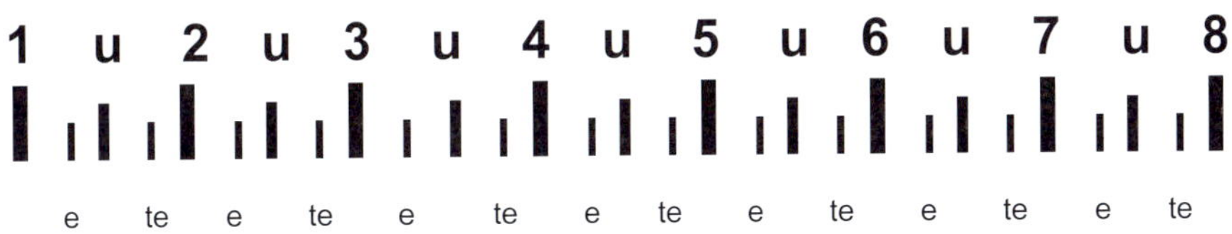

Basic Takt 1:

TG07

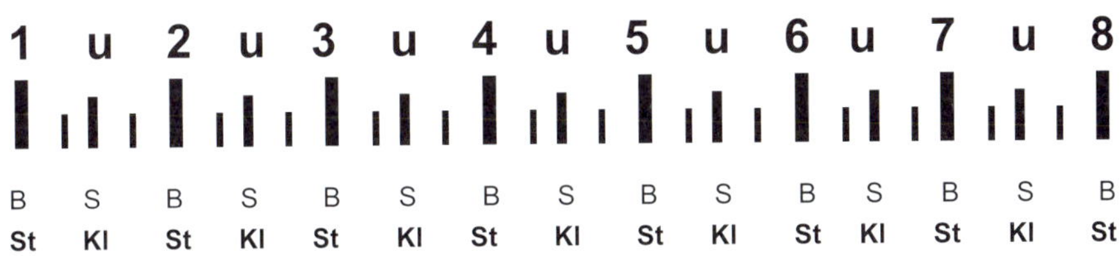

Basic Takt 2:

TG08

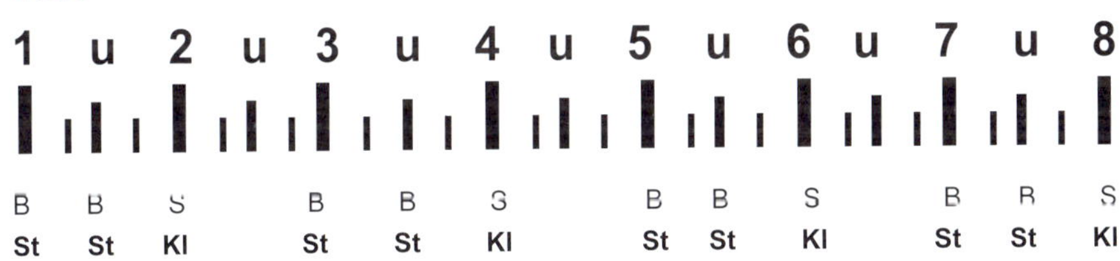

Basic Takt 3:

TG09

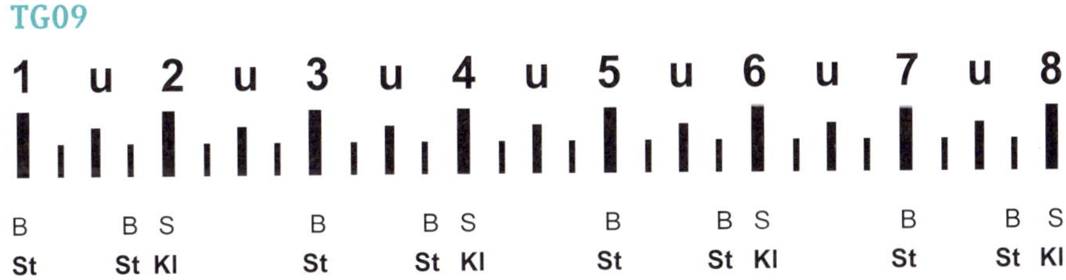

5.2.4 Erweiterung Tanz: Wechselschritt (Pas de bourrée)

TG10

1	2	3	4	u	5	6	7	8
R	L	R	L	WS	R	L	R	L
		Pass	de		bou-	-rrée		

5.2.8 Erweiterung Tanz: Raumwege-Erweiterung Rauteschritt

Wenn wir mit dem rechten Bein begonnen haben, nach vorn zu gehen, wird der erste kreuzende Schritt mit dem rechten Bein nach dem seitlichen Kick beim Zähler Drei angesetzt. Im weiteren Verlauf kommen wir beim zweiten „Pas de bourrée" auf der rechten Seite bei „Eins-und-Zwei" an.

TG01

3	4	5	u	6	7	8	1	u	2
R	L	Pas	de	bourrée	L	R	Pas	de	bourrée
Kreuzen	parallel	– Wechselschritt –			kreuzen	parallel	– Wechselschritt –		

Die folgende Erklärung für die Verbindung der Richtungen wird hier in dem Moment eingesetzt, an dem wir den zweiten Pas de bourrée des Seitlich-Gehens auf der rechten Seite abgeschlossen und auf der rechten Seite das linke Bein im Pas de bourrée nach hinten gestellt haben:

TG02

2	u	3	4	5	u	6	u	7	8	1
L	Knie-R	R	R	R	R-L	L	R-Standbein			L
bourrée	hoch	rück	vor-	seit – Wechsel – seit – Schwung holen – drehen						→ vorwärts

5.2.10 Vertiefung der Taktlehre mit dem ausdifferenzierten Seitlich-Gehen

Teilschritt 1:
Das Hüpfen vor dem letzten Seitschritt zum Parallelstand auf Zähler Vier bzw. Zähler Acht und an das Kreuzen abwechselnd vorn und hinten (5.1.3 Erweiterungen zur Tanzkombination – Seitwärtsgehen – Version 3).

TG03

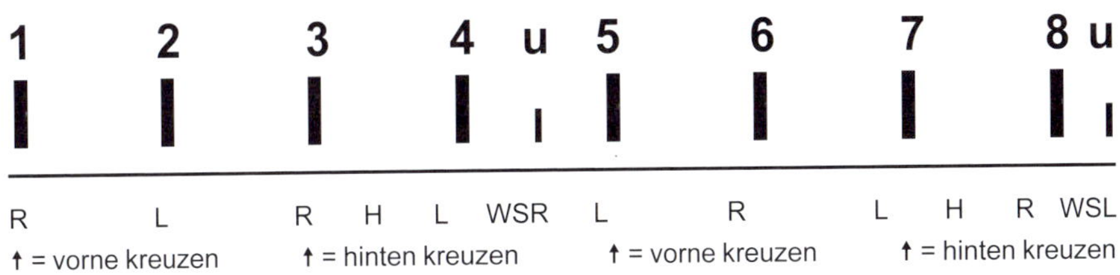

Teilschritt 2:
Nun setzen wir dieses Hüpfen auf ein anderes Timing im Takt, jedoch auf denselben Schritt. Hierbei wird dieses leichte Hüpfen vor dem Zwischenschritt auf den Zähler „und" zwischen Zähler Drei und Vier gelegt, sodass wir auf den Zähler „und" zwischen den Zählern Drei und Vier (bzw. auf den Zähler „und" zwischen den Zählern Sieben und Acht) den jeweils vierten Schritt ansetzen.

TG04

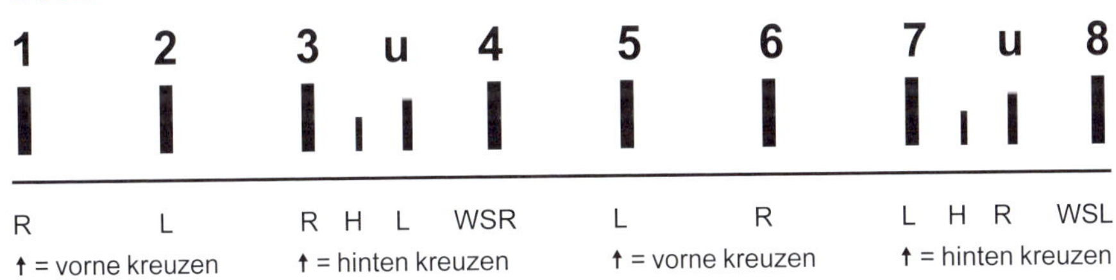

Teilschritt 3:
Wir setzen den „Schritt 1" auf den Wechselschritt, wenn wir nach links laufen („Vier, **und**, Fünf") und im gleichen Takt „Schritt 2" auf das Laufen nach rechts („Sieben, **und**, Acht").

TG05

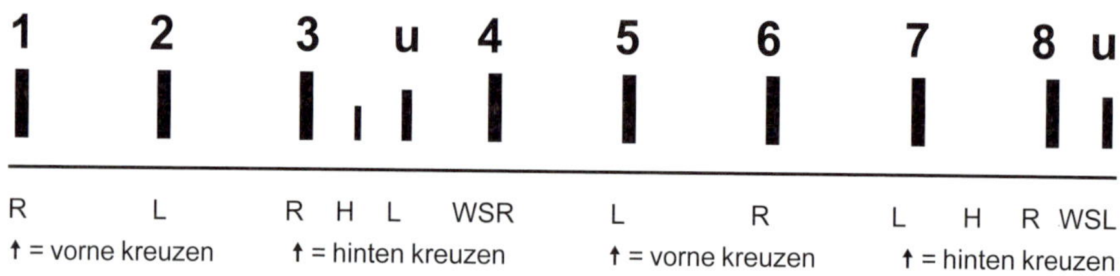

Teilschritt 4:
Andersherum setzen wir den „Schritt 2" auf den Wechselschritt, wenn wir nach links laufen („Drei, **und,** Vier") und im gleichen Takt „Schritt 1" auf das Laufen nach rechts („Acht, **und**, Eins").

TG06

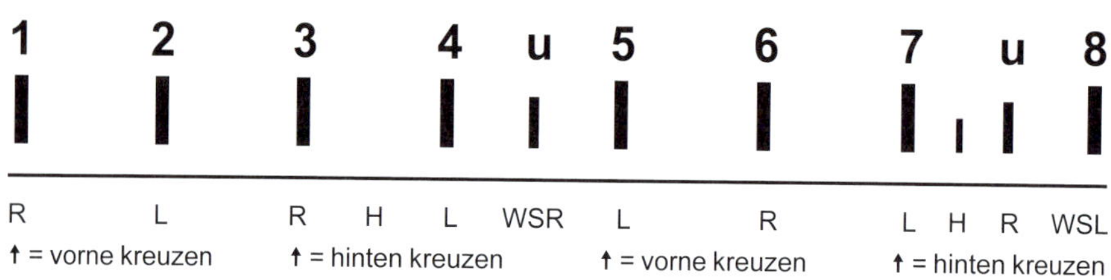

Anhang

Bildnachweis

Coverfoto: Alexander Schenk, Reeshad Durrani

Graffiti / Logo: Daniel Schuster

Covergestaltung: Annika Naas

Innenlayout: Katrin Rampp, Stefan Sauter

Fotos Innenteil: Alexander Schenk, Stefan Sauter

Kapitelaufmacherbilder: Alexander Schenk, Reeshad Durrani

Grafiken Innenteil: Stefan Sauter

Lektorat: Katrin Thiele, Paul Pfeffer